Matéria e Memória

Henri Bergson, nasceu em Paris em 1859. Estudou na Ecole Normale Supérieure de 1877 a 1881 e passou os 16 anos seguintes como professor de filosofia. Em 1900 tornou-se professor no Collège de France e, em 1927, ganhou o Prêmio Nobel de Literatura. Bergson morreu em 1941. Além deste livro, escreveu *Memória e vida*, *A evolução criadora*, *O riso*, *Cursos de filosofia grega* e *A energia espiritual* (todos publicados por esta Editora).

Henri Bergson
Matéria e Memória

Ensaio sobre a relação do corpo com o espírito

Tradução
PAULO NEVES

wmf**martinsfontes**

SÃO PAULO 2011

Esta obra foi publicada originalmente em francês com o título
MATIÈRE ET MÉMOIRE por Presses Universitaires de France em 1939.
Copyright © Presses Universitaires de France, Paris, 1939.
Copyright © 1990, Livraria Martins Fontes Editora Ltda.,
São Paulo, para a presente edição.

1ª edição 1990
4ª edição 2010
2ª tiragem 2011

Tradução
PAULO NEVES

Revisão da tradução
Monica Stahel
Revisões gráficas
Ivete Batista dos Santos
Dinarte Zorzanelli da Silva
Produção gráfica
Geraldo Alves
Paginação/Fotolitos
Studio 3 Desenvolvimento Editorial

Dados Internacionais de Catalogação na Publicação (CIP)
(Câmara Brasileira do Livro, SP, Brasil)

Bergson, Henri, 1859-1941.
  Matéria e memória : ensaio sobre a relação do corpo com o espírito / Henri Bergson ; tradução Paulo Neves. – 4ª. ed. – São Paulo : Editora WMF Martins Fontes, 2010. – (Biblioteca do pensamento moderno)

  Título original: Matière et mémoire.
  Bibliografia.
  ISBN 978-85-7827-252-4

  1. Espírito e corpo 2. Matéria I. Título. II. Série.

10-01053   CDD-128.3

Índices para catálogo sistemático:
1. Matéria e memória : Filosofia   128.3

Todos os direitos desta edição reservados à
Editora WMF Martins Fontes Ltda.
Rua Prof. Laerte Ramos de Carvalho, 133 01325.030 São Paulo SP Brasil
Tel. (11) 3293.8150 Fax (11) 3101.1042
e-mail: info@wmfmartinsfontes.com.br http://www.wmfmartinsfontes.com.br

Índice

Prefácio da sétima edição.................................. 1

I. Da seleção das imagens para a representação. O papel do corpo... 11
II. Do reconhecimento das imagens. A memória e o cérebro 83
III. Da sobrevivência das imagens. A memória e o espírito 155
IV. Da delimitação e da fixação das imagens. Percepção e matéria. Alma e corpo...................... 209

Resumo e conclusão 263

PREFÁCIO DA SÉTIMA EDIÇÃO

Este livro afirma a realidade do espírito, a realidade da matéria, e procura determinar a relação entre eles sobre um exemplo preciso, o da memória. Portanto é claramente dualista. Mas, por outro lado, considera corpo e espírito de tal maneira que espera atenuar muito, quando não suprimir, as dificuldades teóricas que o dualismo sempre provocou e que fazem que, sugerido pela consciência imediata, adotado pelo senso comum, ele seja pouco estimado pelos filósofos.

Essas dificuldades devem-se, em sua maior parte, à concepção ora realista, ora idealista, que é feita da matéria. O objeto de nosso primeiro capítulo é mostrar que idealismo e realismo são duas teses igualmente excessivas, que é falso reduzir a matéria à representação que temos dela, falso também fazer da matéria algo que produziria em nós representações mas que seria de uma natureza diferente delas. A matéria, para nós, é um conjunto de "imagens". E por "imagem" entendemos uma certa existência que é mais do que aquilo que o idealista chama uma representação, porém menos do que aquilo que o realista chama uma coisa – uma existência situada a meio caminho entre a "coisa" e a "representação". Essa concepção da matéria é pura e simplesmente a do senso comum. Um homem estranho às especulações filosóficas ficaria bastante espantado se lhe disséssemos que o objeto diante dele, que ele vê e toca, só existe em seu espírito e para seu espírito, ou mesmo, de uma forma mais geral, só existe para um espírito, como o queria Berkeley. Nosso interlocutor haveria de sustentar que o objeto existe independentemente da consciência que o percebe. Mas, por outro lado, esse interlocutor ficaria igualmente espantado se lhe disséssemos que o objeto é bem diferente daquilo que se percebe, que ele não tem nem a cor que o olho lhe atribui, nem a resistência que a mão encontra nele. Essa cor e essa resistência estão, para ele, no objeto: não são estados de nosso espírito, são os elementos constitutivos de uma existência independente da nossa. Portanto, para o senso comum, o objeto existe nele mesmo e, por outro lado, o objeto é a imagem dele mesmo tal como a percebemos: é uma imagem, mas uma imagem que existe em si.

Tal é precisamente o sentido em que tomamos a palavra "imagem" em nosso primeiro capítulo. Colocamo-nos no ponto de vista de um espírito que ignorasse as discussões entre filósofos. Esse espírito acreditaria naturalmente que a matéria existe tal como ele a percebe; e, já que ele a percebe como imagem, faria dela própria uma imagem. Em uma palavra, consideramos a matéria antes da dissociação que o idealismo e o realismo operaram entre sua existência e sua aparência. Certamente tornou-se difícil evitar essa dissociação, desde que os filósofos a fi-

PREFÁCIO DA SÉTIMA EDIÇÃO

zeram. Pedimos no entanto que o leitor a esqueça. Se, ao longo do primeiro capítulo, apresentarem-se objeções em seu espírito contra esta ou aquela de nossas teses, que ele examine se tais objeções não se devem a ele colocar-se num ou noutro dos dois pontos de vista acima dos quais o convidamos a elevar-se.

Um grande progresso foi realizado em filosofia no dia em que Berkeley estabeleceu, contra os *mechanical philosophers*, que as qualidades secundárias da matéria tinham pelo menos tanta realidade quanto as qualidades primárias. Seu erro foi acreditar que era preciso para isso transportar a matéria para o interior do espírito e fazer dela uma pura idéia. Certamente, Descartes colocava a matéria demasiado longe de nós quando a confundia com a extensão geométrica. Mas, para reaproximá-la, não havia necessidade de fazê-la coincidir com nosso próprio espírito. Fazendo isso, Berkeley viu-se incapaz de explicar o sucesso da física e obrigado, enquanto Descartes havia feito das relações matemáticas entre os fenômenos sua própria essência, a considerar a ordem matemática do universo como um puro acidente. A crítica kantiana tornou-se então necessária para explicar a razão dessa ordem matemática e para restituir à nossa física um fundamento sólido – o que, aliás, ela só conseguiu ao limitar o alcance de nossos sentidos e de nosso entendimento. A crítica kantiana, nesse ponto ao menos, não teria sido necessária, o espírito humano, nessa direção ao menos, não teria sido levado a limitar seu próprio alcance, a metafísica não teria sido sacrificada à física, se a matéria tivesse sido deixada a meio caminho entre o ponto para onde Descartes a impelia e aquele para onde Berkeley a puxava, ou seja, enfim, lá onde o senso comum a vê. É aí que nós também procuramos vê-la. Nosso primeiro capítulo define essa maneira de olhar a matéria; nosso quarto capítulo tira as conseqüências disso.

Mas, conforme anunciávamos no início, só tratamos da questão da matéria na medida em que ela interessa ao problema abordado no segundo e terceiro capítulos deste livro, que é o próprio objeto do presente estudo: o problema da relação do espírito com o corpo.

Essa relação, embora constantemente tratada ao longo da história da filosofia, em realidade foi muito pouco estudada. Se deixarmos de lado as teorias que se limitam a constatar a "união da alma e do corpo" como um fato irredutível e inexplicável, e aquelas que falam vagamente do corpo como de um instrumento da alma, não restarão outras concepções da relação psicofisiológica que a hipótese "epifenomenista" ou a hipótese "paralelista", tanto uma como outra conduzindo na prática – quero dizer, na interpretação dos fatos particulares – às mesmas conclusões. Quer se considere, com efeito, o pensamento como uma simples função do cérebro e o estado de consciência como um epifenômeno do estado cerebral, quer se tomem os estados do pensamento e os estados do cérebro por duas traduções, em línguas diferentes, de um mesmo original, tanto num caso como no outro coloca-se em princípio que, se pudéssemos penetrar no interior de um cérebro que trabalha e assistir ao fogo cruzado dos átomos que formam o córtex cerebral, e se, por outro lado, possuíssemos a chave da psicofisiologia, saberíamos em detalhe tudo o que se passa na consciência correspondente.

A bem da verdade, eis aí o que é mais comumente admitido, tanto pelos filósofos quanto pelos cientistas. Caberia no entanto perguntar se os fatos, examinados sem idéias preconcebidas, sugerem realmente uma hipótese desse tipo. Que haja solidariedade entre o estado de consciência e o cérebro, é incontestável. Mas há solidariedade também entre a roupa e o prego onde ela está pendurada, pois, se retiramos o prego, a roupa cai. Diremos por isso que a forma do prego indica a forma da roupa ou nos permite de algum modo pressenti-la? Assim, de que o fato psicológico esteja pendurado em um estado cerebral, não se pode concluir o "paralelismo" das duas séries psicológica e fisiológica. Quando a filosofia pretende apoiar essa tese paralelista sobre os dados da ciência, ela pratica um verdadeiro círculo vicioso; pois, se a ciência interpreta a solidariedade, que é um fato, no sentido do paralelismo, que é uma hipótese (e uma hipótese muito pouco inteligível[1]), isto é feito, consciente ou inconscientemente, por razões de ordem filosófica; porque a ciência se habituou, graças a uma certa filosofia, a crer que não há hipótese mais plausível, mais conforme aos interesses da ciência positiva.

Ora, desde que pedimos aos fatos indicações precisas para resolver o problema, é para o terreno da memória que nos vemos transportados. Isso era de esperar, pois a lembrança – conforme procuraremos mostrar na presente obra – representa precisamente o ponto de interseção entre o espírito e a matéria. Mas pouco importa a razão: ninguém contestará, creio eu, que no conjunto de fatos capa-

---

[1]. Sobre esse último ponto, discorremos mais particularmente num artigo intitulado "O paralogismo psicofisiológico" (*Revue de métaphysique et de morale*, novembro de 1904).

zes de lançar alguma luz sobre a relação psicofisiológica, os que concernem à memória, seja no estado normal, seja no estado patológico, ocupam um lugar privilegiado. Não apenas os documentos são aqui de uma extrema abundância (basta pensar na massa considerável de observações recolhidas sobre as diversas afasias!), como também em nenhuma outra parte a anatomia, a fisiologia e a psicologia conseguiram, como aqui, prestar-se um mútuo apoio. Para aquele que aborda sem idéia preconcebida, no terreno dos fatos, o antigo problema das relações da alma e do corpo, esse problema logo parece restringir-se em torno da questão da memória, e até mais particularmente da memória das palavras; é daí, sem dúvida nenhuma, que deverá partir a luz capaz de esclarecer os lados mais obscuros do problema.

Eis de que modo procuramos resolvê-lo. De uma maneira geral, o estado psicológico nos parece, na maioria dos casos, ultrapassar enormemente o estado cerebral. Quero dizer que o estado cerebral indica apenas uma pequena parte dele, aquela que é capaz de traduzir-se por movimentos de locomoção. Tome-se um pensamento complexo que se desdobra numa série de raciocínios abstratos. Esse pensamento é acompanhado da representação de imagens, pelo menos nascentes. E estas próprias imagens só são representadas à consciência depois que se desenhem, na forma de esboço ou de tendência, os movimentos pelos quais elas mesmas se desempenhariam no espaço – quero dizer, imprimiriam ao corpo estas ou aquelas atitudes, liberariam tudo o que contêm implicitamente de movimento espacial. Pois bem, é este pensamento complexo que se desdobra que, em nossa opinião, o estado cerebral indica a todo instante. Aquele que pudesse penetrar no interior de um cérebro, e perceber o que aí ocorre, seria provavelmente informado sobre esses movimentos esboçados ou preparados; nada prova que seria informado sobre outra coisa. Ainda que fosse dotado de uma inteligência sobre-humana e tivesse a chave da psicofisiologia, seria tão esclarecido sobre o que se passa na consciência correspondente quanto o seríamos sobre uma peça de teatro acompanhando apenas os movimentos dos atores em cena.

Equivale a dizer que a relação entre o mental e o cerebral não é uma relação constante, assim como não é uma relação simples. Conforme a natureza da peça que se representa, os movimentos dos atores dizem mais ou menos sobre ela: quase tudo, no caso de uma pantomima; quase nada, no caso de uma comédia sutil. Da mesma forma, nosso estado cerebral contém mais ou menos de nosso estado mental, conforme tendemos a exteriorizar nossa vida psicológica em ação ou a interiorizá-la em conhecimento puro.

Há portanto, enfim, tons diferentes de vida mental, e nossa vida psicológica pode se manifestar em alturas diferentes, ora mais perto, ora mais distante da ação, conforme o grau de nossa *atenção à vida*. Esta é uma das idéias diretrizes da presente obra, a própria idéia que serviu de ponto de partida ao nosso trabalho. O que se toma ordinariamente por uma maior complicação do estado psicológico revela-se, de nosso ponto de vista, como uma maior dilatação de nossa personalidade inteira que, normalmente restringida pela ação, estende-se tanto mais quanto se afrouxa o torno no qual ela se deixa comprimir e, sempre indivisa, espalha-se sobre uma superfície tanto mais considerável. O que se toma ordinariamente por uma perturbação da vida psicológica, uma desordem interior, uma doença da personalidade, revela-se, de nosso ponto de vista, como um relaxamento ou uma perversão da solidariedade que liga essa vida psicológica a seu concomitante motor, uma alteração ou uma diminuição de nossa atenção à vida exterior. Essa tese, como aliás a que consiste em negar a localização das lembranças de palavras e em explicar as afasias de outro modo que não por essa localização, foi considerada paradoxal por ocasião da primeira publicação desta obra (1896). Atualmente ela o parecerá bem menos. A concepção da afasia, concepção que então era clássica, universalmente aceita e tida por intangível, vem sendo fortemente atacada há alguns anos, sobretudo por razões de ordem anatômica, mas em parte também por razões psicológicas do mesmo tipo das que expúnhamos já naquela época[2]. E o estudo aprofundado e original que Pierre Janet realizou das neuroses o conduziu, nos últimos anos, por caminhos bem diferentes e através do exame das formas "psicastênicas" da doença, a empregar aquelas considerações de "tensão" psicológica e de "atenção à realidade" inicialmente qualificadas de visões metafísicas[3].

---

2. Ver os trabalhos de Pierre Marie e a obra de F. Moutier, *L'aphasie de Broca*, Paris, 1908 (em particular o cap. VII). Não podemos entrar no detalhe das pesquisas e das controvérsias relativas à questão. Não deixaremos porém de citar o recente artigo de J. Dagnan-Bouveret, "L'aphasie motrice sous-corticale" (*Journal de psychologie normale et pathologique*, janeiro-fevereiro de 1911).
3. P. Janet, *Les obsessions et la psychasthénie*, Paris, F. Alcan, 1903 (em particular pp. 474-502).

A bem da verdade, não estava totalmente errado qualificá-las assim. Sem contestar à psicologia, e nem à metafísica, o direito de erigir-se em ciência independente, julgamos que cada uma dessas duas ciências deve colocar problemas à outra e é capaz, em certa medida, de ajudar a resolvê-los. Como poderia ser diferente, se a psicologia tem por objeto o estudo do espírito humano enquanto funcionando utilmente para a prática, e se a metafísica é esse mesmo espírito humano esforçando-se para desembaraçar-se das condições da ação útil e para assumir-se como pura energia criadora? Muitos problemas que parecem estranhos uns aos outros, se nos ativermos literalmente aos termos em que são colocados por essas duas ciências, aparecem como muito próximos e capazes de serem resolvidos uns pelos outros quando aprofundamos sua significação interior. Não teríamos acreditado, no início de nossas pesquisas, que pudesse haver qualquer conexão entre a análise da lembrança e as questões que se agitam entre realistas e idealistas, ou entre mecanicistas e dinamistas, a respeito da existência ou da essência da matéria. No entanto, essa conexão é real: ela é inclusive íntima; e, se levarmos isso em consideração, um problema metafísico capital vê-se transportado para o terreno da observação, onde poderá ser resolvido progressivamente, em vez de alimentar indefinidamente as disputas entre escolas no campo cerrado da dialética pura. A complicação de certas partes da presente obra deve-se à inevitável imbricação de problemas que se produz quando a filosofia é tomada por esse viés. Mas através dessa complicação, que tem a ver com a própria complicação da realidade, acreditamos que não será difícil situar-se se forem mantidos os dois princípios que nos serviram de fio condutor em nossas pesquisas. O primeiro é que a análise psicológica deve pautar-se a todo momento sobre o caráter utilitário de nossas funções mentais, essencialmente voltadas para a ação. O segundo é que os hábitos contraídos na ação, transpostos à esfera da especulação, criam aí problemas factícios, e que a metafísica deve começar por dissipar essas obscuridades artificiais.

CAPÍTULO I
DA SELEÇÃO DAS IMAGENS PARA A REPRESENTAÇÃO. O PAPEL DO CORPO

Iremos fingir por um instante que não conhecemos nada das teorias da matéria e das teorias do espírito, nada das discussões sobre a realidade ou a idealidade do mundo exterior. Eis-me portanto em presença de imagens, no sentido mais vago em que se possa tomar essa palavra, imagens percebidas quando abro meus sentidos, despercebidas quando os fecho. Todas essas imagens agem e reagem umas sobre as outras em todas as suas partes elementares segundo leis constantes, que chamo leis da natureza, e, como a ciência perfeita dessas leis permitiria certamente calcular e prever o que se passará em cada uma de tais imagens, o futuro das imagens deve estar contido em seu presente e a elas nada acrescentar de novo. No entanto há uma que prevalece sobre as demais na medida em que a conheço não apenas de fora, mediante percepções, mas também de dentro, mediante afecções: é meu corpo. Examino as condições em que essas afecções se produzem: descubro que vêm sempre se intercalar entre estímulos que recebo de fora e movimentos que vou executar, como se elas devessem exercer uma influência maldeterminada sobre o procedimento final. Passo em revista minhas diversas afecções: parece-me que cada uma delas contém, à sua maneira, um convite a agir, ao mesmo tempo com a autorização de esperar ou mesmo de nada fazer. Examino mais de perto: descubro movimentos começados, mas não executados, a indicação de uma decisão mais ou menos útil, mas não a coerção que exclui a escolha. Evoco, comparo minhas lembranças: lembro que por toda parte, no mundo organizado, julguei ver essa mesma sensibilidade surgir no momento preciso em que a natureza, tendo conferido ao ser vivo a faculdade de mover-se no espaço, indica à espécie, através da sensação, os perigos gerais que a ameaçam, e incumbe os indivíduos das precauções a serem tomadas para evitá-los. Interrogo enfim minha consciência sobre o papel que ela se atribui na afecção: ela responde que assiste, com efeito, sob forma de sentimento ou de sensação, a todas as iniciativas que julgo tomar, que ela se eclipsa e desaparece, ao contrário, a partir do momento em que minha atividade, tornando-se automática, declara não ter mais necessidade dela. Portanto, ou todas as aparências são enganosas, ou o ato em que resulta o estado afetivo não é daqueles que poderiam rigorosamente ser deduzidos dos fenômenos anteriores como um movimento de um movimento, e com isso ele acrescenta verdadeiramente algo de novo ao universo e à sua história. Atenhamo-nos às aparências; vou formular pura e simplesmente o que sinto e o que vejo: *Tudo se passa como se, nesse conjunto de imagens que chamo universo, nada se pudesse produzir de realmente novo a não ser por intermédio de certas imagens particulares, cujo modelo me é fornecido por meu corpo.*

Estudo agora, em corpos semelhantes ao meu, a configuração dessa imagem particular que chamo meu corpo. Percebo nervos aferentes que transmitem estímulos aos centros nervosos, em seguida nervos eferentes que partem do centro, conduzem estímulos à periferia e põem em movimento partes do corpo ou o corpo inteiro. Interrogo o fisiologista e o psicólogo sobre a destinação de uns e outros. Eles respondem que, se os movimentos centrífugos do sistema nervoso podem provocar o deslocamento do corpo ou das partes do corpo, os movimentos centrípetos, ou pelo menos alguns deles, fazem nascer a representação do mundo exterior. Que devemos pensar disso?

Os nervos aferentes são imagens, o cérebro é uma imagem, os estímulos transmitidos pelos nervos sensitivos e propagados no cérebro são imagens também. Para que essa imagem que chamo de estímulo cerebral engendrasse as imagens exteriores, seria preciso que ela as contivesse de uma maneira ou outra, e que a representação do universo material inteiro estivesse implicada na deste movimento molecular. Ora, bastaria enunciar semelhante proposição para perceber seu absurdo. É o cérebro que faz parte do mundo material, e não o mundo material que faz parte do cérebro. Suprima a imagem que leva o nome de mundo material, você aniquilará de uma só vez o cérebro e o estímulo cerebral que fazem parte dele. Suponha, ao contrário, que essas duas imagens, o cérebro e o estímulo cerebral, desapareçam: por hipótese, somente elas irão se apagar, ou seja, muito pouca coisa, um detalhe insignificante num imenso quadro. O quadro em seu conjunto, isto é, o universo, subsiste integralmente. Fazer do cérebro a condição da imagem total é verdadeiramente contradizer a si mesmo, já que o cérebro, por hipótese, é uma parte dessa imagem. Nem os nervos nem os centros nervosos podem portanto condicionar a imagem do universo.

Detenhamo-nos sobre esse último ponto. Eis as imagens exteriores, meu corpo, e finalmente as modificações causadas por meu corpo às imagens que o cercam. Percebo bem de que maneira as imagens exteriores influem sobre a imagem que chamo meu corpo: elas lhe transmitem movimento. E vejo também de que maneira este corpo influi sobre as imagens exteriores: ele lhes restitui movimento. Meu corpo é portanto, no conjunto do mundo material, uma imagem que atua como as outras imagens, recebendo e devolvendo movimento, com a única diferença, talvez, de que meu corpo parece escolher, em uma certa medida, a maneira de devolver o que recebe. Mas de que modo meu corpo em geral, meu sistema nervoso em particular engendrariam toda a minha representação do universo ou parte dela? Pode dizer que meu corpo é matéria ou que ele é imagem, pouco importa a palavra. Se é matéria, ele faz parte do mundo material, e o mundo material, conseqüentemente, existe em torno dele e fora dele. Se é imagem, essa imagem só poderá oferecer o que se tiver posto nela, e já que ela é, por hipótese, a imagem de meu corpo apenas, seria absurdo querer extrair daí a imagem de todo o universo. *Meu corpo, objeto destinado a mover objetos, é portanto um centro de ação; ele não poderia fazer nascer uma representação.*

Mas, se meu corpo é um objeto capaz de exercer uma ação real e nova sobre os objetos que o cercam, ele deve ocupar ante eles uma situação privilegiada. Em geral, qualquer imagem influencia as outras imagens de uma maneira determinada, até mesmo calculável, de acordo com aquilo que chamamos leis da natureza. Como ela não terá o que escolher, também não terá necessidade de explorar a região ao seu redor, nem de exercitar-se de antemão em várias ações simplesmente possíveis. A ação necessária se cumprirá por si mesma, quando sua hora tiver chegado. Mas supus que o papel da imagem que chamo meu corpo era exercer sobre outras imagens uma influência real, e conseqüentemente decidir-se entre vários procedimentos materialmente possíveis. E, já que esses procedimentos lhe são sugeridos certamente pela maior ou menor vantagem que pode obter das imagens circundantes, é preciso que essas imagens indiquem de algum modo, em sua face voltada para o meu corpo, a vantagem que meu corpo poderia delas obter. De fato, observo que a dimensão, a forma, a própria cor dos objetos exteriores se modificam conforme meu corpo se aproxima ou se afasta deles, que a força dos odores, a intensidade dos sons aumentam e diminuem com a distância, enfim, que essa própria distância representa sobretudo a medida na qual os corpos circundantes são assegurados, de algum modo, contra a ação imediata de meu corpo. À medida que meu horizonte se alarga, as imagens que me cercam parecem desenhar-se sobre um fundo mais uniforme e tornar-se indiferentes para mim. Quanto mais contraio esse horizonte, tanto mais os objetos que ele circunscreve se escalonam distintamente de acordo com a maior ou menor facilidade de meu corpo para tocá-los e movê-los. Eles devolvem portanto a meu corpo, como faria um espelho, sua influência eventual; ordenam-se conforme os poderes crescentes ou decrescentes de meu corpo. *Os objetos que cer-*

cam meu corpo refletem a ação possível de meu corpo sobre eles.

Irei agora, sem tocar nas outras imagens, modificar ligeiramente aquela que chamo meu corpo. Nessa imagem, secciono em pensamento todos os nervos aferentes do sistema cérebro-espinhal. Que irá acontecer? Alguns golpes de bisturi terão cortado alguns feixes de fibras: o resto do universo, e mesmo o resto de meu corpo, permanecerão o que eram. A mudança operada é portanto insignificante. De fato, "minha percepção" inteira desaparece. Examinemos mais de perto o que acaba de se produzir. Eis as imagens que compõem o universo em geral, aquelas que estão próximas de meu corpo, e enfim o meu próprio corpo. Nesta última imagem, o papel habitual dos nervos centrípetos é transmitir movimentos ao cérebro e à medula; os nervos centrífugos devolvem esse movimento à periferia. O seccionamento dos nervos centrípetos só pode, portanto, produzir um único efeito realmente inteligível, que é interromper a corrente que vai da periferia à periferia passando pelo centro – conseqüentemente, colocar meu corpo na impossibilidade de obter, em meio às coisas que o cercam, a qualidade e a quantidade de movimento necessárias para agir sobre elas. Isso diz respeito à ação, e somente à ação. No entanto é minha percepção que desaparece. O que isso significa, senão que minha percepção traça precisamente no conjunto das imagens, à maneira de uma sombra ou de um reflexo, as ações virtuais ou possíveis de meu corpo? Ora, o sistema de imagens no qual o bisturi não operou mais que uma mudança insignificante é aquilo que chamamos geralmente de mundo material; e, por outro lado, o que acaba de desaparecer é "minha percepção" da matéria. Donde, provisoriamente, estas duas definições: *Chamo de* matéria *o conjunto das imagens, e de* percepção da matéria *essas mesmas imagens relacionadas à ação possível de uma certa imagem determinada, meu corpo.*

Aprofundemos essa última relação. Considero meu corpo com os nervos centrípetos e centrífugos, com os centros nervosos. Sei que os objetos exteriores imprimem nos nervos aferentes estímulos que se propagam para os centros, que os centros são palco de movimentos moleculares muito variados, que esses movimentos dependem da natureza e da posição dos objetos. Mudem-se os objetos, modifique-se sua relação com meu corpo, e tudo se altera nos movimentos interiores de meus centros perceptivos. Mas tudo se altera também em "minha percepção". Minha percepção é portanto função desses movimentos moleculares, ela depende deles. Mas de que modo depende deles? Você dirá talvez que ela os traduz, e que não me represento nada mais, em última análise, do que os movimentos moleculares da substância cerebral. Mas como teria esta proposição o menor sentido, visto que a imagem do sistema nervoso e de seus movimentos interiores é, por hipótese, a de um certo objeto material, e que me represento o universo material em sua totalidade? É verdade que se tenta aqui contornar a dificuldade. Mostra-se um cérebro análogo, em sua essência, ao resto do universo material, uma imagem, conseqüentemente, se o universo é imagem. Em seguida, como se pretende que os movimentos interiores deste cérebro criam ou determinam a representação do mundo material inteiro, imagem que ultrapassa infinitamente a das vibrações cerebrais, finge-se não ver mais nesses movimentos moleculares, ou no movimento em geral, imagens como as outras, mas algo que seria mais ou menos que uma imagem, em todo caso de uma natureza diferente de imagem, e de onde sairia a representação por um verdadeiro milagre. A matéria torna-se assim algo radicalmente diferente da representação, e dela não temos conseqüentemente nenhuma imagem; diante dela coloca-se uma consciência vazia de imagens, da qual não podemos fazer nenhuma idéia; enfim, para preencher a consciência, inventa-se uma ação incompreensível dessa matéria sem forma sobre esse pensamento sem matéria. Mas a verdade é que os movimentos da matéria são muito claros enquanto imagens, e que não há como buscar no movimento outra coisa além daquilo que se vê. A única dificuldade consistiria em fazer surgir dessas imagens muito particulares a variedade infinita das representações; mas por que pensar nisso quando, na opinião de todos, as vibrações cerebrais *fazem parte* do mundo material e essas imagens, conseqüentemente, ocupam apenas um espaço muito pequeno da representação? – Portanto, o que são afinal esses movimentos, e que papel essas imagens particulares desempenham na representação do todo? – Não tenho dúvida quanto a isso: trata-se de movimentos, no interior de meu corpo, destinados a preparar, iniciando-a, a reação de meu corpo à ação dos objetos exteriores. Sendo eles próprios imagens, não podem criar imagens; mas marcam a todo momento, como faria uma bússola que é deslocada, a posição de uma imagem determinada, meu corpo, em relação às imagens que o cercam. No conjunto da representação, são muito pouca coisa; mas têm uma importância capital para essa parte da representação que chamo meu corpo, pois esboçam a todo momento seus procedimentos virtuais. Há portanto apenas uma diferença de grau, não pode haver uma diferença de natureza entre a faculdade dita perceptiva do cérebro e as funções reflexas da medula espinhal. A medula transforma as excitações sofridas em movimentos executados; o cérebro as prolonga em reações simplesmente nascentes; mas, tanto num caso como no outro, o papel da matéria nervosa é conduzir, compor mutuamente ou inibir movimentos. A que se deve então que "minha percepção do universo" pareça depender dos movimentos internos da substância cerebral, mudar quando eles variam e desaparecer quando são abolidos?

A dificuldade desse problema está ligada sobretudo ao fato de representarmos a substância cinzenta e suas modificações como coisas que bastariam a si mesmas e que poderiam isolar-se do resto do universo. Materialistas e dualistas estão de acordo, no fundo, quanto a esse ponto. Consideram à parte certos movimentos moleculares da matéria cerebral: assim, uns vêem em nossa percepção consciente uma fosforescência que segue esses movimentos e lhes ilumina o traçado; os outros desenvolvem nossas percepções numa consciência que exprime sem cessar, à sua maneira, os estímulos moleculares da substância cortical: em ambos os casos, são estados de nosso sistema nervoso que se supõe que a percepção trace ou traduza. Mas é possível conceber o sistema nervoso vivendo sem o organismo que o alimenta, sem a atmosfera onde o organismo respira, sem a terra banhada por essa atmosfera, sem o sol em torno do qual a terra gravita? De uma forma mais geral, a ficção de um objeto material isolado não implicará uma espécie de absurdo, já que esse objeto toma emprestado suas propriedades físicas das relações que ele mantém com todos os outros, e deve cada uma de suas determinações – sua própria existência, conseqüentemente – ao lugar que ocupa no conjunto do universo? Não digamos portanto que nossas percepções dependem simplesmente dos movimentos moleculares da massa cerebral. Digamos que elas variam com eles, mas que esses próprios movimentos permanecem inseparavelmente ligados ao resto do mundo material. Não se trata mais, então, apenas de saber de que maneira nossas percepções se ligam às modificações da substância cinzenta. O problema amplia-se e coloca-se também em termos muito mais claros. Há um sistema de imagens que chamo minha percepção do universo, e que se conturba de alto a baixo por leves variações de uma certa imagem privilegiada, meu corpo. Esta imagem ocupa o centro; sobre ela regulam-se todas as outras; a cada um de seus movimentos tudo muda, como se girássemos um caleidoscópio. Há, por outro lado, as mesmas imagens, mas relacionadas cada uma a si mesma, umas certamente influindo sobre as outras, mas de maneira que o efeito permanece sempre proporcional à causa: é o que chamo de universo. Como explicar que esses dois sistemas coexistam, e que as mesmas imagens sejam relativamente invariáveis no universo, infinitamente variáveis na percepção? O problema pendente entre o realismo e o idealismo, talvez mesmo entre o materialismo e o espiritualismo, coloca-se portanto, em nossa opinião, nos seguintes termos: *Como se explica que as mesmas imagens possam entrar ao mesmo tempo em dois sis-*

temas diferentes, um onde cada imagem varia em função dela mesma e na medida bem definida em que sofre a ação real das imagens vizinhas, o outro onde todas variam em função de uma única, e na medida variável em que elas refletem a ação possível dessa imagem privilegiada?

Toda imagem é interior a certas imagens e exterior a outras; mas do conjunto das imagens não é possível dizer que ele nos seja interior ou que nos seja exterior, já que a interioridade e a exterioridade não são mais que relações entre imagens. Perguntar se o universo existe apenas em nosso pensamento ou fora dele é, portanto, enunciar o problema em termos insolúveis, supondo-se que sejam inteligíveis; é condenar-se a uma discussão estéril, em que os termos pensamento, existência, universo serão necessariamente tomados, por uma parte e por outra, em sentidos completamente diferentes. Para solucionar o debate, é preciso encontrar primeiro um terreno comum onde se trava a luta, e visto que, tanto para uns como para outros, só apreendemos as coisas sob forma de imagens, é em função de imagens, e somente de imagens, que devemos colocar o problema. Ora, nenhuma doutrina filosófica contesta que as mesmas imagens possam entrar ao mesmo tempo em dois sistemas distintos, um que pertence à *ciência*, e onde cada imagem, estando relacionada apenas a ela mesma, guarda um valor absoluto, o outro que é o mundo da *consciência*, e onde todas as imagens regulam-se por uma imagem central, nosso corpo, cujas variações elas acompanham. A questão colocada entre o realismo e o idealismo torna-se então muito clara: quais são as relações que esses dois sistemas de imagens mantêm entre si? E é fácil perceber que o idealismo subjetivo consiste em fazer derivar o primeiro sistema do segundo, e o realismo materialista em tirar o segundo do primeiro.

O realista parte, com efeito, do universo, ou seja, de um conjunto de imagens governadas em suas relações mútuas por leis imutáveis, onde os efeitos permanecem proporcionais às suas causas, e cuja característica é não haver centro, todas as imagens desenvolvendo-se em um mesmo plano que se prolonga indefinidamente. Mas ele é obrigado a constatar que além desse sistema existem *percepções,* isto é, sistemas em que estas mesmas imagens estão relacionadas a uma única dentre elas, escalonando-se ao redor dela em planos diferentes e transfigurando-se em seu conjunto a partir de ligeiras modificações desta imagem central. É dessa percepção que parte o idealista, e no sistema de imagens que ele se oferece há uma imagem privilegiada, seu corpo, sobre a qual se regulam as outras imagens. Mas, se quiser ligar o presente ao passado e prever o futuro, ele será obrigado a abandonar essa posição central, a recolocar todas as imagens no mesmo plano, a supor que elas não variam mais em função dele mas em função delas, e a tratá-las como se fizessem parte de um sistema onde cada mudança dá a medida exata de sua causa. Somente com essa condição a ciência do universo torna-se possível; e já que esta ciência existe, já que ela consegue prever o futuro, a hipótese que a fundamenta não é uma hipótese arbitrária. O primeiro sistema só é dado à experiência presente; mas acreditamos no segundo pelo simples fato de que afirmamos a continuidade do passado, do presente e do futuro. Assim, tanto no idealismo como no realismo coloca-se um dos dois sistemas, e dele procura-se deduzir o outro.

Mas, nessa dedução, nem o realismo nem o idealismo podem completar-se, porque nenhum dos dois sistemas de imagens está implicado no outro, e cada qual se basta. Se você propuser o sistema de imagens que não tem centro, e onde cada elemento possui sua grandeza e seu valor absolutos, não vejo por que tal sistema se associaria a um segundo, onde cada imagem adquire um valor indeterminado, submetido a todas as vicissitudes de uma imagem central. Será preciso portanto, para engendrar a percepção, evocar algum *deus ex machina*, tal como a hipótese materialista da consciência-epifenômeno. Escolher-se-á, entre todas as imagens de mudanças absolutas inicialmente colocadas, aquela que chamamos nosso cérebro, e aos estados interiores dessa imagem será conferido o singular privilégio de acompanhar-se, não se sabe como, da reprodução, desta vez relativa e variável, de todas as outras. É verdade que se fingirá não dar nenhuma importância a essa representação, vendo nela uma fosforescência que as vibrações cerebrais deixariam atrás de si: como se a substância cerebral, as vibrações cerebrais, inseridas nas imagens que compõem essa representação, pudessem ser de uma natureza diferente delas! Todo realismo fará portanto da percepção um acidente, e por isso mesmo um mistério. Mas, inversamente, se você propuser um sistema de imagens instáveis dispostas em torno de um centro privilegiado e modificando-se profundamente por deslocamentos insensíveis deste centro, estará excluindo em primeiro lugar a ordem da natureza, essa ordem indiferente ao ponto onde se está e ao termo por onde se começa. Você só poderá restabelecer essa ordem evocando, por sua vez, um *deus ex machina*, admitindo-se, por uma hipótese arbitrária, não se sabe qual harmonia preestabelecida entre as coisas e o espírito, ou pelo menos, para dizer como Kant, entre a sensibilidade e o entendimento. É a ciência que se tornará então um acidente, e seu êxito um mistério. – Você não poderia portanto deduzir nem o primeiro sistema de imagens do segundo, nem o segundo do primeiro, e estas duas doutrinas opostas, realismo e idealismo, quando recolocadas enfim sobre o mesmo terreno, vêm, em sentidos contrários, tropeçar no mesmo obstáculo.

Escavando agora por baixo das duas doutrinas, você descobriria nelas um postulado comum, que formularemos assim: *a percepção tem um interesse inteiramente especulativo; ela é conhecimento puro.* Toda a discussão tem por objeto a importância que é preciso atribuir a esse conhecimento em face do conhecimento científico. Uns adotam a ordem exigida pela ciência, e vêem na percepção apenas uma ciência confusa e provisória. Outros colocam a percepção em primeiro lugar, erigem-na em absoluto, e tomam a ciência por uma expressão simbólica do real. Mas, para uns e outros, perceber significa antes de tudo conhecer.

Ora, é esse postulado que contestamos. Ele é desmentido pelo exame, mesmo o mais superficial, da estrutura do sistema nervoso na série animal. E não se poderia aceitá-lo sem obscurecer profundamente o tríplice problema da matéria, da consciência e de sua relação.

Acompanhe-se, com efeito, passo a passo, o progresso da percepção externa desde a monera até os vertebrados superiores. Descobrimos que no estado de simples massa protoplásmica a matéria viva já é irritável e contrátil, que ela sofre a influência dos estímulos exteriores, que ela responde a eles através de reações mecânicas, físicas e químicas. À medida que avançamos na série dos organismos, vemos o trabalho fisiológico dividir-se. Células nervosas aparecem, diversificam-se, tendem a agrupar-se em sistema. Ao mesmo tempo, o animal reage por movimentos mais variados à excitação exterior. Mas, ainda que o estímulo recebido não se prolongue imediatamente em movimento realizado, ele parece simplesmente aguardar a ocasião disso, e a mesma impressão que transmite ao organismo as modificações ambientais determina ou prepara sua adaptação a elas. Entre os vertebrados superiores, sem dúvida torna-se radical a distinção entre o automatismo puro, sediado sobretudo na medula, e a atividade voluntária, que exige a intervenção do cérebro. Poder-se-ia imaginar que a impressão recebida, em vez de desenvolver-se apenas em movimentos, espiritualiza-se em conhecimento. Mas basta comparar a estrutura do cérebro com a da medula para nos convencermos de que há somente uma diferença de complicação, e não uma diferença de natureza, entre as funções do cérebro e a atividade reflexa do sistema medular. O que se passa, com efeito, na ação reflexa? O movimento centrípeto comunicado pela excitação reflete-se imediatamente, por intermédio das células nervosas da medula, num movimento centrífugo que determina uma contração muscular. Em que consiste, por outro lado, a função do sistema cerebral? O estímulo periférico, em vez de propagar-se diretamente para a célula motora da medula e de imprimir ao músculo uma contração necessária, remonta em primeiro lugar ao encéfalo, tornando depois a descer para as mesmas células motoras da medula que intervêm no movimento reflexo. O que ele ganhou portanto nessa volta, e o que foi buscar nas células ditas sensitivas do córtex cerebral? Não compreendo, não compreenderei jamais que ele obtenha aí o miraculoso poder de transformar-se em representação das coisas, e inclusive considero essa hipótese inútil, como se verá em seguida. Mas o que percebo muito bem é que estas células das diversas regiões ditas sensoriais do córtex, células interpostas entre as arborizações terminais das fibras centrípetas e as células motoras do sulco de Rolando, permitem ao estímulo recebido atingir *à vontade* este ou aquele mecanismo motor da medula espinhal e *escolher* assim seu efeito. Quanto mais se multiplicarem estas células interpostas, mais elas emitirão prolongamentos amebóides capazes de se aproximarem diversamente, mais numerosas e variadas serão também as vias capazes de se abrirem ante um mesmo estímulo vindo da periferia, e, conseqüentemente, haverá mais sistemas de movimentos que uma mesma excitação deixará à escolha. O cérebro não deve portanto ser outra coisa, em nossa opinião, que não uma espécie de central telefônica: seu papel é "efetuar a comunicação", ou fazê-la aguardar. Ele não acrescenta nada àquilo que recebe; mas, como todos os órgãos perceptivos lhe enviam seus últimos prolongamentos, e todos os mecanismos motores da medula e do bulbo raquidiano têm aí seus representantes titulares, ele constitui efetivamente um centro, onde a excitação periférica põe-se em contato com este ou aquele mecanismo motor, escolhido e não mais imposto. Por outro lado, como uma quantidade enorme de vias motoras podem abrir-se nessa substância, *todas juntas*, a um mesmo estímulo vindo da periferia, esse estímulo tem a faculdade de dividir-se ao infinito e, conseqüentemente, de perder-se em reações motoras inumeráveis, apenas nascentes. Assim, o papel do cérebro é ora de conduzir o movimento recolhido a um órgão de reação escolhido, ora de abrir a esse movimento a totalidade das vias motoras para que aí desenhe todas as reações que ele pode gerar e para que analise a si mesmo ao se dispersar. Em outras palavras, o cérebro nos parece um instrumento de análise com relação ao movimento recolhido e um instrumento de seleção com relação ao movimento executado. Mas, num caso como no outro, seu papel limita-se a transmitir e a repartir movimento. E, tanto nos centros superiores do córtex quanto na medula, os elementos nervosos não trabalham com vistas ao conhecimento: apenas esboçam de repente uma pluralidade de ações possíveis, ou organizam uma delas.

Equivale a dizer que o sistema nervoso nada tem de um aparelho que serviria para fabricar ou mesmo preparar representações. Ele tem por função receber excitações, montar aparelhos motores e apresentar o maior número possível desses aparelhos a uma excitação dada. Quanto mais ele se desenvolve, mais numerosos e distantes tornam-se os pontos do espaço que ele põe em relação com mecanismos motores cada vez mais complexos: deste modo aumenta a latitude que ele deixa à nossa ação, e nisso justamente consiste sua perfeição crescente. Mas, se o sistema nervoso é construído, de uma ponta à outra da série animal, em vista de uma ação cada vez menos necessária, não caberia pensar que a percepção, cujo progresso é pautado pelo dele, também seja inteiramente orientada para a ação, e não para o conhecimento puro? E, com isso, a riqueza crescente dessa percepção não deveria simbolizar simplesmente a parte crescente de indeterminação deixada à escolha do ser vivo em sua conduta em face das coisas? Partamos pois dessa indeterminação como sendo o princípio verdadeiro. Procuremos, uma vez colocada essa indeterminação, se não seria possível deduzir daí a possibilidade e mesmo a necessidade da percepção consciente. Em outras palavras, tomemos esse sistema de imagens solidárias e bem amarradas que chamamos de mundo material, e imaginemos aqui e ali, nesse sistema, *centros de ação real* representados pela matéria viva: afirmo que *é preciso* que ao redor de cada um desses centros sejam dispostas imagens subordinadas à sua posição e variáveis com ela; afirmo conseqüentemente que a percepção consciente *deve* se produzir, e que, além disso, é possível compreender como essa percepção surge.

Assinalemos de início que uma lei rigorosa vincula a extensão da percepção consciente à intensidade de ação de que o ser vivo dispõe. Se nossa hipótese é correta, essa percepção aparece no momento preciso em que um estímulo recebido pela matéria não se prolonga em reação necessária. No caso de um organismo rudimentar, será preciso, é verdade, um contato imediato do objeto de interesse para que o estímulo se produza, e nesse caso a reação não se pode fazer esperar. É assim que, nas espécies inferiores, o tocar é passivo e ativo ao mesmo tempo; serve para reconhecer uma presa e capturá-la, para perceber o perigo e procurar evitá-lo. Os prolongamentos variados dos protozoários, os ambulacros dos equinodermas são órgãos de movimento assim como de percepção tátil; o aparelho urticante dos celenterados é um instrumento de percepção assim como um meio de defesa. Em uma palavra, quanto mais imediata deve ser a reação, tanto mais é preciso que a percepção se assemelhe a um simples contato, e o processo completo de percepção e de reação mal se distingue então do impulso mecânico seguido de um movimento necessário. Mas, à medida que a reação torna-se mais incerta, que dá mais lugar à hesitação, aumenta também a distância na qual se faz sentir sobre o animal a ação do objeto que o interessa. Através da visão, através da audição, ele se relaciona com um número cada vez maior de coisas, ele sofre influências cada vez mais longínquas; e, quer esses objetos lhe prometam uma vantagem, quer o ameacem com um perigo, promessas e perigos recuam seu prazo. A parte de independência de que um ser vivo dispõe, ou, como diremos, a zona de indeterminação que cerca sua atividade, permite portanto avaliar *a priori* a quantidade e a distância das coisas com as quais ele está em relação. Qualquer que seja essa relação, qualquer que seja portanto a natureza íntima da percepção, pode-se afirmar que a amplitude da percepção mede exatamente a indeterminação da ação consecutiva, e conseqüentemente enunciar esta lei: *a percepção dispõe do espaço na exata proporção em que a ação dispõe do tempo.*

Mas por que essa relação do organismo com objetos mais ou menos distantes adquire a forma particular de uma percepção consciente? Já examinamos o que se passa no corpo organizado; vimos movimentos transmitidos ou inibidos, metamorfoseados em ações realizadas ou dispersos em ações nascentes. Tais movimentos nos pareceram interessar a ação, e a ação somente; eles permanecem absolutamente estranhos ao processo da representação. Consideramos então a ação mesma e a indeterminação que a cerca, indeterminação implicada na estrutura do sistema nervoso, e em vista da qual esse sistema parece ter sido construído bem mais do que em vista da representação. Dessa indeterminação, aceita como um fato, pudemos concluir a necessidade de uma percepção, isto é, de uma relação variável entre o ser vivo e as influências mais ou menos distantes dos objetos que o interessam. Como se explica que essa percepção seja consciência, e por que tudo se passa *como se* essa consciência nascesse dos movimentos interiores da substância cerebral?

Para responder a essa questão, iremos em primeiro lugar simplificar bastante as condições em que a percepção consciente se realiza. Na verdade, não há percepção que não esteja impregnada de lembranças. Aos dados imediatos e presentes de nossos sentidos misturamos milhares de detalhes de nossa experiência passada. Na maioria das vezes, estas lembranças deslocam nossas percepções reais, das quais não retemos então mais que algumas indicações, simples "signos" destinados a nos trazerem à memória antigas imagens. A comodidade e a rapidez da percepção têm esse preço; mas daí nascem também ilusões de toda espécie. Nada impede que se substitua essa percepção, inteiramente penetrada de nosso passado, pela percepção que teria uma consciência adulta e formada, mas encerrada no presente, e absorvida, à exclusão de qualquer outra atividade, na tarefa de se amoldar ao objeto exterior. Dirão que fazemos uma hipótese arbitrária, e que essa percepção ideal, obtida pela eliminação dos acidentes individuais, não corresponde de modo nenhum à realidade. Mas esperamos precisamente mostrar que os acidentes individuais estão enxertados nessa percepção impessoal, que essa percepção está na própria base de nosso conhecimento das coisas, e que é por havê-la desconhecido, por não a ter distinguido daquilo que a memória acrescenta ou suprime nela, que se fez da percepção inteira uma espécie de visão interior e subjetiva, que só se diferenciaria da lembrança por sua maior intensidade. Tal será portanto nossa primeira hipótese. Mas ela acarreta naturalmente uma outra. Por mais breve que se suponha uma percepção, com efeito, ela ocupa sempre uma certa duração, e exige conseqüentemente um esforço da memória, que prolonga, uns nos outros, uma pluralidade de momentos. Mesmo a "subjetividade" das qualidades sensíveis, como procuraremos mostrar, consiste sobretudo em uma espécie de contração do real, operada por nossa memória. Em suma, a memória sob estas duas formas, enquanto recobre com uma camada de lembranças um fundo de percepção imediata, e também enquanto ela contrai uma multiplicidade de momentos, constitui a principal contribuição da consciência individual na percepção, o lado subjetivo de nosso conhecimento das coisas; e, ao deixar de lado essa contribuição para tornar nossa idéia mais clara, iremos nos adiantar bem mais do que convém no caminho que empreendemos. Faremos isso apenas para voltar em seguida sobre nossos passos e para corrigir, sobretudo através da reintegração da memória, o que nossas conclusões poderiam ter de excessivo. Portanto, no que se segue, deve-se ver apenas uma exposição esquemática, e pediremos que se entenda provisoriamente por percepção não minha percepção concreta e complexa, aquela que minhas lembranças preenchem e que oferece sempre uma certa espessura de duração, mas a percepção *pura*, uma percepção que existe mais de direito do que de fato, aquela que teria um ser situado onde estou, vivendo como eu vivo, mas absorvido no presente, e capaz, pela eliminação da memória sob todas as suas formas, de obter da matéria uma visão ao mesmo tempo imediata e instantânea. Coloquemo-nos portanto nessa hipótese, e perguntemos de que modo a percepção consciente se explica.

Deduzir a consciência seria um empreendimento bastante ousado, mas na verdade isso não é necessário aqui, porque ao colocar o mundo material demo-nos um conjunto de imagens, e aliás é impossível nos darmos outra coisa. Nenhuma teoria da matéria escapa a essa necessidade. Reduza-se a matéria a átomos em movimento: estes átomos, mesmo desprovidos de qualidades físicas, só se determinam em relação a uma visão e a um contato possíveis, aquela sem iluminação e este sem materialidade. Condense-se o átomo em centros de força, dissolva-se-o em turbilhões evoluindo num fluido contínuo: esse fluido, esses movimentos, esses centros só se determinam, eles próprios, em relação a um tocar impotente, a um impulso ineficaz, a uma luz descolorida; trata-se ainda de imagens. É verdade que uma imagem pode *ser* sem *ser percebida*; pode estar presente sem estar representada; e a distância entre estes dois termos, presença e representação, parece justamente medir o intervalo entre a própria matéria e a percepção consciente que temos dela. Mas examinemos essas coisas mais de perto e vejamos em que consiste ao certo essa diferença. Se houvesse *mais* no segundo termo do que no primeiro, se, para passar da presença à representação, fosse preciso acrescentar alguma coisa, a distância seria intransponível, e a passagem da matéria à percepção permaneceria envolvida em um impenetrável mistério. O mesmo não aconteceria se pudéssemos passar do primeiro termo ao segundo mediante uma diminuição, e se a representação de uma imagem fosse *menos* que sua simples presença; pois então bastaria que as imagens presentes fossem forçadas a abandonar algo delas mesmas para que sua simples presença as convertesse em representações. Ora, eis a imagem que chamo de objeto material; tenho a representação dela. Como se explica que ela não pareça ser em si o que é para mim? A razão é que esta imagem, solidária à totalidade das outras imagens, continua-se nas que a seguem, assim como prolongava aquelas que a precedem. Para transformar sua existência pura e simples em representação, bastaria suprimir de uma só vez o que a segue, o que a precede, e também o que a preenche, não conservando mais do que sua crosta exterior, sua película superficial. O que a distingue, enquanto imagem presente, enquanto realidade objetiva, de uma imagem representada é a necessidade em que se encontra de agir por cada um de seus pontos sobre todos os pontos das outras imagens, de transmitir a totalidade daquilo que recebe, de opor a cada ação uma reação igual e contrária, de não ser, enfim, mais do que um caminho por onde passam em todos os sentidos as modificações que se propagam na imensidão do universo. Eu a converteria em representação se pudesse isolá-la, se pudesse sobretudo isolar seu invólucro. A representação está efetivamente aí, mas sempre virtual, neutralizada, no momento em que passaria ao ato, pela obrigação de prolongar-se e de perder-se em outra coisa. O que é preciso para obter essa conversão não é iluminar o objeto, mas ao contrário obscurecer certos lados dele, diminuí-lo da maior parte de si mesmo, de modo que o resíduo, em vez de permanecer inserido no ambiente como uma *coisa*, destaque-se como um *quadro*. Ora, se os seres vivos constituem no universo "centros de indeterminação", e se o grau dessa indeterminação é medido pelo número e pela elevação de suas funções, concebemos que sua simples presença possa equivaler à supressão de todas as partes dos objetos nas quais suas funções não estão interessadas. Eles se deixarão atravessar, de certo modo, por aquelas dentre as ações exteriores que lhes são indiferentes; as outras, isoladas, tornar-se-ão "percepções" por seu próprio isolamento. Tudo se passará então, para nós, como se refletíssemos nas superfícies a luz que emana delas, luz que, propagando-se sempre, jamais teria sido revelada. As imagens que nos cercam parecerão voltar-se em direção a nosso corpo, mas desta vez iluminada a face que o interessa; elas destacarão de sua substância o que tivermos retido de passagem, o que somos capazes de influenciar. Indiferentes umas às outras em razão do mecanismo radical que as vincula, elas apresentam reciprocamente, umas às outras, todas as suas faces ao mesmo tempo, o que equivale a dizer que elas agem e reagem entre si por todas as suas partes elementares, e que, conseqüentemente, nenhuma delas é percebida nem percebe conscientemente. E se, ao contrário, elas deparam em alguma parte com uma certa espontaneidade de reação, sua ação é diminuída na mesma proporção, e essa diminuição de sua ação é justamente a representação que temos delas. Nossa representação das coisas nasceria por-tanto, em última análise, do fato de que elas vêm refletir-se contra nossa liberdade.

Quando um raio de luz passa de um meio a outro, ele o atravessa geralmente mudando de direção. Mas podem ser tais as densidades respectivas dos dois meios que, a partir de um certo ângulo de incidência, não haja mais refração possível. Então se produz a reflexão total. Do ponto luminoso forma-se uma imagem virtual, que simboliza, de algum modo, a impossibilidade de os raios luminosos prosseguirem seu caminho. A percepção é um fenômeno do mesmo tipo. O que é dado é a totalidade das imagens do mundo material juntamente com a totalidade de seus elementos interiores. Mas se supusermos centros de atividade verdadeira, ou seja, espontânea, os raios que chegam aí e que interessariam essa atividade, em vez de atravessá-los, parecerão retornar desenhando os contornos do objeto que os envia. Não haverá aí nada de positivo, nada que se acrescente à imagem, nada de novo. Os objetos não farão mais que abandonar algo de sua ação real para figurar assim sua ação virtual, ou seja, no fundo, a influência possível do ser vivo sobre eles. A percepção assemelha-se portanto aos fenômenos de reflexão que vêm de uma refração impedida; é como um efeito de miragem.

Isso equivale a dizer que há para as imagens uma simples diferença de grau, e não de natureza, entre *ser* e *ser conscientemente percebidas*. A realidade da matéria consiste na totalidade de seus elementos e de suas ações de todo tipo. Nossa representação da matéria é a medida de nossa ação possível sobre os corpos; ela resulta da eliminação daquilo que não interessa nossas necessidades e, de maneira mais geral, nossas funções. Num certo sentido, poderíamos dizer que a percepção de um ponto material inconsciente qualquer, em sua instantaneidade, é infinitamente mais vasta e mais completa que a nossa, já que esse ponto recolhe e transmite as ações de todos os pontos do mundo material, enquanto nossa consciência só atinge algumas partes por alguns lados. A consciência – no caso da percepção exterior – consiste precisamente nessa escolha. Mas, nessa pobreza necessária de nossa percepção consciente, há algo de positivo e que já anuncia o espírito: é, no sentido etimológico da palavra, o discernimento.

Toda a dificuldade do problema que nos ocupa advém de que nos representamos a percepção como uma visão fotográfica das coisas, que seria tomada de um ponto determinado com um aparelho especial, no caso o órgão de percepção, e que se desenvolveria a seguir na substância cerebral por não se sabe qual processo de elaboração química e psíquica. Mas como não ver que a fotografia, se fotografia existe, já foi obtida, já foi tirada, no próprio interior das coisas e de todos os pontos do espaço? Nenhuma metafísica, nenhuma física mesmo pode furtar-se a essa conclusão. Componha-se o universo com átomos: em cada um deles fazem-se sentir, em qualidade e em quantidade, variáveis conforme a distância, as ações exercidas por todos os átomos da matéria. Com centros de força: as linhas de força emitidas em todos os sentidos por todos os centros dirigem a cada centro as influências do mundo material inteiro. Com mônadas, enfim: cada mônada, como o queria Leibniz, é o espelho do universo. Todo o mundo está portanto de acordo quanto a esse ponto. Mas, se considerarmos um lugar qualquer do universo, poderemos dizer que a ação da matéria inteira passa sem resistência e sem perda, e que a fotografia do todo é translúcida: falta, atrás da chapa, uma tela escura sobre a qual se destacaria a imagem. Nossas "zonas de indeterminação" desempenhariam de certo modo o papel de tela. Elas não acrescentam nada àquilo que é; fazem apenas que a ação real passe e que a ação virtual permaneça.

Isto não é uma hipótese. Limitamo-nos a formular os dados que nenhuma teoria da percepção pode dispensar. Nenhum psicólogo, com efeito, abordará o estudo da percepção exterior sem colocar a possibilidade pelo menos de um mundo material, ou seja, no fundo, a percepção virtual de todas as coisas. Nessa massa material simplesmente possível será isolado o objeto particular que chamo meu corpo, e nesse corpo os centros perceptivos: será mostrado o estímulo chegando de um ponto qualquer do espaço, propagando-se ao longo dos nervos, atingindo os centros. Mas aqui se efetua um golpe teatral. Esse mundo material que cercava o corpo, esse corpo que abriga o cérebro, esse cérebro onde se distinguiam centros, são bruscamente dispensados; e como que através de uma varinha mágica faz-se surgir, à maneira de uma coisa absolutamente nova, a representação daquilo que se havia colocado inicialmente. Essa representação é lançada fora do espaço, para que ela não tenha nada mais em comum com a matéria de onde se havia partido: quanto à própria matéria, gostaríamos de passar sem ela, o que no entanto é impossível, porque seus fenômenos apresentam entre si uma ordem tão rigorosa, tão indiferente ao ponto que se escolheu por origem, que essa regularidade e essa indiferença constituem de fato uma existência independente. Será preciso então resignar-se a conservar da matéria seu fantasma. Pelo menos ela será despojada de todas as qualidades que constituem a vida. Num espaço amorfo serão recortadas figuras que se movem; ou então (o que vem a ser mais ou menos a mesma coisa), imaginar-se-ão relações de grandeza que se comporiam entre si, funções que evoluiriam desenvolvendo seu conteúdo: a partir daí a representação, carregada com os despojos da matéria, se manifestará livremente numa consciência inextensiva. Mas não basta cortar, é preciso costurar. Essas qualidades que foram separadas de seu suporte material, será preciso agora explicar de que modo elas tornam a juntar-se a ele. Cada atributo de que a matéria é privada faz crescer o intervalo entre a representação e seu objeto. Se você faz a matéria inextensa, como ela irá receber a extensão? Se você a reduz ao movimento homogêneo, de onde surgirá a qualidade? Sobretudo, como imaginar uma relação entre a coisa e a imagem, entre a matéria e o pensamento, uma vez que cada um desses dois termos possui, por definição, o que falta ao outro? Assim as dificuldades nascem a cada passo, e cada esforço que você fizer para dissipar uma delas só conseguirá decompô-la em muitas outras. O que lhe pedimos então? Simplesmente que renuncie à sua varinha mágica, e que continue no caminho onde havia entrado inicialmente. Você nos havia mostrado as imagens exteriores atingindo os órgãos dos sentidos, modificando os nervos, propagando sua influência no cérebro. Prossiga até o fim. O movimento irá atravessar a substância cerebral, não sem ter aí permanecido, e se manifestará então em ação voluntária. Eis aí todo o mecanismo da percepção. Quanto à própria percepção, enquanto imagem, não é preciso descrever sua gênese, pois você a colocou de início e não podia, aliás, deixar de colocá-la: ao dar-se o cérebro, ao dar-se a menor parcela de matéria, você não se dava a totalidade das imagens? *O que você tem a explicar, portanto, não é como a percepção nasce, mas como ela se limita, já que ela seria, de direito, a imagem do todo, e ela se reduz, de fato, àquilo que interessa a você.* Mas, se ela se distingue justamente da imagem pura e simples pelo fato de suas partes se ordenarem em relação a um centro variável, compreende-se sua limitação sem dificuldade: indefinida de direito, ela se restringe de fato a desenhar a parte de indeterminação deixada aos procedimentos desta imagem especial que você chama seu corpo. E por conseqüência, inversamente, a indeterminação dos movimentos do corpo, tal como resulta da estrutura da substância cinzenta do cérebro, dá a medida exata da percepção que você tem. Não é de admirar portanto se tudo se passa *como se* sua percepção resultasse dos movimentos interiores do cérebro e saísse, de certo modo, dos centros corticais. Ela não poderia vir daí, pois o cérebro é uma imagem como as outras, envolvida na massa das outras imagens, e seria absurdo que o continente saísse do conteúdo. Mas, como a estrutura do cérebro oferece o plano minucioso dos movimentos entre os quais você tem a escolha; como, por outro lado, a porção das imagens exteriores que parece concentrar-se para constituir a percepção desenha justamente todos os pontos do universo sobre os quais esses movimentos teriam influência, percepção consciente e modificação cerebral correspondem-se rigorosamente. A dependência recíproca desses dois termos deve-se portanto simplesmente ao fato de eles serem, um e outro, função de um terceiro, que é a indeterminação do querer.

Seja, por exemplo, um ponto luminoso P cujos raios agem sobre os diferentes pontos a, b, c, da retina. Nesse ponto *P* a ciência localiza vibrações de uma certa amplitude e de uma certa duração. Nesse mesmo ponto *P* a consciência percebe luz. Nós nos propomos a mostrar, ao longo deste estudo, que tanto uma como outra têm razão, e que não há diferença essencial entre essa luz e esses movimentos, com a condição de que se devolva ao movimento a unidade, a indivisibilidade e a heterogeneidade qualitativa que uma mecânica abstrata lhe recusa, com a condição também de que se vejam nas qualidades sensíveis outras tantas *contrações* operadas por nossa memória: ciência e consciência coincidiriam no instantâneo. Limitemo-nos provisoriamente a dizer, sem muito aprofundar aqui o sentido das palavras, que o ponto *P* envia à retina estímulos luminosos. O que irá se passar? Se a imagem visual do ponto *P* não fosse dada, haveria por que procurar saber como ela se forma, e logo nos veríamos em presença de um problema insolúvel. Mas, não importa a maneira como se faça, é impossível deixar de colocá-la de saída: a única questão é portanto saber por que e como essa imagem *é escolhida* para fazer parte de minha percepção, enquanto uma infinidade de outras imagens permanece excluída. Ora, vejo que os estímulos transmitidos do ponto *P* aos diversos corpúsculos retinianos são conduzidos aos centros ópticos subcorticais e corticais, freqüentemente também a outros centros, e que esses centros às vezes os transmitem a mecanismos motores, às vezes os detêm provisoriamente. Os elementos nervosos interessados são portanto exatamente aquilo que dá ao estímulo recebido sua eficácia; eles simbolizam a indeterminação do querer; de sua integridade depende essa indeterminação; e, conseqüentemente, toda lesão desses elementos, ao diminuir nossa ação possível, diminuirá na mesma medida a percepção. Em outras palavras, se existem no mundo material pontos onde os estímulos recolhidos não são mecanicamente transmitidos, se há, como dizíamos, zonas de indeterminação, estas zonas devem precisamente encontrar-se no trajeto daquilo que é chamado processo sensório-motor; e a partir daí tudo deve se passar como se os raios *Pa*, *Pb*, *Pc* fossem *percebidos* ao longo desse trajeto e *projetados* em seguida em *P*. E mais: se essa indeterminação é algo que escapa à experimentação e ao cálculo, o mesmo não se dá com os elementos nervosos nos quais a impressão é recolhida e transmitida. É desses elementos portanto que deverão se ocupar fisiologistas e psicólogos; neles se determinarão e por eles se explicarão todos os detalhes da percepção exterior. Poderemos dizer, se quisermos, que a excitação, após ter caminhado ao longo desses elementos, após ter alcançado o centro, converteu-se aí numa imagem consciente que é exteriorizada em seguida no ponto *P*. Mas, ao nos exprimirmos assim, estaremos apenas nos curvando às exigências do método científico; não descreveremos em absoluto o processo real. De fato, não há uma imagem inextensiva que se formaria na consciência e se projetaria a seguir em *P*. A verdade é que o ponto *P*, os raios que ele emite, a retina e os elementos nervosos interessados formam um todo solidário, que o ponto *P* faz parte desse todo, e que é exatamente em *P*, e não em outro lugar, que a imagem de *P* é formada e percebida.

Ao nos representarmos assim as coisas, o que fazemos é retornar à convicção ingênua do senso comum. Todos nós começamos por acreditar que entrávamos no objeto mesmo, que o percebíamos nele, e não em nós. Se o psicólogo desdenha uma idéia tão simples, tão próxima do real, é que o processo intracerebral, essa mínima parte da percepção, parece-lhe ser o equivalente da percepção inteira. Suprima-se o objeto percebido conservando esse processo interno: a imagem do objeto lhe parecerá permanecer. E sua crença explica-se sem dificuldade: há numerosos estados, como a alucinação e o sonho, em que surgem imagens que imitam ponto por ponto a percepção exterior. Como, em semelhante caso, o objeto desapareceu enquanto o cérebro subsiste, conclui-se que o fenômeno cerebral é suficiente para a produção da imagem. Mas convém não esquecer que, em todos os estados psicológicos desse gênero, a memória desempenha o papel principal. Ora, procuraremos mostrar mais adiante que, uma vez admitida a percepção tal como a entendemos, a memória *deve* surgir, e que essa memória, tanto como a própria percepção, não tem sua condição real e completa num estado cerebral. Sem abordar ainda o exame desses dois pontos, limitemo-nos a apresentar uma observação bastante simples, e que aliás não é nova. Muitos cegos de nascença têm seus centros visuais intactos: no entanto vivem e morrem sem ter jamais formado uma imagem visual. Tal imagem não pode aparecer a menos que o objeto exterior tenha desempenhado um papel uma primeira vez: conseqüentemente ele deve, na primeira vez pelo menos, ter entrado efetivamente na representação. Ora, não exigimos outra coisa de momento, pois é da percepção pura que tratamos aqui, e não da percepção complicada de memória. Rejeite portanto a contribuição da memória, considere a percepção em estado bruto, você será obrigado a reconhecer que não há jamais imagem sem objeto. Mas, assim que você associa aos processos intracerebrais o objeto exterior em questão, vejo perfeitamente de que modo a imagem desse objeto é dada com ele e nele, não vejo em absoluto de que modo ela nasceria do movimento cerebral.

Quando uma lesão dos nervos ou dos centros interrompe o trajeto do estímulo nervoso, a percepção é diminuída da mesma forma. Devemos espantar-nos com isso? O papel do sistema nervoso é utilizar esse estímulo, convertê-lo em procedimentos práticos, realmente ou virtualmente efetuados. Se, por uma razão ou outra, a excitação não passa mais, seria estranho que a percepção correspondente tivesse ainda lugar, já que essa percepção colocaria então nosso corpo em relação com pontos do espaço que não a convidariam mais diretamente a fazer uma escolha. Seccione-se o nervo óptico de um animal; o estímulo partido do ponto luminoso não se transmite mais ao cérebro e daí aos nervos motores; o fio que ligava o objeto exterior aos mecanismos motores do animal, englobando o nervo óptico, é rompido: a percepção visual tornou-se portanto impotente, e nessa impotência consiste precisamente a inconsciência. Que a matéria possa ser percebida sem o concurso de um sistema nervoso, sem órgãos dos sentidos, não é teoricamente inconcebível; mas é praticamente impossível, porque uma percepção desse tipo não serviria para nada. Ela conviria a um fantasma, não a um ser vivo, a um ser ativo. Representa-se o corpo vivo como um império dentro de um império, o sistema nervoso como um ser à parte, cuja função seria inicialmente elaborar percepções, em seguida criar movimentos.

A verdade é que meu sistema nervoso, interposto entre os objetos que estimulam meu corpo e aqueles que eu poderia influenciar, desempenha o papel de um simples condutor, que transmite, distribui ou inibe movimento. Esse condutor compõe-se de uma quantidade enorme de fios estendidos da periferia ao centro e do centro à periferia. Quantos forem os fios que vão da periferia ao centro, tantos serão os pontos do espaço capazes de solicitar minha vontade e de colocar, por assim dizer, uma questão elementar à minha atividade motora: cada questão colocada é justamente o que chamamos uma percepção. Assim a percepção será diminuída de um de seus elementos cada vez que um dos fios ditos sensitivos for cortado, porque então alguma parte do objeto exterior torna-se impotente para solicitar a atividade, e também cada vez que um hábito estável for adquirido, porque desta vez a réplica inteiramente pronta torna a questão inútil. O que desaparece, tanto num caso como no outro, é a reflexão aparente do estímulo sobre si mesmo, o retorno da luz à imagem de onde ela parte, ou melhor, essa dissociação, esse *discernimento* que faz com que a percepção se separe da imagem. Pode-se portanto afirmar que o detalhe da percepção molda-se exatamente sobre o dos nervos ditos sensitivos, mas que a percepção, em seu conjunto, tem sua verdadeira razão de ser na tendência do corpo a se mover.

O que geralmente causa ilusão sobre esse ponto é a aparente indiferença de nossos movimentos à excitação que os ocasiona. Parece que o movimento de meu corpo para atingir e modificar um objeto permanece o mesmo, quer eu tenha sido advertido de sua existência pela audição, quer ele me tenha sido revelado pela visão ou pelo tato. Minha atividade motora torna-se então uma entidade à parte, uma espécie de reservatório de onde o movimento sai à vontade, sempre o mesmo para uma mesma ação, qualquer que seja o tipo de imagem que fez com que ele se produzisse. Mas a verdade é que o caráter de movimentos exteriormente idênticos é interiormente modificado, conforme dêem a réplica a uma impressão visual, tátil ou auditiva. Percebo uma multidão de objetos no espaço; cada um deles, enquanto forma visual, solicita minha atividade. Perco bruscamente a visão. Certamente disponho ainda da mesma quantidade e da mesma qualidade de movimentos no espaço; mas esses movimentos não podem mais ser coordenados a impressões visuais; a partir de agora deverão seguir impressões táteis, por exemplo, e no cérebro se desenhará certamente um novo arranjo; as expansões protoplásmicas dos elementos nervosos motores, no córtex, estarão em relação com um número muito menor, desta vez, desses elementos nervosos que chamamos sensoriais. Minha atividade é portanto realmente diminuída, na medida em que, embora eu possa produzir os mesmos movimentos, os objetos me fornecem menos ocasião disso. E, por conseqüência, a interrupção brusca da condução óptica teve por efeito essencial, profundo, suprimir toda uma parte das solicitações de minha atividade: ora, esta solicitação, conforme vimos, é a própria percepção. Vemos claramente aqui o erro daqueles que fazem nascer a percepção do estímulo sensorial propriamente dito, e não de uma espécie de questão colocada à nossa atividade motora. Eles separam essa atividade motora do processo perceptivo, e, como ela parece sobreviver à abolição da percepção, concluem que a percepção está localizada nos elementos nervosos ditos sensoriais. Mas a verdade é que ela está tanto nos centros sensoriais quanto nos centros motores; ela mede a complexidade de suas relações, e existe onde aparece.

Os psicólogos que estudaram a infância sabem bem que nossa representação começa sendo impessoal. Só pouco a pouco, e à força de induções, ela adota nosso corpo por centro e torna-se *nossa* representação. O mecanismo dessa operação, aliás, é fácil de compreender. À medida que meu corpo se desloca no espaço, todas as outras imagens variam; a de meu corpo, ao contrário, permanece invariável. Devo portanto fazer dela um centro, ao qual relacionarei todas as outras imagens. Minha crença num mundo exterior não provém, não pode provir, do fato de eu projetar fora de mim sensações inextensivas: de que modo estas sensações adquiririam a extensão, e de onde eu poderia tirar a noção de exterioridade? Mas, se concordarmos, como a experiência demonstra, que o conjunto das imagens é dado de início, percebo claramente de que modo meu corpo acaba por ocupar nesse conjunto uma situação privilegiada. E compreendo também de que modo surge então a noção de interior e de exterior, que no início não é mais que a distinção de meu corpo e dos outros corpos. Parta, com efeito, de meu corpo, como se faz costumeiramente; você não me fará jamais compreender de que modo impressões recebidas na superfície de meu corpo, e que interessam só a esse corpo, irão se constituir para mim em objetos independentes e formar um mundo exterior. Dê-me ao contrário as imagens em geral: meu corpo acabará necessariamente por se desenhar no meio delas como uma coisa distinta, já que elas não cessam de mudar e ele permanece invariável. A distinção do interior e do exterior se reduzirá assim à da parte e do todo. Há inicialmente o conjunto das imagens; há, nesse conjunto, "centros de ação" contra os quais as imagens interessantes parecem se refletir; é deste modo que as percepções nascem e as ações se preparam. *Meu corpo* é o que se desenha no centro dessas percepções; *minha pessoa* é o ser ao qual se devem relacionar tais ações. As coisas se esclarecem se vamos assim da periferia da representação ao centro, como faz a criança, como nos convidam a fazê-lo a experiência imediata e o senso comum. Tudo se obscurece, ao contrário, e os problemas se multiplicam, se pretendemos ir do centro à periferia, como fazem os teóricos. Como se explica, então, essa idéia de um mundo exterior construído artificialmente, peça por peça, com sensações inextensivas das quais não se compreende nem como chegariam a formar uma superfície extensa, nem como se projetariam a seguir fora de nosso corpo? Por que se pretende, contrariando todas as aparências, que eu vá de meu eu consciente a meu corpo, e depois de meu corpo aos outros corpos, quando na verdade eu me coloco de saída no mundo material em geral, para progressivamente limitar este centro de ação que se chamará meu corpo e distingui-lo assim de todos os outros? Nessa crença no caráter inicialmente inextensivo de nossa percepção exterior há tantas ilusões reunidas, nessa idéia de que projetamos fora de nós estados puramente internos há tantos mal-entendidos, tantas respostas defeituosas a questões mal colocadas, que não poderíamos querer elucidá-las de uma só vez. Esperamos fazê-lo pouco a pouco, à medida que mostrarmos mais claramente, por trás dessas ilusões, a confusão metafísica da extensão indivisa e do espaço homogêneo, a confusão psicológica da "percepção pura" e da memória. Mas essas ilusões estão ligadas também a fatos reais, que podemos desde agora assinalar para retificar sua interpretação.

O primeiro desses fatos é que nossos sentidos têm necessidade de educação. Nem a visão nem o tato chegam imediatamente a localizar suas impressões. Uma série de aproximações e induções é necessária, através das quais coordenamos pouco a pouco nossas impressões umas às outras. Daí salta-se para a idéia de sensações inextensivas por essência, as quais, justapondo-se, constituiriam a extensão. Mas quem não percebe, na própria hipótese em que nos colocamos, que nossos sentidos terão igualmente necessidade de educação – não, certamente, para se conciliarem com as coisas, mas para se porem de acordo entre si? Eis, no meio de todas as imagens, uma certa imagem que chamo meu corpo e cuja ação virtual se traduz por uma aparente reflexão, sobre si mesmas, das imagens circundantes. Assim como há para meu corpo tipos de ação possível, também haverá, para os outros corpos, sistemas de reflexão diferentes, e cada um desses sistemas corresponderá a um de meus sentidos. Meu corpo se conduz portanto como uma imagem que refletiria outras imagens, analisando-as do ponto de vista das diversas ações a exercer sobre elas. E, por conseqüência, cada uma das qualidades percebidas por meus diferentes sentidos no mesmo objeto simboliza uma certa direção de minha atividade, uma certa necessidade. Pois bem: todas essas percepções de um corpo por meus diversos sentidos irão, ao se reunirem, dar a imagem completa desse corpo? Não, certamente, já que elas foram colhidas no conjunto. Perceber todas as influências de todos os pontos de todos os corpos seria descer ao estado de objeto material. Perceber conscientemente significa escolher, e a consciência consiste antes de tudo nesse discernimento prático. As percepções diversas do mesmo objeto que oferecem meus diversos sentidos não reconstituirão portanto, ao se reunirem, a imagem completa do objeto; permanecerão separadas uma das outras por intervalos que medem, de certo modo, muitos vazios em minhas necessidades: é para preencher tais intervalos que uma educação dos sentidos é necessária. Essa educação tem por finalidade harmonizar meus sentidos entre si, restabelecer entre seus dados uma continuidade que foi rompida pela própria descontinuidade das necessidades de meu corpo, enfim reconstruir aproximadamente a totalidade do objeto material. Assim se explicará, em nossa hipótese, a necessidade de uma educação dos sentidos. Comparemos essa explicação à precedente. Na primeira, sensações inextensivas da visão se comporão com sensações inextensivas do tato para dar, por sua síntese, a idéia de um objeto material. Mas, em primeiro lugar, não se percebe como essas sensações adquirirão extensão, e sobretudo como, uma vez a extensão adquirida de direito, se explicaria, de fato, a preferência de uma delas por um determinado ponto do espaço. E pode-se perguntar, em seguida, por que feliz acordo, em virtude de que harmonia preestabelecida, essas sensações de espécies diferentes vão se coordenar ao mesmo tempo para formar um objeto estável, a partir de então solidificado, comum à minha experiência e à de todos os homens, submetido, em face dos outros, a essas regras inflexíveis que chamamos leis da natureza. Na segunda, ao contrário, os "dados de nossos diferentes sentidos" são qualidades das coisas, percebidas inicialmente mais nelas do que em nós: é espantoso que elas se juntem, quando apenas a abstração as separou? – Na primeira hipótese, o objeto material não é nada do que percebemos: colocar-se-á de um lado o princípio consciente com as qualidades sensíveis, do outro uma matéria da qual não se pode dizer nada, e que se define por negações porque foi despojada inicialmente de tudo o que a revela. Na segunda, um conhecimento cada vez mais aprofundado da matéria é possível. Bem longe de suprimir nela algo de percebido, devemos ao contrário reaproximar todas as qualidades sensíveis, redescobrir seu parentesco, restabelecer entre elas a continuidade que nossas necessidades romperam. Nossa percepção da matéria então já não é relativa nem subjetiva, pelo menos em princípio e não se levando em conta, como veremos em seguida, a afecção e sobretudo a memória; ela é simplesmente cindida pela multiplicidade de nossas necessidades. – Na primeira hipótese, o espírito é tão incognoscível quanto a matéria, pois atribui-se a ele a indefinível capacidade de evocar sensações, não se sabe de onde, e de projetá-las, não se sabe por quê, num espaço onde elas formarão corpos. Na segunda, o papel da consciência é claramente definido: consciência significa ação possível; e as formas adquiridas pelo espírito, aquelas que nos ocultam sua essência, deverão ser separadas à luz deste segundo princípio. Abre-se assim, em nossa hipótese, a possibilidade de distinguir mais claramente o espírito da matéria, e de operar uma reaproximação entre eles. Mas deixemos de lado esse primeiro ponto, e passemos ao segundo.

O segundo fato alegado consistiria naquilo que se chamou durante muito tempo "a energia específica dos nervos". Sabe-se que a excitação do nervo óptico por um choque exterior ou uma corrente elétrica provocará uma sensação visual, que essa mesma corrente elétrica, aplicada ao nervo acústico ou ao glossofaríngeo, fará perceber um sabor ou ouvir um som. Desses fatos muito particulares passa-se a duas leis muito gerais, a saber: causas diferentes, agindo sobre o mesmo nervo, excitam a mesma sensação; e a mesma causa, agindo sobre nervos diferentes, provoca sensações diferentes. E dessas mesmas leis infere-se que nossas sensações são simplesmente sinais, que o papel de cada sentido é traduzir em sua língua própria movimentos homogêneos e mecânicos realizando-se no espaço. Donde, enfim, a idéia de cindir nossa percepção em duas partes distintas, doravante incapazes de se juntarem: de um lado os movimentos homogêneos no espaço, de outro as sensações inextensivas na consciência. Não nos cabe entrar no exame dos problemas fisiológicos que a interpretação das duas leis levanta: de qualquer maneira que se compreendam essas leis, seja atribuindo a energia específica aos nervos, seja reportando-a aos centros, dificuldades insuperáveis se colocam. Mas são as próprias leis que parecem cada vez mais problemáticas. Lotze já havia suspeitado de sua falsidade. Para acreditar nelas, ele esperava "que ondas sonoras dessem ao olho a sensação de luz, ou que vibrações luminosas fizessem escutar um som ao ouvido"[1]. A verdade é que todos os fatos alegados parecem convergir para um único tipo: o excitante

---

1. Lotze, *Métaphysique*, pp. 526 ss.

único capaz de produzir sensações diferentes, os excitantes múltiplos capazes de engendrar uma mesma sensação, são ou a corrente elétrica, ou uma causa mecânica capaz de determinar no órgão uma modificação do equilíbrio elétrico. Ora, pode-se perguntar se a excitação elétrica não compreenderia *componentes* diversos, respondendo objetivamente a sensações de diferentes tipos, e se o papel de cada sentido não seria simplesmente extrair do todo o componente que o interessa: seriam então exatamente as mesmas excitações que dariam as mesmas sensações, e excitações diversas que provocariam sensações diferentes. Para falar com mais precisão, é difícil admitir que a eletrização da língua, por exemplo, não ocasione modificações químicas; ora, são essas modificações que chamamos, em todos os casos, sabores. Por outro lado, se o físico pôde identificar a luz com uma perturbação eletromagnética, pode-se dizer inversamente que o que ele chama aqui de perturbação eletromagnética é luz, de sorte que seria efetivamente luz que o nervo óptico perceberia objetivamente na eletrização. Para nenhum sentido a doutrina da energia específica parecia mais solidamente estabelecida do que para a audição: em nenhuma parte também a existência real da coisa percebida tornou-se mais provável. Não insistamos nesses fatos, cuja exposição e discussão aprofundadas serão encontradas numa obra recente[2]. Limitemo-nos a assinalar que as sensações de que se fala aqui não são imagens percebidas por nós fora de nosso corpo, mas antes afecções localizadas

---

2. Schwarz, *Das Wahrnehmungsproblem*, Leipzig, 1892, pp. 313 ss.

em nosso próprio corpo. Ora, resulta da natureza e da destinação de nosso corpo, como iremos ver, que cada um de seus elementos ditos sensitivos tenha sua ação real própria, que deve ser do mesmo tipo que sua ação virtual, sobre os objetos exteriores que ele percebe ordinariamente, de sorte que se compreenderia assim por que cada um dos nervos sensitivos parece vibrar segundo um modo determinado de sensação. Mas, para elucidar esse ponto, convém aprofundar a natureza da afecção. Somos conduzidos, por isso mesmo, ao terceiro e último argumento que queríamos examinar.

Esse terceiro argumento se extrai do fato de que se passa, por graus insensíveis, do estado representativo, que ocupa espaço, ao estado afetivo, que parece inextenso. Daí conclui-se a inextensão natural e necessária de toda sensação, a extensão acrescentando-se à sensação, e o processo da percepção consistindo em uma exteriorização de estados internos. O psicólogo parte, com efeito, de seu corpo, e, como as impressões recebidas na periferia desse corpo lhe parecem suficientes para a reconstituição do universo material inteiro, é a seu corpo que ele reduz inicialmente o universo. Mas essa primeira posição não é sustentável; seu corpo não tem e não pode ter nem mais nem menos realidade que todos os outros corpos. É preciso portanto ir mais longe, seguir até o fim a aplicação do princípio e, após ter reduzido o universo à superfície do corpo vivo, contrair esse mesmo corpo num centro que se acabará por supor inextenso. Deste centro se farão partir sensações inextensivas que serão infladas, por assim dizer, aumentando em extensão e findando por dar nosso corpo extenso em primeiro lugar, e a seguir todos os outros objetos materiais. Mas essa estranha suposição seria impossível se não houvesse precisamente entre as imagens e as idéias, estas inextensas e aquelas extensas, uma série de estados intermediários, mais ou menos confusamente localizados, que são os estados afetivos. Nosso entendimento, cedendo à sua ilusão habitual, coloca o dilema de que uma coisa é extensa ou não o é; e como o estado afetivo participa vagamente da extensão, como é imperfeitamente localizado, conclui-se que esse estado é absolutamente inextensivo. Mas com isso os graus sucessivos da extensão, e a própria extensão, irão explicar-se por não se sabe qual propriedade adquirida dos estados inextensivos; a história da percepção irá tornar-se a dos estados internos e inextensivos, estendendo-se e projetando-se para fora. Poderíamos colocar essa argumentação sob uma outra forma. Praticamente não há percepção que não possa, por um crescimento da ação de seu objeto sobre nosso corpo, tornar-se afecção e, mais particularmente, dor. Assim, há uma passagem insensível do contato da agulha à picada. Inversamente, a dor decrescente coincide pouco a pouco com a percepção de sua causa e exterioriza-se, por assim dizer, em representação. Parece portanto que há efetivamente uma diferença de grau, e não de natureza, entre a afecção e a percepção. Ora, a primeira está intimamente ligada à minha existência pessoal: o que seria, com efeito, uma dor separada do sujeito que a sente? É preciso portanto, pensa-se, que seja assim também com a segunda, e que a percepção exterior se constitua pela projeção, no espaço, da afecção tornada inofensiva. Realistas e idealistas coincidem em raciocinar dessa maneira. Estes não vêem outra coisa, no universo material, que não uma síntese de estados subjetivos e inextensivos; aqueles acrescentam que há, atrás dessa síntese, uma realidade independente que corresponde a ela; mas tanto uns como outros concluem, da passagem gradual da afecção à representação, que a representação do universo material é relativa, subjetiva, e, por assim dizer, que ela sai de nós, em vez de sermos nós a sair primeiramente dela.

Antes de criticar essa interpretação contestável de um fato exato, mostremos que ela não consegue explicar, não consegue sequer esclarecer, nem a natureza da dor nem a da percepção. Que estados afetivos essencialmente ligados à minha pessoa, e que desapareceriam se eu desaparecesse, venham, pelo simples efeito de uma diminuição de intensidade, a adquirir a extensão, a tomar um lugar determinado no espaço, a constituir uma experiência estável, sempre de acordo com ela mesma e com a experiência dos outros homens, é algo que dificilmente se conseguirá fazer-nos compreender. O que quer que façamos, seremos levados a devolver às sensações, sob uma forma ou outra, primeiro a extensão e depois a independência que pretendíamos dispensar. Mas, por outro lado, a afecção não será muito mais clara, nessa hipótese, que a representação. Pois se não se vê como as afecções, ao diminuírem de intensidade, tornam-se representações, não se compreende também como o mesmo fenômeno, que era dado inicialmente como percepção, torna-se afecção por um crescimento de intensidade. Existe na dor algo de positivo e de ativo, que se explica mal dizendo, como certos filósofos, que ela consiste numa representação confusa. Mas esta ainda não é a dificuldade principal. Que o aumento gradual do excitante acaba por transformar a percepção em dor, isso é incontestável; ainda assim é verdade que a transformação se dá a partir de um momento preciso: por que esse momento e não outro? E qual a razão especial que faz com que um fenômeno, de que eu era de início apenas o espectador indiferente, adquira de repente um interesse vital para mim? Não percebo portanto, nessa hipótese, nem por que em determinado momento uma diminuição de intensidade no fenômeno lhe confere um direito à extensão e a uma aparente independência, nem como um crescimento de intensidade cria, num momento e não em outro, esta propriedade nova, fonte de ação positiva, que denominamos dor.

Voltemos agora à nossa hipótese, e mostremos de que modo a afecção *deve*, num momento determinado, surgir da imagem. Compreenderemos também como se passa de uma percepção, que se aplica à extensão, a uma afecção que se crê inextensiva. Mas algumas observações preliminares são indispensáveis sobre a significação real da dor.

Quando um corpo estranho toca um dos prolongamentos da ameba, esse prolongamento se retrai; cada parte da massa protoplásmica é portanto igualmente capaz de receber a excitação e de reagir contra ela; percepção e movimento confundem-se aqui numa propriedade única que é a contratilidade. Mas, à medida que o organismo se complica, o trabalho se divide, as funções se diferenciam, e os elementos anatômicos assim constituídos alienam sua independência. Num organismo como o nosso, as fibras ditas sensitivas são exclusivamente encarregadas de transmitir excitações a uma região central de onde o estímulo se propagará por elementos motores. Parece portanto que elas renunciaram à ação individual para contribuir, na qualidade de sentinelas avançadas, às evoluções do corpo inteiro. Mas ainda assim permanecem expostas, isoladamente, às mesmas causas de destruição que ameaçam o organismo em seu conjunto: e, enquanto esse organismo tem a faculdade de se mover para escapar ao perigo ou para reparar suas perdas, o elemento sensitivo conserva a imobilidade relativa à qual a divisão do trabalho o condena. Assim nasce a dor, que não é, para nós, senão um esforço do elemento lesado para repor as coisas no lugar – uma espécie de tendência motora sobre um nervo sensitivo. Toda dor consiste portanto num esforço, e num esforço impotente. Toda dor é um esforço *local*, e esse próprio isolamento do esforço é a causa de sua impotência, porque o organismo, em razão da solidariedade de suas partes, já não é apto senão para os efeitos de conjunto. É também por ser local que a dor é absolutamente desproporcional ao perigo que corre o ser vivo: o perigo pode ser mortal e a dor pequena; a dor pode ser insuportável (como uma dor de dentes) e o perigo insignificante. Há portanto, deve haver, um momento preciso em que a dor intervém: é quando a porção interessada do organismo, em vez de acolher a excitação, a repele. E não é somente uma diferença de grau que separa a percepção da afecção, mas uma diferença de natureza.

Isto posto, havíamos considerado o corpo vivo como uma espécie de centro de onde se reflete, sobre os objetos circundantes, a ação que esses objetos exercem sobre ele: nessa reflexão consiste a percepção exterior. Mas este centro não é um ponto matemático: é um corpo, exposto, como todos os corpos da natureza, à ação das causas exteriores que ameaçam desagregá-lo. Acabamos de ver que ele resiste à influência dessas causas. Não se limita a refletir a ação de fora; ele luta, e absorve assim algo dessa ação. Aí estaria a origem da afecção. Poderíamos portanto dizer, por metáfora, que, se a percepção mede o poder refletor do corpo, a afecção mede seu poder absorvente.

Mas trata-se apenas de uma metáfora. É preciso examinar as coisas mais de perto, e compreender de fato que a necessidade da afecção decorre da existência da própria percepção. A percepção, tal como a entendemos, mede nossa ação possível sobre as coisas e por isso, inversamente, a ação possível das coisas sobre nós. Quanto maior a capacidade de agir do corpo (simbolizada por uma complicação superior do sistema nervoso), mais vasto o campo que a percepção abrange. A distância que separa nosso corpo de um objeto percebido mede portanto efetivamente a maior ou menor iminência de um perigo, o prazo maior ou menor de uma promessa. E, por conseqüência, nossa percepção de um objeto distinto de nosso corpo, separado de nosso corpo por um intervalo, nunca exprime mais do que uma ação virtual. Porém, quanto mais diminui a distância entre esse objeto e nosso corpo, tanto mais o perigo torna-se urgente ou a promessa imediata, tanto mais a ação virtual tende a se transformar em ação real. Passemos agora ao limite, suponhamos que a distância se torne nula, ou seja, que o objeto a perceber coincida com nosso corpo, enfim, que nosso próprio corpo seja o objeto a perceber. Então não é mais uma ação virtual, mas uma ação real que essa percepção muito particular irá exprimir: a afecção consiste exatamente nisso. Nossas sensações estão, portanto, para nossas percepções assim como a ação real de nosso corpo está para sua ação possível ou virtual. A ação virtual concerne aos outros objetos e se desenha nesses objetos; a ação real concerne ao próprio corpo e se desenha por conseqüência nele. Tudo se passará, enfim, como se, por um verdadeiro retorno das ações reais e virtuais a seus pontos de aplicação ou de origem, as imagens exteriores fossem refletidas por nosso corpo no espaço que o cerca, e as ações reais retidas por ele, no interior de sua substância. Eis por que sua superfície, limite comum do exterior e do interior, é a única porção da extensão que é ao mesmo tempo percebida e sentida.

Isto equivale novamente a dizer que minha percepção está fora de meu corpo, e minha afecção, ao contrário, em meu corpo. Assim como os objetos exteriores são percebidos por mim onde se encontram, neles e não em mim, também meus estados afetivos são experimentados lá onde se produzem, isto é, num ponto determinado de meu corpo. Considere-se o sistema de imagens que chamamos mundo material. Meu corpo é uma delas. Em torno dessa imagem dispõe-se a representação, ou seja, sua influência eventual sobre as outras. Nela se produz a afecção, ou seja, seu esforço atual sobre si mesma. Tal é, no fundo, a diferença que cada um de nós estabelece naturalmente, espontaneamente, entre uma imagem e uma sensação. Quando dizemos que uma imagem existe fora de nós, entendemos por isso que ela é exterior a nosso corpo. Quando falamos da sensação como de um estado interior, queremos dizer que ela surge em nosso corpo. É por isso que afirmamos que a totalidade das imagens percebidas subsiste, mesmo se nosso corpo desaparece, ao passo que não podemos suprimir nosso corpo sem fazer desaparecer nossas sensações.

Entrevemos por aí a necessidade de uma primeira correção em nossa teoria da percepção pura. Raciocinamos como se nossa percepção fosse uma parte das imagens separada tal e qual de sua substância, como se, exprimindo a ação virtual do objeto sobre nosso corpo ou de nosso corpo sobre o objeto, ela se limitasse a isolar do objeto total o aspecto dele que nos interessa. Mas é preciso levar em conta que nosso corpo não é um ponto matemático no espaço, que suas ações virtuais se complicam e se impregnam de ações reais, ou, em outras palavras, que não há percepção sem afecção. A afecção é portanto o que misturamos, do interior de nosso corpo, à imagem dos corpos exteriores; é aquilo que devemos extrair inicialmente da percepção para reencontrar a pureza da imagem. Mas o psicólogo que fecha os olhos à diferença de natureza, à diferença de função entre a percepção e a sensação – esta envolvendo uma ação real e aquela uma ação simplesmente possível –, não pode encontrar entre elas mais que uma diferença de grau. Aproveitando-se do fato de a sensação (por causa do esforço confuso que envolve) ser apenas vagamente localizada, ele a declara imediatamente inextensiva, e faz doravante da sensação em geral o elemento simples com que obtemos, por via de composição, as imagens exteriores. A verdade é que a afecção não é a matéria-prima de que é feita a percepção; é antes a impureza que aí se mistura.

Percebemos aqui, na sua origem, o erro que conduz o psicólogo a considerar sucessivamente a sensação como inextensiva e a percepção como um agregado de sensações. Esse erro é reforçado adiante, como veremos, por argumentos tomados de empréstimo a uma falsa concepção do papel do espaço e da natureza da extensão, mas ele conta, além disso, com fatos mal interpretados, que convém desde já examinar.

Em primeiro lugar, parece que a localização de uma sensação afetiva num lugar do corpo exige uma verdadeira educação. Um certo tempo decorre antes que a criança consiga tocar com o dedo o ponto preciso da pele onde foi picada. O fato é incontestável, mas tudo o que se pode concluir daí é que um tateio é necessário para coordenar as impressões dolorosas da pele, que recebeu a picada, com as do sentido muscular, que dirige os movimentos do braço e da mão. Nossas afecções internas, como nossas percepções externas, repartem-se em diferentes tipos. Esses tipos, como os da percepção, são descontínuos, separados por intervalos que a educação preenche. Daí não se segue, de maneira alguma, que não haja, para cada tipo de afecção, uma localização imediata de um certo gênero, uma cor local que lhe seja própria. Digamos ainda mais: se a afecção não tiver essa cor local imediatamente, ela não a terá jamais. Pois tudo o que a educação poderá fazer será associar à sensação afetiva presente a idéia de uma certa percepção possível da visão e do tato, de sorte que uma afecção determinada evoca a imagem de uma percepção visual ou tátil igualmente determinada. É preciso portanto que haja, nessa própria afecção, algo que a distinga das outras afecções do mesmo gênero e permita associá-la a este dado possível da visão ou do tato e não a qualquer outro. Mas isso não equivale a dizer que a afecção possui, desde o início, uma certa determinação extensiva?

Alegam-se ainda as localizações errôneas, a ilusão dos amputados (que seria conveniente, aliás, submeter a um novo exame). Mas o que concluir daí, senão que a educação subsiste uma vez recebida, e que os dados da memória, mais úteis na vida prática, deslocam os da consciência imediata? É-nos indispensável, em vista da ação, traduzir nossa experiência afetiva em dados possíveis da visão, do tato e do sentido muscular. Uma vez estabelecida essa tradução, o original empalidece, mas ela jamais poderia ter sido feita se o original não tivesse sido colocado primeiro, e se a sensação afetiva não tivesse sido, desde o início, localizada por sua simples força e à sua maneira.

Mas o psicólogo tem uma grande dificuldade em aceitar essa idéia do senso comum. Assim como a percepção, segundo ele pensa, não poderia estar nas coisas percebidas a menos que as coisas percebessem, também uma sensação não poderia estar no nervo a menos que o nervo sentisse: ora, o nervo evidentemente não sente. Portanto, a sensação será tomada no ponto onde o senso comum a localiza, será extraída de lá, aproximada do cérebro, do qual ela parece depender mais ainda que do nervo; e acabaria assim, logicamente, sendo colocada no cérebro. Mas logo se percebe que, se a sensação não está no ponto onde parece se produzir, não poderá também estar em outro lugar; se não está no nervo, também não estará no cérebro; pois, para explicar sua projeção do centro à periferia, uma certa força é necessária, que se deverá atribuir a uma consciência mais ou menos ativa. Será preciso portanto ir mais longe e, após ter feito convergir as sensações para o centro cerebral, expulsá-las ao mesmo tempo do cérebro e do espaço. Representar-se-ão então sensações absolutamente inextensivas, e de outro lado um espaço vazio, indiferente às sensações que virão aí se projetar; depois se farão esforços de todo tipo para nos fazer compreender de que modo as sensações inextensivas adquirem extensão e escolhem, para aí se localizarem, tais pontos do espaço de preferência a todos os outros. Mas essa doutrina não é apenas incapaz de nos mostrar claramente como o inextenso se estende; ela torna igualmente inexplicáveis a afecção, a extensão e a representação. Ela terá que se dar os estados afetivos como outros tantos absolutos, dos quais não se sabe por que aparecem ou desaparecem em tais ou tais momentos na consciência. A passagem da afecção à representação permanecerá envolvida em um mistério também impenetrável, porque, repetimos, não se encontrará jamais em estados interiores, simples e inextensivos, uma razão para que adotem de preferência esta ou aquela ordem determinada no espaço. E, enfim, a própria representação terá que ser posta como um absoluto: não se percebe nem sua origem, nem sua destinação.

As coisas se esclarecem, ao contrário, se partimos da própria representação, isto é, da totalidade das imagens percebidas. Minha percepção, em estado puro e isolado de minha memória, não vai de meu corpo aos outros corpos: ela está no conjunto dos corpos em primeiro lugar, depois aos poucos se limita, e adota meu corpo por centro. E é levada a isso justamente pela experiência da dupla faculdade que esse corpo possui de efetuar ações e experimentar afecções, em uma palavra, pela experiência da capacidade sensório-motora de uma certa imagem, privilegiada entre as demais. De um lado, com efeito, essa imagem ocupa sempre o centro da representação, de maneira que as outras imagens se dispõem em torno dela na própria ordem em que poderiam sofrer sua ação; de outro lado, percebo o interior dessa imagem, o íntimo, através de sensações que chamo afetivas, em vez de conhecer apenas, como nas outras imagens, sua película superficial. Há portanto, no conjunto das imagens, uma imagem favorecida, percebida em sua profundidade e não apenas em sua superfície, sede de afecção ao mesmo tempo que fonte de ação: é essa imagem particular que adoto por centro de meu universo e por base física de minha personalidade.

Mas, antes de prosseguir e de estabelecer uma relação precisa entre a pessoa e as imagens onde ela se instala, resumamos brevemente, opondo-a às análises da psicologia usual, a teoria que acabamos de esboçar da "percepção pura".

Vamos retomar, para simplificar a exposição, o sentido da visão que havíamos escolhido como exemplo. Atribuímo-nos em geral sensações elementares, correspondendo às impressões recebidas pelos cones e bastonetes da retina. É com essas sensações que se irá reconstituir a percepção visual. Mas, em primeiro lugar, não há uma retina, há duas. Será preciso portanto explicar de que maneira duas sensações, que se supõem distintas, fundem-se numa percepção única, respondendo àquilo que chamamos um ponto do espaço.

Suponhamos essa questão resolvida. As sensações de que se fala são inextensivas. Como recebem elas a extensão? Quer se veja na extensão um quadro inteiramente pronto para receber as sensações ou um efeito da mera simultaneidade de sensações que coexistem na consciência sem se fundirem, tanto num caso como no outro se introduzirá com a extensão algo de novo que não se poderá esclarecer, e o processo pelo qual a sensação junta-se à extensão, a escolha de um ponto determinado do espaço por cada sensação elementar permanecerão inexplicados.

Passemos sobre essa dificuldade. Eis a extensão visual constituída. De que maneira ela se junta, por sua vez, à extensão tátil? Tudo o que minha visão constata no espaço, meu tato o verifica. Dir-se-á que os objetos se constituem precisamente pela cooperação da visão e do tato, e que a concordância dos dois sentidos na percepção se explica pelo fato de que o objeto percebido é sua obra comum? Mas aqui não poderíamos admitir nada em comum, do ponto de vista da qualidade, entre uma sensação visual elementar e uma sensação tátil, já que elas pertenceriam a dois gêneros inteiramente diferentes. A correspondência entre a extensão visual e a extensão tátil não pode portanto se explicar a não ser pelo paralelismo entre a *ordem* das sensações visuais e a ordem das sensações táteis. Eis-nos obrigados a supor, além das sensações visuais, além das sensações táteis, uma certa ordem que lhes é comum, e que, por conseqüência, deve ser independente tanto de umas quanto de outras. Vamos mais longe: esta ordem é independente de nossa percepção individual, já que ela aparece do mesmo modo a todos os homens, e constitui um mundo material onde efeitos estão encadeados a causas, onde os fenômenos obedecem a leis. Vemo-nos portanto finalmente conduzidos à hipótese de uma ordem objetiva e independente de nós, ou seja, de um mundo material distinto da sensação.

À medida que avançávamos, multiplicamos os dados irredutíveis e ampliamos a hipótese simples de onde havíamos partido. Mas ganhamos com isso alguma coisa?

Se a matéria à qual chegamos é indispensável para nos fazer compreender a maravilhosa concordância das sensações entre si, nada conhecemos dela, já que lhe devemos negar todas as qualidades percebidas, todas as sensações cuja correspondência ela simplesmente deve explicar. Portanto ela não é, ela não pode ser nada daquilo que conhecemos, nada daquilo que imaginamos. Permanece no estado de entidade misteriosa.

Mas nossa própria natureza, o papel e a destinação de nossa pessoa, permanece envolvida em grande mistério também. Pois de onde surgem, como nascem e a que devem servir essas sensações elementares, inextensivas, que irão se desenvolver no espaço? É preciso colocá-las como outros tantos absolutos, cuja origem e fim não se conhecem. E, supondo que seja preciso distinguir, em cada um de nós, o espírito e o corpo, não se pode conhecer nada do corpo, nem do espírito, nem da relação que mantêm entre si.

Agora, em que consiste nossa hipótese e em que ponto preciso ela se separa da outra? Em vez de partir da *afecção*, da qual não se pode dizer nada já que não há nenhuma razão para que ela seja o que é e não outra coisa, partimos da *ação*, isto é, da faculdade que temos de operar mudanças nas coisas, faculdade atestada pela consciência e para a qual parecem convergir todas as capacidades do corpo organizado. Colocamo-nos portanto, de saída, no conjunto das imagens extensas, e nesse universo material percebemos precisamente centros de indeterminação, característicos da vida. Para que ações irradiem desses centros, é preciso que os movimentos ou influências das outras imagens sejam por um lado recolhidos, por outro utilizados. A matéria viva, em sua forma mais simples e no estado homogêneo, realiza já essa função, na medida em que se alimenta ou se repara. O progresso dessa matéria consiste em repartir essa dupla tarefa entre duas categorias de órgãos, sendo que os primeiros, chamados órgãos de nutrição, destinam-se a sustentar os segundos: estes últimos são feitos para *agir*; têm por modelo simples uma cadeia de elementos nervosos, estendida entre duas extremidades, uma delas recolhendo impressões exteriores e a outra efetuando movimentos. Assim, para retornar ao exemplo da percepção visual, o papel dos cones e dos bastonetes será simplesmente receber estímulos que serão elaborados em seguida em movimentos efetuados ou nascentes. Nenhuma percepção pode resultar daí, e em parte alguma, no sistema nervoso, há centros conscientes; mas a percepção nasce da mesma causa que suscitou a cadeia de elementos nervosos com os órgãos que a sustentam e com a vida em geral: ela exprime e mede a capacidade de agir do ser vivo, a indeterminação do movimento ou da ação que seguirá o estímulo recolhido. Essa indeterminação, conforme já mostramos, se traduzirá por uma reflexão sobre si mesmas, ou melhor, por uma divisão das imagens que cercam nosso corpo; e, como a cadeia de elementos nervosos que recebe, retém e transmite movimentos é justamente a sede e dá a medida dessa indeterminação, nossa percepção acompanhará todo o detalhe e parecerá exprimir todas as variações desses mesmos elementos nervosos. Nossa percepção, em estado puro, faria portanto verdadeiramente parte das coisas. E a sensação propriamente dita, longe de brotar espontaneamente das profundezas da consciência para se estender, debilitando-se, no espaço, coincide com as modificações necessárias que sofre, em meio às imagens que a influenciam, esta imagem particular que cada um de nós chama seu corpo.

Esta é a teoria simplificada, esquemática, que havíamos anunciado da percepção exterior. Seria a teoria da *percepção pura*. Se a tomássemos por definitiva, o papel de nossa consciência, na percepção, se limitaria a ligar pelo fio contínuo da memória uma série ininterrupta de visões instantâneas, que fariam parte antes das coisas do que de nós. Que nossa consciência tenha sobretudo esse papel na percepção exterior é aliás o que se pode deduzir *a priori* da definição mesma de corpos vivos. Pois, se esses corpos têm por objeto receber excitações para elaborá-las em reações imprevistas, também a escolha da reação não deve se operar ao acaso. Essa escolha se inspira, sem dúvida nenhuma, em experiências passadas, e a reação não se faz sem um apelo à lembrança que situações análogas foram capazes de deixar atrás delas. A indeterminação dos atos a cumprir exige portanto, para não se confundir com o puro capricho, a conservação das imagens percebidas. Poderíamos dizer que não temos poder sobre o futuro sem uma perspectiva igual e correspondente sobre o passado, que o impulso de nossa atividade para diante cria atrás de si um vazio onde as lembranças se precipitam, e que a memória é assim a repercussão, na esfera do conhecimento, da indeterminação de nossa vontade. – Mas a ação da memória estende-se muito mais longe e mais profundamente ainda do que faria supor este exame superficial. É chegado o momento de reintegrar a memória na percepção, de corrigir por isso o que nossas conclusões podem ter de exagerado, e de determinar assim com mais precisão o ponto de contato entre a consciência e as coisas, entre o corpo e o espírito.

Digamos inicialmente que, se colocarmos a memória, isto é, uma sobrevivência das imagens passadas, estas imagens irão misturar-se constantemente à nossa percepção do presente e poderão inclusive substituí-la. Pois elas só se conservam para tornarem-se úteis: a todo instante completam a experiência presente enriquecendo-a com a experiência adquirida; e, como esta não cessa de crescer, acabará por recobrir e submergir a outra. É incontestável que o fundo de intuição real, e por assim dizer instantâneo, sobre o qual se desenvolve nossa percepção do mundo exterior é pouca coisa em comparação com tudo o que nossa memória nele acrescenta. Justamente porque a lembrança de intuições anteriores análogas é mais útil que a própria intuição, estando ligada em nossa memória a toda a série dos acontecimentos subseqüentes e podendo por isso esclarecer melhor nossa decisão, ela desloca a intuição real, cujo papel então não é mais – conforme mostraremos adiante – que o de chamar a lembrança, dar-lhe um corpo, torná-la ativa e conseqüentemente atual. Tínhamos razão portanto em dizer que a coincidência da percepção com o objeto percebido existe mais de direito do que de fato. É preciso levar em conta que perceber acaba não sendo mais do que uma ocasião de lembrar, que na prática medimos o grau de realidade com o grau de utilidade, que temos todo o interesse, enfim, em erigir em simples signos do real essas intuições imediatas que coincidem, no fundo, com a própria realidade. Mas descobrimos aqui o erro daqueles que vêem na percepção uma projeção exterior de sensações inextensivas, tiradas de nosso próprio âmago e a seguir desenvolvidas no espaço. Eles não têm dificuldade em mostrar que nossa percepção completa está carregada de imagens que nos pertencem pessoalmente, de imagens exteriorizadas (ou seja, em suma, rememoradas); esquecem apenas que um fundo impessoal permanece, onde a percepção coincide com o objeto percebido, e que esse fundo é a própria exterioridade.

O erro capital, o erro que, remontando da psicologia à metafísica, acaba por nos ocultar o conhecimento do corpo assim como o do espírito, é o que consiste em ver apenas uma diferença de intensidade, e não de natureza, entre a percepção pura e a lembrança. Nossas percepções estão certamente impregnadas de lembranças, e inversamente uma lembrança, conforme mostraremos adiante, não se faz presente a não ser tomando emprestado o corpo de alguma percepção onde se insere. Estes dois atos, percepção e lembrança, penetram-se portanto sempre, trocam sempre algo de suas substâncias mediante um fenômeno de endosmose. O papel do psicólogo seria o de dissociá-los, devolver a cada um deles sua pureza original: assim se esclareceria um bom número das dificuldades que a psicologia enfrenta, e possivelmente a metafísica também. Mas não. Pretende-se que esses estados mistos, ambos compostos, em doses desiguais, de percepção pura e de lembrança pura, sejam estados simples. Por isso o psicólogo condena-se a ignorar tanto a lembrança pura quanto a percepção pura, a já não conhecer senão um único tipo de fenômeno, que será chamado ora de lembrança, ora de percepção, conforme predomine nele um ou outro desses dois aspectos, e por conseqüência a não ver entre a percepção e a lembrança mais que uma diferença de grau, e não de natureza. Este erro tem por primeiro efeito, como veremos em detalhe, viciar profundamente a teoria da memória; pois, fazendo-se da lembrança uma percepção mais fraca, ignora-se a diferença essencial que separa o passado do presente, renuncia-se a compreender os fenômenos do reconhecimento e, de uma maneira mais geral, o mecanismo do inconsciente. Mas inversamente, e porque se fez da lembrança uma percepção mais fraca, já não se poderá ver na percepção senão uma lembrança mais intensa. Raciocinar-se-á como se ela nos fosse dada, à maneira de uma lembrança, como um estado interior, como uma simples modificação de nossa pessoa. Desconhecer-se-á o ato original e fundamental da percepção, esse ato, constitutivo da percepção pura, pelo qual nos colocamos de início nas coisas. E o mesmo erro, que se exprime em psicologia por uma incapacidade radical de explicar o mecanismo da memória, irá impregnar profundamente, em metafísica, as concepções idealista e realista da matéria.

Para o realismo, com efeito, a ordem invariável dos fenômenos da natureza reside numa causa distinta de nossas próprias percepções, seja porque essa causa deva permanecer incognoscível, seja porque não possamos atingi-la por um esforço (sempre mais ou menos arbitrário) de construção metafísica. Para o idealista, ao contrário, essas percepções são a totalidade da realidade, e a ordem invariável dos fenômenos da natureza não é mais que o símbolo pelo qual exprimimos, ao lado das percepções reais, as percepções possíveis. Mas tanto para o realismo quanto para o idealismo as percepções são "alucinações verdadeiras", estados do sujeito projetados fora dele; e as duas doutrinas diferem apenas no fato de que, numa, esses estados constituem a realidade, enquanto na outra eles vão juntar-se a ela.

Mas essa ilusão recobre ainda uma outra, que se estende à teoria do conhecimento em geral. O que constitui o mundo material, dissemos, são objetos, ou, se preferirem, imagens, cujas partes agem e reagem todas através de movimentos umas sobre as outras. E o que constitui nossa percepção pura é, no seio mesmo dessas imagens, nossa ação nascente que se desenha. A *atualidade* de nossa percepção consiste portanto em sua *atividade*, nos movimentos que a prolongam, e não em sua maior intensidade: o passado não é senão idéia, o presente é ídeo-motor. Mas eis aí o que se insiste em não ver, porque se toma a percepção por uma espécie de contemplação, porque se lhe atribui sempre uma finalidade puramente especulativa, porque se quer que ela vise a não se sabe qual conhecimento desinteressado: como se, isolando-a da ação, cortando assim seus vínculos com o real, ela não se tornasse ao mesmo tempo inexplicável e inútil! A partir daí toda a diferença é abolida entre a percepção e a lembrança, já que o passado é por essência *o que não atua mais*, e que ao se desconhecer esse caráter do passado se é incapaz de distingui-lo realmente do presente, ou seja, do *atuante*. Portanto só poderá subsistir entre a percepção e a memória uma simples diferença de grau, e tanto numa como noutra o sujeito não sairá de si mesmo. Restabeleçamos, ao contrário, o caráter verdadeiro da percepção; mostremos, na percepção pura, um sistema de ações nascentes que penetra no real por suas raízes profundas: esta percepção se distinguirá radicalmente da lembrança; a realidade das coisas já não será construída ou reconstruída, mas tocada, penetrada, vivida; e o problema pendente entre o realismo e o idealismo, em vez de perpetuar-se em discussões metafísicas, deverá ser resolvido pela intuição.

Mas por aí também perceberemos claramente a posição a ser tomada entre o idealismo e o realismo, reduzidos um e outro a não ver na matéria mais que uma construção ou uma reconstrução executada pelo espírito. Com efeito, seguindo até o fim o princípio que colocamos aqui, e segundo o qual a subjetividade de nossa percepção consistiria sobretudo na contribuição de nossa memória, diremos que as próprias qualidades sensíveis da matéria seriam conhecidas *em si*, de dentro e não mais de fora, se pudéssemos separá-las desse ritmo particular de duração que caracteriza nossa consciência. Nossa percepção pura, com efeito, por mais rápida que a suponhamos, ocupa uma certa espessura de duração, de sorte que nossas percepções sucessivas não são jamais momentos reais das coisas, como supusemos até aqui, mas momentos de nossa consciência. O papel teórico da consciência na percepção exterior, dizíamos nós, seria o de ligar entre si, pelo fio contínuo da memória, visões instantâneas do real. Mas, na verdade, não há jamais instantâneo para nós. Naquilo que chamamos por esse nome existe já um trabalho de nossa memória, e conseqüentemente de nossa consciência, que prolonga uns nos outros, de maneira a captá-los numa intuição relativamente simples, momentos tão numerosos quanto os de um tempo indefinidamente divisível. Ora, onde se encontra exatamente a diferença entre a matéria, tal como o realismo mais exigente poderia concebê-la, e a percepção que temos dela? Nossa percepção nos oferece do universo uma série de quadros pitorescos, mas descontínuos:

de nossa percepção atual não saberíamos deduzir as percepções ulteriores, porque não há nada, num conjunto de qualidades sensíveis, que deixe prever as qualidades novas em que elas se transformarão. Já a matéria, tal como o realismo geralmente a coloca, evolui de modo que se possa passar de um momento ao momento seguinte por via de dedução matemática. É verdade que entre essa matéria e essa percepção o realismo científico não saberia encontrar um ponto de contato, porque ele desenvolve a matéria em mudanças homogêneas no espaço, enquanto encerra a percepção em sensações inextensivas numa consciência. Mas, se nossa hipótese é correta, não é difícil ver de que modo percepção e matéria se distinguem e de que modo coincidem. A heterogeneidade qualitativa de nossas percepções sucessivas do universo deve-se ao fato de que cada uma dessas percepções estende-se, ela própria, sobre uma certa espessura de duração, ao fato de que a memória condensa aí uma multiplicidade enorme de estímulos que nos aparecem juntos, embora sucessivos. Bastaria dividir idealmente essa espessura indivisa de tempo, distinguir nela a multiplicidade ordenada de momentos, em uma palavra, eliminar toda a memória, para passar da percepção à matéria, do sujeito ao objeto. A matéria então, tornada cada vez mais homogênea à medida que nossas sensações extensivas se repartiriam em um número maior de momentos, tenderia indefinidamente para este sistema de estímulos homogêneos de que fala o realismo, sem no entanto, é verdade, jamais coincidir inteiramente com eles. Não haveria mais necessidade de colocar de um lado o espaço com movimentos não percebidos, de outro a consciência com sensações inextensivas. É numa percepção extensiva, ao contrário, que sujeito e objeto se uniriam inicialmente, o aspecto subjetivo da percepção consistindo na contração que a memória opera, a realidade objetiva da matéria confundindo-se com os estímulos múltiplos e sucessivos nos quais essa percepção se decompõe interiormente. Tal é, pelo menos, a conclusão que se tirará, esperamos, da última parte deste trabalho: *as questões relativas ao sujeito e ao objeto, à sua distinção e à sua união, devem ser colocadas mais em função do tempo que do espaço.*

Mas nossa distinção da "percepção pura" e da "memória pura" visa um outro objeto ainda. Se a percepção pura, ao nos fornecer indicações sobre a natureza da matéria, deve nos permitir tomar posição entre o realismo e o idealismo, a memória pura, ao nos abrir uma perspectiva sobre o que chamamos espírito, deverá por sua vez desempatar estas duas outras doutrinas, materialismo e espiritualismo. Inclusive, é esse aspecto da questão que irá nos preocupar nos próximos dois capítulos, pois é por esse lado que nossa hipótese comporta, de certo modo, uma verificação experimental.

Poderíamos resumir, com efeito, nossas conclusões sobre a percepção pura dizendo que *há na matéria algo além, mas não algo diferente, daquilo que é atualmente dado.* Sem dúvida a percepção consciente alcança a totalidade da matéria, já que ela consiste, enquanto consciente, na separação ou no "discernimento" daquilo que, nessa matéria, interessa nossas diversas necessidades. Mas entre essa percepção da matéria e a própria matéria há apenas uma diferença de grau, e não de natureza, a percepção pura estando para a matéria na relação da parte com o todo. Isso significa que a matéria não poderia exercer poderes de um tipo diferente daqueles que nós percebemos. Ela não tem, ela não pode conter virtude misteriosa. Para tomar um exemplo bem definido, aquele, aliás, que nos interessa mais, diremos que o sistema nervoso, massa material apresentando certas qualidades de cor, resistência, coesão, etc., talvez possua propriedades físicas não percebidas, mas propriedades físicas apenas. E com isso ele só pode ter por função receber, inibir ou transmitir movimento.

Ora, a essência de todo materialismo é sustentar o contrário, uma vez que ele pretende fazer surgir a consciência, com todas as suas funções, do simples jogo dos elementos materiais. Daí ser levado a considerar as próprias qualidades percebidas da matéria, as qualidades sensíveis e conseqüentemente sentidas, como fosforescências que seguiriam o traço dos fenômenos cerebrais no ato de percepção. A matéria, capaz de criar esses fatos de consciência elementares, engendraria da mesma forma os fatos intelectuais mais elevados. É portanto da essência do materialismo afirmar a perfeita relatividade das qualidades sensíveis, e não é sem razão que essa tese, à qual Demócrito deu sua fórmula precisa, resulta ser tão antiga quanto o materialismo.

Mas, por uma estranha cegueira, o espiritualismo sempre seguiu o materialismo nesse caminho. Acreditando enriquecer o espírito com tudo o que tirava da matéria, não hesitou jamais em despojar essa matéria das qualidades que ela adquire em nossa percepção, e que seriam outras tantas aparências subjetivas. Assim ele fez da matéria, muito freqüentemente, uma entidade misteriosa, que, justamente por não conhecermos dela mais que a vã aparência, poderia engendrar tanto os fenômenos do pensamento como os outros.

Na verdade haveria um meio, e apenas um, de refutar o materialismo: seria estabelecer que a matéria é absolutamente como ela parece ser. Por aí se eliminaria da matéria toda virtualidade, todo poder oculto, e os fenômenos do espírito teriam uma realidade independente. Mas para isso seria preciso deixar à matéria essas qualidades que materialistas e espiritualistas coincidem em isolar dela, estes para fazer de tais qualidades representações do espírito, aqueles por não verem aí mais que o revestimento acidental da extensão.

Tal é precisamente a atitude do senso comum em face da matéria, e é por isso que o senso comum crê no espírito. Parece-nos que a filosofia devia adotar aqui a atitude do senso comum, corrigindo-a porém num ponto. A memória, praticamente inseparável da percepção, intercala o passado no presente, condensa também, numa intuição única, momentos múltiplos da duração, e assim, por sua dupla operação, faz com que de fato percebamos a matéria em nós, enquanto de direito a percebemos nela.

Daí a importância capital do problema da memória. Se a memória é o que comunica sobretudo à percepção seu caráter subjetivo, eliminar sua contribuição, dizíamos, deverá ser o primeiro passo da filosofia da matéria. Acrescentaremos agora: uma vez que a percepção pura nos dá o todo ou ao menos o essencial da matéria, uma vez que o restante vem da memória e se acrescenta à matéria, é preciso que a memória seja, em princípio, um poder absolutamente independente da matéria. Se, portanto, o espírito é uma realidade, é aqui, no fenômeno da memória, que devemos abordá-lo experimentalmente. E a partir de então toda tentativa de derivar a lembrança pura de uma operação do cérebro deverá revelar-se à análise uma ilusão fundamental.

Digamos a mesma coisa de uma forma mais clara. Sustentamos que a matéria não tem nenhum poder oculto ou incognoscível, que ela coincide, no que tem de essencial, com a percepção pura. Daí concluímos que o corpo vivo em geral, o sistema nervoso em particular são apenas locais de passagem para os movimentos que, recebidos sob forma de excitação, são transmitidos sob forma de ação reflexa ou voluntária. Isso significa que se atribuiria em vão à substância cerebral a propriedade de engendrar representações. Ora, os fenômenos da memória, onde pretendemos apreender o espírito em sua forma mais palpável, são precisamente aqueles que uma psicologia superficial faria com a maior naturalidade sair da atividade cerebral apenas, justamente porque eles se encontram no ponto de contato entre a consciência e a matéria, e os próprios adversários do materialismo não vêem nenhum inconveniente em tratar o cérebro como um recipiente de lembranças. Mas se pudéssemos estabelecer positivamente que o processo cerebral corresponde apenas a uma parte muito fraca da memória, que ele é muito mais seu efeito do que sua causa, que a matéria é aqui, como em outro lugar, o veículo de uma *ação* e não o substrato de um *conhecimento*, então a tese que sustentamos se veria demonstrada pelo exemplo julgado o mais desfavorável, e a necessidade de erigir o espírito em realidade independente se imporia. Mas também assim talvez se esclarecesse em parte a natureza do que chamamos espírito, e a possibilidade de o espírito e a matéria agirem um sobre o outro. Pois uma demonstração desse tipo não pode ser puramente negativa. Tendo feito ver o que a memória não é, seremos obrigados a buscar o que ela é. Tendo atribuído ao corpo a única função de preparar ações, forçosamente teremos que pesquisar por que a memória parece solidária a esse corpo, de que modo lesões corporais a influenciam, e em que sentido ela se modela pelo estado da substância cerebral. Aliás, é impossível que essa pesquisa não acabe por nos informar sobre o mecanismo psicológico da memória, assim como das diversas operações do espírito que se ligam a ela. E inversamente, se os problemas de psicologia pura parecem receber de nossa hipótese alguma luz, a própria hipótese ganhará com isso em certeza e em solidez.

Mas devemos apresentar essa mesma idéia sob uma terceira forma ainda, para estabelecer claramente de que maneira o problema da memória é, aos nossos olhos, um problema privilegiado. O que resulta de nossa análise da percepção pura são duas conclusões de certo modo divergentes, uma ultrapassando a psicologia em direção da psicofisiologia, a outra em direção da metafísica, sendo que nem uma nem outra comportava conseqüentemente uma verificação imediata. A primeira dizia respeito ao papel do cérebro na percepção: o cérebro seria um instrumento de ação, e não de representação. Não podíamos pedir a confirmação direta dessa tese aos fatos, já que a percepção pura aplica-se por definição a objetos presentes, acionando nossos órgãos e nossos centros nervosos, e tudo sempre irá se passar, por conseqüência, *como se* nossas percepções emanassem de nosso estado cerebral e se projetassem em seguida sobre um objeto que difere absolutamente delas. Em outras palavras, no caso da percepção exterior, a tese que combatemos e a que substituímos a ela conduzem exatamente às mesmas conseqüências, de sorte que se pode invocar em favor de uma ou de outra sua inteligibilidade mais elevada, mas não a autoridade da experiência. Ao contrário, um estudo empírico da memória pode e deve desempatá-las. A lembrança pura, com efeito, é, por hipótese, a representação de um objeto ausente. Se é numa certa atividade cerebral que a percepção tinha sua causa necessária e suficiente, essa mesma atividade cerebral, repetindo-se mais ou menos completamente na ausência do objeto, será o bastante para reproduzir a percepção: a memória poderá portanto explicar-se integralmente pelo cérebro. Se, ao contrário, descobrirmos que o mecanismo cerebral condiciona a lembrança de uma certa maneira, mas não é suficiente em absoluto para assegurar sua sobrevivência, que ele diz respeito, na percepção rememorada, mais à nossa ação do que à nossa representação, poderemos inferir daí que ele desempenhava um papel análogo na própria percepção, e que sua função era simplesmente assegurar nossa ação eficaz sobre o objeto presente. Nossa primeira conclusão estaria assim verificada. – Restaria então a segunda conclusão, de ordem sobretudo metafísica, segundo a qual somos colocados efetivamente fora de nós na percepção pura, segundo a qual tocamos a realidade do objeto numa intuição imediata. Aqui também uma verificação experimental era impossível, pois os resultados práticos serão absolutamente os mesmos, quer a realidade do objeto tenha sido intuitivamente percebida, quer tenha sido racionalmente construída. Mas também aqui um estudo da lembrança poderá desempatar as duas hipóteses. Na segunda, com efeito, não deverá haver mais que uma diferença de intensidade, ou de grau, entre a percepção e a lembrança, uma vez que ambas serão fenômenos de representação que se bastam a si mesmos. Se, ao contrário, descobrirmos que não há entre a lembrança e a percepção uma simples diferença de grau, mas uma diferença radical de natureza, as conjeturas estarão a favor da hipótese que faz intervir na percepção algo que não existe em nenhum grau na lembrança, uma realidade intuitivamente apreendida. Assim o problema da memória é efetivamente um problema privilegiado, na medida em que deve conduzir à verificação psicológica de duas teses que parecem inverificáveis, sendo que a segunda, de ordem sobretudo metafísica, ultrapassa infinitamente a psicologia.

O caminho que temos a seguir está portanto traçado. Iremos começar passando em revista os documentos de diversos tipos, tomados de empréstimo à psicologia normal ou patológica, de onde nos poderíamos acreditar autorizados a tirar uma explicação física da memória. Esse exame será necessariamente minucioso, sob pena de ser inútil. Devemos, aproximando-nos o máximo possível do contorno dos fatos, buscar onde começa e onde termina, na operação da memória, o papel do corpo. E, no caso de encontrarmos nesse estudo a confirmação de nossa hipótese, não hesitaremos em ir mais longe, considerando em si mesmo o trabalho elementar do espírito, e completando assim a teoria que teremos esboçado das relações do espírito com a matéria.

CAPÍTULO II
DO RECONHECIMENTO DAS IMAGENS. A MEMÓRIA E O CÉREBRO

Enunciemos de imediato as conseqüências que decorreriam de nossos princípios para a teoria da memória. Dizíamos que o corpo, colocado entre os objetos que agem sobre ele e os que ele influencia, não é mais que um condutor, encarregado de recolher os movimentos e de transmiti-los, quando não os retém, a certos mecanismos motores, mecanismos estes determinados, se a ação é reflexa, escolhidos, se a ação é voluntária. Tudo deve se passar portanto como se uma memória independente juntasse imagens ao longo do tempo à medida que elas se produzem, e como se nosso corpo, com aquilo que o cerca, não fosse mais que uma dessas imagens, a última que obtemos a todo momento praticando um corte instantâneo no devir em geral. Nesse corte, nosso corpo ocupa o centro. As coisas que o cercam agem sobre ele e ele reage a elas. Suas reações são mais ou menos complexas, mais ou menos variadas, conforme o número e a natureza dos aparelhos que a experiência montou no interior de sua substância. É portanto na forma de dispositivos motores, e de dispositivos motores somente, que ele pode armazenar a ação do passado. Donde resultaria que as imagens passadas propriamente ditas conservam-se de maneira diferente, e que devemos, por conseguinte, formular esta primeira hipótese:

I. *O passado sobrevive sob duas formas distintas: 1) em mecanismos motores; 2) em lembranças independentes.*

Com isso, a operação prática e conseqüentemente ordinária da memória, a utilização da experiência passada para a ação presente, o reconhecimento, enfim, deve realizar-se de duas maneiras. Ora se fará na própria ação, e pelo funcionamento completamente automático do mecanismo apropriado às circunstâncias; ora implicará um trabalho do espírito, que irá buscar no passado, para dirigi-las ao presente, as representações mais capazes de se inserirem na situação atual. Donde nossa segunda proposição:

II. *O reconhecimento de um objeto presente se faz por movimentos quando procede do objeto, por representações quando emana do sujeito.*

É verdade que uma última questão se coloca: a de saber de que modo se conservam essas representações e que relações elas mantêm com os mecanismos motores. Essa questão só será aprofundada em nosso próximo capítulo, quando tivermos tratado do inconsciente e mostrado em que consiste, no fundo, a distinção entre passado e presente. Mas já agora podemos falar do corpo como de um limite movente entre o futuro e o passado, como de uma extremidade móvel que nosso passado estenderia a todo momento em nosso futuro. Enquanto meu corpo, considerado num instante único, é apenas um condutor interposto entre os objetos que o influenciam e os objetos sobre os quais age, por outro lado, recolocado no tempo que flui, ele está sempre situado no ponto preciso onde meu passado vem expirar numa *ação*. Conseqüentemente, essas imagens particulares que chamo mecanismos cerebrais *terminam* a todo momento a série de minhas representações passadas, consistindo no último prolongamento que essas representações enviam no presente, seu ponto de ligação com o real, ou seja, com a ação. Corte essa ligação, a imagem passada talvez não se destrua, mas você lhe tirará toda capacidade de agir sobre o real, e por conseguinte, conforme mostraremos, de se realizar. É nesse sentido, e nesse sentido apenas, que uma lesão do cérebro poderá abolir algo da memória. Daí nossa terceira e última proposição:

III. *Passa-se, por graus insensíveis, das lembranças dispostas ao longo do tempo aos movimentos que desenham sua ação nascente ou possível no espaço. As lesões do cérebro podem atingir tais movimentos, mas não tais lembranças.*

Resta saber se a experiência verifica essas três proposições.

I. *As duas formas da memória* – Estudo uma lição, e para aprendê-la de cor leio-a primeiramente escandindo cada verso; repito-a em seguida um certo número de vezes. A cada nova leitura efetua-se um progresso; as palavras ligam-se cada vez melhor; acabam por se organizar juntas. Nesse momento preciso sei minha lição de cor; dizemos que ela tornou-se lembrança, que ela se imprimiu em minha memória.

Examino agora de que modo a lição foi aprendida, e me represento as fases pelas quais passei sucessivamente.

Cada uma das leituras sucessivas volta-me então ao espírito com sua individualidade própria; revejo-a com as circunstâncias que a acompanhavam e que a enquadram ainda; ela se distingue das precedentes e das subseqüentes pela própria posição que ocupou no tempo; em suma, cada uma dessas leituras torna a passar diante de mim como um acontecimento determinado de minha história. Dir-se-á ainda que essas imagens são lembranças, que elas se imprimiram em minha memória. Empregam-se as mesmas palavras em ambos os casos. Trata-se efetivamente da mesma coisa?

A lembrança da lição, enquanto aprendida de cor, tem todas as características de um hábito. Como o hábito, ela é adquirida pela repetição de um mesmo esforço. Como o hábito, ela exigiu inicialmente a decomposição, e depois a recomposição da ação total. Como todo exercício habitual do corpo, enfim, ela armazenou-se num mecanismo que estimula por inteiro um impulso inicial, num sistema fechado de movimentos automáticos que se sucedem na mesma ordem e ocupam o mesmo tempo.

Ao contrário, a lembrança de tal leitura particular, a segunda ou a terceira por exemplo, não tem *nenhuma* das características do hábito. Sua imagem imprimiu-se necessariamente de imediato na memória, já que as outras leituras constituem, por definição, lembranças diferentes. É como um acontecimento de minha vida; contém, por essência, uma data, e não pode conseqüentemente repetir-se. Tudo o que as leituras ulteriores lhe acrescentariam só faria alterar sua natureza original; e, se meu esforço para evocar essa imagem torna-se cada vez mais fácil à medida que o repito com maior freqüência, a própria imagem, considerada em si, era necessariamente de início o que será sempre.

Dir-se-á que essas duas lembranças, a da leitura e a da lição, diferem apenas em grau, que as imagens sucessivamente desenvolvidas por cada leitura recobrem-se entre si, e que a lição uma vez aprendida não é mais que a imagem compósita resultante da superposição de todas as outras? É incontestável que cada uma das leituras sucessivas difere sobretudo da precedente pelo fato de que a lição é aí sabida melhor. Mas é certo também que cada uma delas, considerada como uma leitura sempre renovada e não como uma lição cada vez melhor aprendida, basta absolutamente a si mesma, subsiste tal como se produziu, e constitui, juntamente com todas as percepções concomitantes, um momento irredutível de minha história. Pode-se mesmo ir mais longe, e afirmar que a consciência nos revela entre esses dois tipos de lembrança uma diferença profunda, uma diferença de natureza. A lembrança de determinada leitura é uma representação, e não mais que uma representação; diz respeito a uma intuição do espírito que posso, a meu bel-prazer, alongar ou abreviar; eu lhe atribuo uma duração arbitrária: nada me impede de abarcá-la de uma só vez, como num quadro. Ao contrário, a lembrança da lição aprendida, mesmo quando me limito a repetir essa lição interiormente, exige um tempo bem determinado, o mesmo que é necessário para desenvolver um a um, ainda que em imaginação, todos os movimentos de articulação requeridos: portanto não se trata mais de uma representação, trata-se de uma ação. E, de fato, a lição, uma vez aprendida, não contém nenhuma marca que revele suas origens e a classifique no passado; ela faz parte de meu presente da mesma forma que meu hábito de caminhar ou de escrever; ela é vivida, ela é "agida", mais que representada; – eu poderia acreditá-la inata, se não me agradasse evocar ao mesmo tempo, como outras tantas representações, as leituras sucessivas que me serviram para aprendê-la. Essas representações são portanto independentes dela, e, como elas precederam a lição sabida e recitada, a lição uma vez sabida pode também passar sem elas.

Levando até o fim essa distinção fundamental, poderíamos representar-nos duas memórias teoricamente independentes. A primeira registraria, sob forma de imagens-lembranças, todos os acontecimentos de nossa vida cotidiana à medida que se desenrolam; ela não negligenciaria nenhum detalhe; atribuiria a cada fato, a cada gesto, seu lugar e sua data. Sem segunda intenção de utilidade ou de aplicação prática, armazenaria o passado pelo mero efeito de uma necessidade natural. Por ela se tornaria possível o reconhecimento inteligente, ou melhor, intelectual, de uma percepção já experimentada; nela nos refugiaríamos todas as vezes que remontamos, para buscar aí uma certa imagem, a encosta de nossa vida passada. Mas toda percepção prolonga-se em ação nascente; e, à medida que as imagens, uma vez percebidas, se fixam e se alinham nessa memória, os movimentos que as continuam modificam o organismo, criam no corpo disposições novas para agir. Assim se forma uma experiência de uma ordem bem diferente e que se deposita no corpo, uma série de mecanismos inteiramente montados, com reações cada vez mais numerosas e variadas às excitações exteriores, com réplicas prontas a um número incessantemente maior de interpelações possíveis. Tomamos consciência desses mecanismos no momento em que eles entram em jogo, e essa consciência de todo um passado de esforços armazenado no presente é ainda uma memória, mas uma memória profundamente diferente da primeira, sempre voltada para a ação, assentada no presente e considerando apenas o futuro. Esta só reteve do passado os movimentos inteligentemente coordenados que representam seu esforço acumulado; ela reencontra esses esforços passados, não em imagens-lembranças que os recordam, mas na ordem rigorosa e no caráter sistemático com que os movimentos atuais se efetuam. A bem da verdade, ela já não nos representa nosso passado, ela o encena; e, se ela merece ainda o nome de memória, já não é porque conserve imagens antigas, mas porque prolonga seu efeito útil até o momento presente.

Dessas duas memórias, das quais uma *imagina* e a outra *repete*, a segunda pode substituir a primeira e freqüentemente até dar a ilusão dela. Quando o cão acolhe seu dono com festa e latidos alegres, ele o reconhece, sem dúvida nenhuma; mas esse reconhecimento implica a evocação de uma imagem passada e a reaproximação dessa imagem à percepção presente? Não consistirá antes na consciência que toma o animal de uma certa atitude especial adotada por seu corpo, atitude que suas relações familiares com seu dono foram formando pouco a pouco, e que a simples percepção do dono provoca agora nele mecanicamente? Não vamos tão longe! No próprio animal, vagas imagens do passado ultrapassam talvez a percepção presente; é concebível inclusive que seu passado inteiro esteja virtualmente desenhado em sua consciência; mas esse passado não o interessa o bastante para separá-lo do presente que o fascina, e seu reconhecimento deve ser antes vivido do que pensado. Para evocar o passado em forma de imagem, é preciso poder abstrair-se da ação presente, é preciso saber dar valor ao inútil, é preciso querer sonhar. Talvez apenas o homem seja capaz de um esforço desse tipo. Também o passado que remontamos deste modo é escorregadio, sempre a ponto de nos escapar, como se essa memória regressiva fosse contrariada pela outra memória, mais natural, cujo movimento para diante nos leva a agir e a viver.

Quando os psicólogos falam da lembrança como de um hábito contrário, como de uma impressão que se grava cada vez mais profundamente à medida que se repete, eles esquecem que a imensa maioria de nossas lembranças tem por objeto os acontecimentos e detalhes de nossa vida, cuja essência é ter uma data e, conseqüentemente, não se reproduzir jamais. As lembranças que se adquirem voluntariamente por repetição são raras, excepcionais. Ao contrário, o registro, pela memória, de fatos e imagens únicos em seu gênero se processa em todos os momentos da duração. Mas como as lembranças *aprendidas* são mais úteis repara-se mais nelas. E como a aquisição dessas lembranças pela repetição do mesmo esforço assemelha-se ao processo já conhecido do hábito tende-se a colocar esse tipo de lembrança em primeiro plano, a erigi-lo em modelo de lembrança, e a ver na lembrança espontânea apenas esse mesmo fenômeno em estado nascente, o começo de uma lição aprendida de cor. Mas como não reconhecer que a diferença é radical entre o que deve se constituir pela repetição e o que, por essência, não pode se repetir? A lembrança espontânea é imediatamente perfeita; o tempo não poderá acrescentar nada à sua imagem sem desnaturá-la; ela conservará para a memória seu lugar e sua data. Ao contrário, a lembrança aprendida sairá do tempo à medida que a lição for melhor sabida; tornar-se-á cada vez mais impessoal, cada vez mais estranha à nossa vida passada. Portanto, a repetição não tem de modo algum por resultado converter a primeira na segunda; seu papel é simplesmente utilizar cada vez mais os movimentos pelos quais a primeira se desenvolve, organizar esses movimentos entre si e, montando um mecanismo, criar um hábito do corpo. Esse hábito, aliás, só é lembrança porque me lembro de tê-lo adquirido; e só me lembro de tê-lo adquirido porque apelo à memória espontânea, aquela que data os acontecimentos e só os registra uma vez. Das duas memórias que acabamos de distinguir, a primeira parece portanto ser efetivamente a memória por excelência. A segunda, aquela que os psicólogos estudam em geral, é antes o *hábito esclarecido pela memória* do que a memória propriamente.

É verdade que o exemplo de uma lição aprendida de cor é bastante artificial. Todavia nossa existência decorre em meio a objetos em número restrito, que tornam a passar com maior ou menor freqüência diante de nós: cada um deles, ao mesmo tempo que é percebido, provoca de nossa parte movimentos pelo menos nascentes através dos quais nos adaptamos a eles. Esses movimentos, ao se repetirem, criam um mecanismo, adquirem a condição de hábito, e determinam em nós atitudes que acompanham automaticamente nossa percepção das coisas. Nosso sistema nervoso não estaria destinado, dizíamos, a um outro uso. Os nervos aferentes trazem ao cérebro uma excitação que, após ter escolhido inteligentemente seu caminho, transmite-se a mecanismos motores criados pela repetição. Assim se produz a reação apropriada, o equilíbrio com o meio, a adaptação, em uma palavra, que é a finalidade geral da vida. E um ser vivo que se contentasse em viver não teria necessidade de outra coisa. Mas, ao mesmo tempo que se desenvolve esse processo de percepção e adaptação que resulta no registro do passado sob forma de hábitos motores, a consciência, como veremos, retém a imagem das situações pelas quais passou sucessivamente, e as alinha na ordem em que elas sucederam. Para que servirão essas imagens-lembranças? Ao se conservarem na memória, ao se reproduzirem na consciência, não irão elas desnaturar o caráter prático da vida, misturando o sonho à realidade? Seria assim, certamente, se nossa consciência atual, consciência que reflete justamente a exata adaptação de nosso sistema nervoso à situação presente, não descartasse todas aquelas imagens passadas que não são capazes de se coordenar à percepção atual e de formar com ela um conjunto *útil*. No máximo algumas lembranças confusas, sem relação com a situação presente, ultrapassam as imagens utilmente associadas, desenhando ao redor delas uma franja menos iluminada que irá se perder numa imensa zona obscura. Mas vem um acidente que perturba o equilíbrio mantido pelo cérebro entre a excitação exterior e a reação motora; afrouxe por um instante a tensão dos fios que vão da periferia à periferia passando pelo centro, e logo as imagens obscurecidas reaparecerão em plena luz: é esta última condição que se realiza certamente no sono quando sonhamos. Das duas memórias que distinguimos, a segunda, que é ativa ou motora, deverá portanto inibir constantemente a primeira, ou pelo menos aceitar dela apenas o que é capaz de esclarecer e completar utilmente a situação presente: deste modo se deduzem as leis da associação de idéias. – Mas, independentemente dos serviços que podem prestar por sua associação a uma percepção presente, as imagens armazenadas pela memória espontânea têm ainda um outro uso. Certamente são imagens de sonho; certamente costumam aparecer e desaparecer independentemente de nossa vontade; e é justamente por isso que somos obrigados, para *saber* realmente uma coisa, para tê-la à nossa disposição, a aprendê-la de cor, ou seja, a substituir a imagem espontânea por um mecanismo motor capaz de supri-la. Mas há um certo esforço *sui generis* que nos permite reter a própria imagem, por um tempo limitado, sob o olhar de nossa consciência; e graças a essa faculdade não temos necessidade de esperar do acaso a repetição acidental das mesmas situações para organizar em hábito os movimentos concomitantes; servimo-nos da imagem fugaz para construir um mecanismo estável que a substitui. – Portanto, ou nossa distinção de duas memórias independentes não tem fundamento, ou, se ela corresponde aos fatos, deveremos constatar uma exaltação da memória espontânea na maioria dos casos em que o equilíbrio sensóriomotor do sistema nervoso for perturbado, e, ao contrário, uma inibição, no estado normal, de todas as lembranças espontâneas incapazes de consolidar utilmente o equilíbrio presente; enfim, deveremos constatar, na operação pela qual se adquire a lembrança-hábito, a intervenção latente da lembrança-imagem. Os fatos confirmam a hipótese?

Não insistiremos, de momento, nem sobre o primeiro, nem sobre o segundo ponto: esperamos esclarecê-los plenamente quando estudarmos as perturbações da memória e as leis da associação de idéias. Limitemo-nos a mostrar, no que concerne às coisas aprendidas, de que modo as duas memórias vão aqui lado a lado e prestam-se um mútuo apoio. Que as lições inculcadas à memória motora repetem-se automaticamente, é o que a experiência diária mostra; mas a observação dos casos patológicos estabelece que o automatismo estende-se bem mais do que pensamos. Já se viu dementes darem respostas inteligentes a uma série de questões que não compreendiam: a linguagem funcionava neles à maneira de um reflexo[1]. Afásicos, incapazes de pronunciar espontaneamente uma palavra, recordam sem erro as palavras de uma melodia quando a cantam[2]. São capazes também de recitar correntemente uma oração, a série dos números, dos dias da semana ou dos meses do ano[3]. Assim, mecanismos de uma complicação extrema, bastante sutis para imitar a inteligência, podem funcionar por si mesmos uma vez construídos, e conseqüentemente obedecer, em geral, ao mero impulso inicial da vontade. Mas o que se passa enquanto os construímos? Quando nos exercitamos em aprender uma lição, por exemplo, a imagem visual ou auditiva que buscamos

---

1. Robertson, "Reflex Speech" (*Journal of Mental Science*, abril de 1888). Cf.: artigo de Ch. Féré, "Le langage réflexe" (*Revue philosophique*, janeiro de 1896).
2. Oppenheim, "Über das Verhalten der musikalischen Ausdrucksbewegungen bei Aphatischen" (*Charité Annalen*, XIII, 1888, pp. 348 ss.).
3. *Ibid.*, p. 365.

recompor por movimentos não estaria já em nosso espírito, invisível e presente? Desde a primeira recitação, reconhecemos com um vago sentimento de mal-estar tal erro que acabamos de cometer, como se recebêssemos das obscuras profundezas da consciência uma espécie de advertência[4]. Concentre-se então naquilo que experimenta; você sentirá que a imagem completa está ali, mas fugitiva, verdadeiro fantasma que desaparece no momento preciso em que sua atividade motora gostaria de fixar-lhe a silhueta. Em experiências recentes, realizadas aliás com um objetivo bem distinto[5], os pacientes declaravam precisamente experimentar uma impressão desse tipo. Fazia-se aparecer a seus olhos, durante alguns segundos, uma série de letras que deveriam reter. Mas, para impedi-los de sublinhar as letras percebidas com movimentos de articulação apropriados, exigia-se que repetissem constantemente uma certa sílaba enquanto olhavam a imagem. Disso resultava um estado psicológico especial, em que os pacientes sentiam-se de posse completa da imagem visual "sem no entanto poderem reproduzir a menor parte dela no momento desejado: para sua grande surpresa, a linha desaparecia". No dizer de um deles, "havia na base do fenômeno uma *representação de conjunto*, uma espécie de idéia complexa abarcando o

---

4. Ver, a respeito deste sentimento de erro, o artigo de Müller e Schumann, "Experimentelle Beiträge zur Untersuchung des Gedächtnisses" (*Zeitschr. f. Psych. u. Phys. der Sinnesorgane*, dezembro de 1893, p. 305).

5. W. G. Smith, "The Relation of Attention to Memory" (*Mind*, janeiro de 1894).

todo, e onde as partes tinham uma unidade inexprimivelmente sentida"[6].

Essa lembrança espontânea, que se oculta certamente atrás da lembrança adquirida, é capaz de revelar-se por clarões repentinos: mas ela se esconde, ao menor movimento da memória voluntária. Se o paciente vê desaparecer a série de letras cuja imagem acreditava ter retido, é sobretudo no momento em que começa a repeti-las: "esse esforço parece empurrar o resto da imagem para fora da consciência"[7]. Analise agora os procedimentos imaginativos da mnemotecnia: verá que esta ciência tem precisamente por objeto trazer ao primeiro plano a lembrança espontânea que se dissimula, e colocá-la, como uma lembrança ativa, à nossa livre disposição: para isso reprime-se inicialmente toda veleidade da memória atuante ou motora. A faculdade de fotografia mental, diz um autor[8], pertence antes à subcons-

---

6. "According to one observer, the basis was a *Gesammtvorstellung*, a sort of all embracing complex idea in which the parts have an indefinitely felt unity." (Smith, *art. cit.*, p. 73.)

7. Não seria algo do mesmo tipo que ocorre nessa afecção que os autores alemães chamaram *dyslexie*? O doente lê corretamente as primeiras palavras de uma frase, depois pára bruscamente, incapaz de prosseguir, como se os movimentos de articulação tivessem inibido as lembranças. Ver, a respeito da dislexia: Berlim, *Eine besondere Art der Wortblindheit (Dyslexie)*, Wiesbaden, 1887, e Sommer, "Die Dyslexie als functionelle Störung" (*Arch. f. Psychiatrie*, 1893). Aproximaríamos ainda a esses fenômenos os casos bastante singulares de surdez verbal, em que o doente compreende a fala de outrem, mas não compreende a sua (ver os exemplos citados por Bateman, *On Aphasia*, p. 200; por Bernard, *De l'aphasie*, Paris, 1889, pp. 143-4; e por Broadbent, "A Case of Peculiar Affection of Speech", *Brain*, 1878-9, pp. 484 ss.).

8. Mortimer Granville, "Ways of Remembering" (*Lancet*, 27 de setembro de 1879, p. 458).

ciência do que à consciência; ela dificilmente obedece ao apelo da vontade. Para exercitá-la, deveremos habituar-nos a reter, por exemplo, vários grupamentos de pontos de uma só vez, sem mesmo pensar em contá-los[9]: é preciso, de certo modo, imitar a instantaneidade dessa memória para chegar à disciplina. Todavia ela permanece caprichosa em suas manifestações e, como as lembranças que traz têm algo de sonho, é raro que sua intrusão mais regular na vida do espírito não perturbe profundamente o equilíbrio intelectual.

Em que consiste essa memória, de onde ela deriva e de que modo procede, nosso próximo capítulo o mostrará. Uma concepção esquemática será o bastante provisoriamente. Digamos portanto, para resumir o que precede, que o passado parece efetivamente armazenar-se, conforme havíamos previsto, sob essas duas formas extremas, de um lado os mecanismos motores que o utilizam, de outro as imagens-lembranças pessoais que desenham todos os acontecimentos dele com seu contorno, sua cor e seu lugar no tempo. Dessas duas memórias, a primeira é verdadeiramente orientada no sentido da natureza; a segunda, entregue a si mesma, iria antes em sentido contrário. A primeira, conquistada pelo esforço, permanece sob a dependência de nossa vontade; a segunda, completamente espontânea, é tanto volúvel em reproduzir quanto fiel em conservar. O único serviço regular e certo que a segunda pode prestar à primeira é mostrar-lhe as imagens daquilo que precedeu ou seguiu situações análogas à situação presente, a fim de esclarecer sua escolha: nisto consiste a

---

9. Kay, *Memory and How to Improve it*, Nova York, 1888.

associação de idéias. Não há nenhum outro caso em que a memória que revê obedeça regularmente à memória que repete. Em qualquer outra situação, preferimos construir um mecanismo que nos permita, em caso de necessidade, desenhar novamente a imagem, porque sabemos bem que não podemos contar com sua reaparição. Estas são as duas formas extremas da memória, consideradas cada uma em estado puro.

Digamos logo: foi por se ater às formas intermediárias e, de certo modo, impuras, que se desconheceu a verdadeira natureza da lembrança. Em vez de dissociar inicialmente os dois elementos, imagem-lembrança e movimento, para examinar em seguida através de que série de operações eles chegam, abandonando algo de sua pureza original, a penetrarem-se um ao outro, considera-se apenas o fenômeno misto que resulta de sua coalescência. Esse fenômeno, sendo misto, apresenta por um lado o aspecto de um hábito motor, por outro, o de uma imagem mais ou menos conscientemente localizada. Mas pretende-se que seja um fenômeno simples. Será preciso portanto supor que o mecanismo cerebral, medular ou bulbar, que serve de base ao hábito motor, seja ao mesmo tempo o substrato da imagem consciente. Donde a estranha hipótese de lembranças armazenadas no cérebro, que se tornariam conscientes por um verdadeiro milagre, e nos reconduziriam ao passado por um processo misterioso. Alguns, é verdade, apegam-se mais ao aspecto consciente da operação e gostariam de ver aí nada mais que um epifenômeno. Mas, como eles não começaram por isolar a memória que retém e alinha as repetições sucessivas sob forma de imagens-lembranças, como eles a confundem com o hábito que o exercício aperfeiçoa, são levados a crer que o efeito da repetição tem a ver com um único e mesmo fenômeno indivisível, que seria reforçado simplesmente ao se repetir: e como esse fenômeno acaba visivelmente por não ser mais que um hábito motor e por corresponder a um mecanismo, cerebral ou outro qualquer, são levados, queiram ou não, a supor que um mecanismo desse tipo estava desde o início no fundamento da imagem e que o cérebro é um órgão de representação. Iremos considerar esses estados intermediários, e levar em conta, em cada um deles, a parte da *ação nascente*, isto é, do cérebro, e a parte da memória independente, isto é, a das imagens-lembranças. Quais são esses estados? Sendo motores por um certo lado, eles devem, de acordo com nossa hipótese, prolongar uma percepção atual; mas por outro lado, enquanto imagens, eles reproduzem percepções passadas. Ora, o ato concreto pelo qual reavemos o passado no presente é o *reconhecimento*. É portanto o reconhecimento que devemos estudar.

II. *Do reconhecimento em geral: imagens-lembranças e movimentos* – Há duas maneiras habituais de explicar o sentimento do *déjà vu*. Para uns, reconhecer uma percepção presente consistiria em inseri-la pelo pensamento num ambiente antigo. Encontro uma pessoa pela primeira vez: eu a percebo simplesmente. Se torno a encontrá-la, eu a reconheço, no sentido de que as circunstâncias concomitantes da percepção primitiva, voltando-me ao espírito, desenham ao redor da imagem atual um quadro que não é o quadro atualmente percebido. Reconhecer seria portanto associar a uma percepção presente as imagens dadas outrora em contigüidade com ela[10]. Mas, como já se observou com razão[11], uma percepção renovada não pode sugerir as circunstâncias concomitantes da percepção primitiva a menos que esta seja inicialmente evocada pelo estado atual que se lhe assemelha. Seja *A* a percepção primeira; as circunstâncias concomitantes *B*, *C*, *D* permanecem associadas a ela por contigüidade. Se chamo *A'* a mesma percepção renovada, como não é a *A'* mas a *A* que estão ligados os termos *B*, *C*, *D*, será preciso, para evocar os termos *B*, *C*, *D*, que uma associação por semelhança faça surgir *A* inicialmente. Em vão se sustentará que *A'* é idêntico a *A*. Os dois termos, ainda que semelhantes, permanecem numericamente distintos, e diferem pelo menos no simples fato de que *A'* é uma percepção, ao passo que *A* não é mais do que uma lembrança. Das duas interpretações que havíamos anunciado, a primeira vem assim fundir-se na segunda, que passamos agora a examinar.

Supõe-se, desta vez, que a percepção presente vá sempre buscar, no fundo da memória, a lembrança da percepção anterior que se lhe assemelha: o sentimento do *déjà vu* viria de uma justaposição ou de uma fusão entre a percepção e a lembrança. Certamente, como já foi observado com profundidade[12], a semelhança é uma relação estabe-

---

10. Ver a exposição sistemática dessa tese, apoiada em experiências, nos artigos de Lehmann, "Über Wiedererkennen" (*Philos. Studien* de Wundt, t. V, pp. 96 ss., e t. VII, pp. 169 ss.).

11. Pillon, "La formation des idées abstraites et générales" (*Crit. Philos.*, 1885, t. I, pp. 208 ss.). – Cf. Ward, "Assimilation and Association" (*Mind*, julho de 1893 e outubro de 1894).

12. Brochard, "La loi de similarité" (*Revue philosophique*, 1880, t. IX, p. 258). E. Rabier defende a mesma opinião em suas *Leçons de philosophie*, t. I, *Psychologie*, pp. 187-92.

lecida pelo espírito entre termos que ele reaproxima e que, conseqüentemente, já possui, de sorte que a percepção de uma semelhança é antes um efeito da associação do que sua causa. Mas, ao lado dessa semelhança definida e percebida que consiste na conformidade de um elemento apreendido e liberado pelo espírito, há uma semelhança vaga e de certo modo objetiva, espalhada na superfície das próprias imagens, e que poderia agir como uma causa física de atração recíproca[13]. Alegaremos que se reconhece freqüentemente um objeto sem conseguir identificá-lo com uma imagem antiga? Buscar-se-á refúgio na hipótese cômoda de traços cerebrais que coincidiriam, de movimentos cerebrais que o exercício facilitaria[14], ou de células de percepção comunicando-se com células onde repousam as lembranças[15]. Na verdade, é em hipóteses desse tipo que acabam se perdendo, quer se queira ou não, todas essas teorias do reconhecimento. Elas querem fazer surgir todo reconhecimento de uma reaproximação entre a percepção e a lembrança; mas, por outro lado, a experiência está aí, testemunhando que, na maioria das vezes, a lembrança só surge uma vez reconhecida a percepção. É necessário portanto devolver ao cérebro, sob forma de combinação entre movimentos ou de ligação entre células, o que se havia anunciado inicialmente como uma asso-

---

13. Pillon, *art. cit.*, p. 207. – Cf. James Sully, *The Human Mind*, Londres, 1892, t. I, p. 331.

14. Höffding, "Über Wiedererkennen, Association und psychische Activität" (*Vierteljahrsschrift f. wissenschaftliche Philosophie*, 1889, p. 433).

15. Munk, *Über die Functionen der Grosshirnrinde*, Berlim, 1881, pp. 108 ss.

ciação entre representações, e explicar o fato do reconhecimento – muito claro a nosso ver – pela hipótese em nossa opinião muito obscura de um cérebro que armazenaria idéias.

Mas em realidade a associação de uma percepção a uma lembrança não basta, de modo algum, para explicar o processo do reconhecimento. Pois, se o reconhecimento se fizesse assim, ele seria abolido quando as imagens antigas desaparecessem, ocorreria sempre quando essas imagens fossem conservadas. A cegueira psíquica, ou incapacidade de reconhecer os objetos percebidos, seria portanto acompanhada de uma inibição da memória visual, e sobretudo a inibição da memória visual teria invariavelmente por efeito a cegueira psíquica. Ora, a experiência não verifica nem uma nem outra dessas duas conseqüências. Num caso estudado por Wilbrand[16], a doente podia, com os olhos fechados, descrever a cidade onde habitava e percorrê-la na imaginação: uma vez na rua, tudo lhe parecia novo; ela não reconhecia nada e não conseguia se orientar. Fatos do mesmo gênero foram observados por Fr. Müller[17] e Lissauer[18]. Os doentes sabem evocar a visão interior de um objeto que lhes é nomeado; descrevem-no bastante bem; não são capazes porém de reconhecê-lo quando lhes é apresentado. A conservação, mesmo consciente, de uma lembrança visual não basta portanto para o reconhecimento de uma percepção semelhante. Mas in-

---

16. *Die Seelenblindheit als Herderscheinung*, Wiesbaden, 1887, p. 56.
17. "Ein Beitrag zur Kenntnis der Seelenblindheit" (*Arch. f. Psychiatrie*, t. XXIV, 1892).
18. "Ein Fall von Seelenblindheit" (*Arch. f. Psychiatrie*, 1889).

versamente, no caso estudado por Charcot[19] e tornado clássico de um eclipse completo das imagens visuais, nem todo reconhecimento das percepções era abolido. Ficaremos convencidos ao examinar de perto o relato desse caso. O paciente não reconhecia mais, certamente, as ruas de sua cidade natal, tanto que não podia nem nomeá-las nem se orientar nelas; sabia no entanto que eram ruas, e que via casas. Ele não reconhecia mais sua mulher e seus filhos; podia afirmar no entanto, ao percebê-los, que era uma mulher, que eram crianças. Nada disso teria sido possível se ele padecesse de cegueira psíquica no sentido absoluto da palavra. O que fora abolido era portanto uma espécie de reconhecimento, que teremos de analisar, mas não a faculdade geral de reconhecer. Concluamos que nem todo reconhecimento implica sempre a intervenção de uma imagem antiga, e que é possível também evocar tais imagens sem conseguir identificar as percepções com elas. Portanto, o que é afinal o reconhecimento, e de que modo o definiremos?

Há inicialmente, no limite, um reconhecimento *no instantâneo*, um reconhecimento de que apenas o corpo é capaz, sem que nenhuma lembrança explícita intervenha. Ele consiste numa ação, e não numa representação. Passeio por uma cidade, por exemplo, pela primeira vez. A cada esquina, hesito, não sabendo aonde vou. Estou na incerteza, e entendo por isso que alternativas se colocam a meu corpo, que meu movimento é descontínuo em seu conjunto, que não há nada, numa das atitudes, que anuncie e prepare as atitudes subseqüentes. Mais tarde, após uma

---

19. Relatado por Bernard, "Un cas de suppression brusque et isolée de la vision mentale" (*Progrès médical*, 21 de julho de 1883).

longa permanência na cidade, irei circular por ela maquinalmente, sem ter a percepção distinta dos objetos diante dos quais eu passo. Ora, entre essas duas condições extremas, uma em que a percepção não organizou ainda os movimentos definidos que a acompanham, outra em que esses movimentos concomitantes estão organizados a ponto de tornar minha percepção inútil, há uma condição intermediária, na qual o objeto é percebido, mas provoca movimentos ligados entre si, contínuos, e que se comunicam uns aos outros. Comecei por um estado em que só distinguia minha percepção; acabo por um estado em que talvez já não tenha consciência senão de meu automatismo: no intervalo teve lugar um estado misto, uma percepção sublinhada por um automatismo nascente. Ora, se as percepções ulteriores diferem da primeira percepção no fato de conduzirem o corpo a uma reação maquinal apropriada, se, por outro lado, as percepções renovadas aparecem ao espírito com esse aspecto *sui generis* que caracteriza as percepções familiares ou reconhecidas, não devemos presumir que a consciência de um acompanhamento motor bem regulado, de uma reação motora organizada, é aqui o fundamento do sentimento de familiaridade? Na base do reconhecimento haveria portanto, efetivamente, um fenômeno de ordem motora.

Reconhecer um objeto usual consiste sobretudo em saber servir-se dele. Isso é tão verdadeiro que os primeiros observadores deram o nome de *apraxia* a essa doença do reconhecimento que chamamos cegueira psíquica[20]. Mas saber servir-se dele é já esboçar os movimentos que se

---

20. Kussmaul, *Les troubles de la parole*, Paris, 1884, p. 233; – Allen Starr, "Apraxia and Aphasia" (*Medical Record*, 27 de outubro de

adaptam a ele, é tomar uma certa atitude ou pelo menos tender a isso em função daquilo que os alemães chamaram "impulsos motores" (*Bewegungsantriebe*). O hábito de utilizar o objeto acabou portanto por organizar ao mesmo tempo movimentos e percepções, e a consciência desses movimentos nascentes, que acompanhariam a percepção à maneira de um reflexo, estaria, aqui, também, na base do reconhecimento.

Não há percepção que não se prolongue em movimento. Ribot[21] e Maudsley[22] chamaram a atenção para esse ponto há bastante tempo. A educação dos sentidos consiste precisamente no conjunto das conexões estabelecidas entre a impressão sensorial e o movimento que a utiliza. À medida que a impressão se repete, a conexão se consolida. O mecanismo da operação não tem aliás nada de misterioso. Nosso sistema nervoso é evidentemente disposto em vista da construção de aparelhos motores, ligados, por intermédio dos centros, a excitações sensíveis, e a descontinuidade dos elementos nervosos, a multiplicidade de suas ramificações terminais capazes certamente de se aproximarem de diversos modos, tornam ilimitado o número de conexões possíveis entre as impressões e os movimentos correspondentes. Mas o mecanismo em vias de construção não poderia aparecer à cons-

---

1888). – Cf. Laquer, "Zur Localisation der sensorischen Aphasie" (*Neurolog. Centralblatt*, 15 de junho de 1888), e Dodds, "On Some Central Affections of Vision" (*Brain*, 1885).

21. "Les mouvements et leur importance psychologique" (*Revue philosophique*, 1879, t. VIII, pp. 371 ss.). – Cf. *Psychologie de l'attention*, Paris, 1889, p. 75 (Félix Alcan, ed.).

22. *Physiologie de l'esprit*, Paris, 1879, pp. 207 ss.

ciência sob a mesma forma que o mecanismo construído. Algo distingue profundamente e manifesta claramente os sistemas de movimentos consolidados no organismo. É sobretudo esta, acreditamos, a dificuldade de modificar sua ordem. Daí também a pré-formação dos movimentos que seguem nos movimentos que precedem, pré-formação que faz com que a parte contenha virtualmente o todo, como acontece quando cada nota de uma melodia aprendida, por exemplo, permaneça inclinada sobre a seguinte para vigiar sua execução[23]. Se, portanto, toda percepção usual tem seu acompanhamento motor organizado, o sentimento de reconhecimento usual tem sua raiz na consciência dessa organização.

Equivale a dizer que exercemos em geral nosso reconhecimento antes de pensá-lo. Nossa vida diária desenrola-se em meio a objetos cuja mera presença nos convida a desempenhar um papel: nisso consiste seu aspecto de familiaridade. As tendências motoras já seriam suficientes, portanto, para nos dar o sentimento do reconhecimento. Mas, apressemo-nos a dizer, junta-se aí, na maioria das vezes, uma outra coisa.

Com efeito, enquanto aparelhos motores são montados sob a influência das percepções cada vez mais bem analisadas pelo corpo, nossa vida psicológica anterior continua existindo: ela sobrevive – procuraremos demonstrá-lo – com toda a particularidade de seus acontecimen-

---

[23]. Num dos mais engenhosos capítulos de sua *Psychologie* (Paris, 1893, t. I, p. 242), A. Fouillée diz que o sentimento de familiaridade é feito, em grande parte, da diminuição do *choque* interior que constitui a surpresa.

tos localizados no tempo. Constantemente inibida pela consciência prática e útil do momento presente, isto é, pelo equilíbrio sensório-motor de um sistema estendido entre a percepção e a ação, essa memória aguarda simplesmente que uma fissura se manifeste entre a impressão atual e o movimento concomitante para fazer passar aí suas imagens. Em geral, para remontar o curso de nosso passado e descobrir a imagem-lembrança conhecida, localizada, pessoal, que se relacionaria ao presente, um esforço é necessário, pelo qual nos liberamos da ação a que nossa percepção nos inclina: esta nos lançaria para o futuro; é preciso que retrocedamos no passado. Neste sentido, o movimento tenderia a afastar a imagem. Todavia, por um certo lado, ele contribui para prepará-la. Pois, se o conjunto de nossas imagens passadas nos permanece presente, também é preciso que a representação análoga à percepção atual seja *escolhida* entre todas as representações possíveis. Os movimentos efetuados ou simplesmente nascentes preparam essa seleção, ou pelo menos delimitam o campo das imagens onde iremos colher. Devido à constituição de nosso sistema nervoso, somos seres nos quais impressões presentes se prolongam em movimentos apropriados: se antigas imagens vêm do mesmo modo prolongar-se nesses movimentos, elas aproveitam a ocasião para se insinuarem na percepção atual e fazerem-se adotar por ela. Com isso aparecem de fato à nossa consciência, quando deveriam de direito permanecer cobertas pelo estado presente. Poderíamos portanto dizer que os movimentos que provocam o reconhecimento automático impedem por um lado, e por outro favorecem, o reconhecimento por imagens. Em princípio, o presente desloca o passado. Mas, justamente porque a supressão das antigas imagens resulta de sua inibição pela atitude presente, aquelas cuja forma poderia se enquadrar nessa atitude encontrarão um obstáculo menor que as outras; e, se, a partir de então, alguma delas for capaz de superar o obstáculo, é a imagem semelhante à percepção presente que irá superá-lo.

Se nossa análise é exata, as doenças do reconhecimento apresentarão duas formas profundamente diferentes e se constatarão duas espécies de cegueira psíquica. Com efeito, ora serão as imagens antigas que não poderão mais ser evocadas, ora será apenas o vínculo entre a percepção e os movimentos concomitantes que será rompido, a percepção provocando movimentos difusos como se fosse nova. Os fatos verificam essa hipótese?

Não pode haver contestação quanto ao primeiro ponto. A abolição aparente das lembranças visuais na cegueira psíquica é um fato tão comum que pôde servir, durante um tempo, para definir essa afecção. Teremos que nos perguntar até que ponto e em que sentido lembranças podem realmente desaparecer. O que nos interessa, de momento, é que se apresentam casos em que o reconhecimento não ocorre mais, sem que a memória visual seja praticamente abolida. Trata-se então, como pretendemos, de uma simples perturbação dos hábitos motores ou, pelo menos, de uma interrupção do vínculo que os une às percepções sensíveis? Como nenhum observador se colocou uma questão desse tipo, seríamos bastante cautelosos em responder se não tivéssemos notado aqui e ali, em suas descrições, certos fatos que nos parecem significativos.

O primeiro deles é a perda do sentido de orientação. Todos os autores que trataram da cegueira psíquica ficaram impressionados com essa particularidade. O doente de Lissauer havia perdido completamente a capacidade de se orientar em sua casa[24]. Fr. Müller insiste no fato de que, enquanto os cegos aprendem rapidamente a encontrar seu caminho, uma pessoa acometida de cegueira psíquica é incapaz, mesmo após meses de exercício, de se orientar em seu próprio quarto[25]. Mas o que é a faculdade de se orientar senão a faculdade de coordenar os movimentos do corpo às impressões visuais, e de prolongar maquinalmente as percepções em reações úteis?

Há um segundo fato, mais característico ainda. Queremos nos referir ao modo como esses doentes desenham. Podem-se conceber duas maneiras de desenhar. A primeira consistiria em fixar sobre o papel um certo número de pontos, por aproximação, e em ligá-los entre si verificando a todo momento se a imagem se assemelha ao objeto. É o que se chamaria desenhar "por pontos". Mas o meio que utilizamos habitualmente é bem diferente. Desenhamos "com um traço contínuo" após ter olhado o modelo ou ter pensado nele. Como explicar semelhante faculdade, senão pelo hábito de distinguir imediatamente a *organização* dos contornos mais usuais, ou seja, por uma tendência motora a figurar seu esquema com um único traço? Mas, se são precisamente os hábitos ou as

---

24. *Art. cit.*, *Arch. f. Psychiatrie*, 1889-90, p. 224. Cf. Wilbrand, *op. cit.*, p. 140, e Bernhardt, "Eigenthumlicher Fall von Hirnerkrankung" (*Berliner klinische Wochenschrift*, 1877, p. 581).

25. *Art. cit.*, *Arch. f. Psychiatrie*, t. XXIV, p. 898.

correspondências desse tipo que se dissolvem em certas formas da cegueira psíquica, o doente poderá ainda, talvez, traçar elementos de linha que ajustará bem ou mal entre eles; ele não poderá mais desenhar com um traço contínuo, porque sua mão terá perdido o movimento dos contornos. Ora, é precisamente isto que a experiência verifica. A observação de Lissauer é já instrutiva a esse respeito[26]. Seu doente tinha a maior dificuldade para desenhar objetos simples, e, se quisesse desenhar de memória, traçava porções separadas, iniciadas aqui e ali, não conseguindo ligar umas às outras. Mas os casos de cegueira psíquica completa são raros. Muito mais numerosos são os de cegueira verbal, isto é, de uma perda do reconhecimento visual limitada aos caracteres do alfabeto. Ora, é um fato de observação corrente a incapacidade do doente, em semelhante caso, de perceber o que poderia ser chamado o *movimento* das letras quando tenta copiá-las. Ele começa seu desenho num ponto qualquer, verificando a todo momento se está de acordo com o modelo. E isso é tanto mais notável que freqüentemente ele conservou intacta a capacidade de escrever sob ditado ou espontaneamente. O que é abolido aqui, portanto, é o hábito de distinguir as articulações do objeto percebido, ou seja, de completar a percepção visual por uma tendência motora a desenhar seu esquema. Donde se pode concluir, como havíamos anunciado, que nisto reside efetivamente a condição primordial do reconhecimento.

Mas devemos passar agora do reconhecimento automático, que se realiza sobretudo por movimentos, para

---

26. *Art. cit.*, *Arch. f. Psychiatrie*, 1889-90, p. 233.

aquele que exige a intervenção regular das lembranças-imagens. O primeiro é um reconhecimento por distração: o segundo, como iremos ver, é o reconhecimento atento.

Também este começa por movimentos. Mas, enquanto no reconhecimento automático nossos movimentos prolongam nossa percepção para obter efeitos úteis e nos *afastam* assim do objeto percebido, aqui, ao contrário, eles nos *reconduzem* ao objeto para sublinhar seus contornos. Daí o papel preponderante, e não mais acessório, que as lembranças-imagens adquirem. Suponhamos, com efeito, que os movimentos renunciam a seu fim próprio, e que a atividade motora, em vez de continuar a percepção através de reações úteis, volta atrás para desenhar seus traços principais: então as imagens análogas à percepção presente, imagens cuja forma já terá sido lançada por esses movimentos, virão regularmente e não mais acidentalmente fundir-se nesse molde, com a condição, é verdade, de abandonarem muitos de seus detalhes para entrarem aí mais facilmente.

III. *Passagem gradual das lembranças aos movimentos. O reconhecimento e a atenção* – Tocamos aqui o ponto essencial do debate. Nos casos em que o reconhecimento é atento, ou seja, em que as lembranças-imagens juntam-se regularmente à percepção presente, é a percepção que determina mecanicamente o aparecimento das lembranças, ou são as lembranças que vão espontaneamente ao encontro da percepção?

Da resposta a essa questão depende a natureza das relações que se estabelecerão entre o cérebro e a memória. Em toda percepção, com efeito, há um estímulo transmitido pelos nervos aos centros perceptivos. Se a propagação desse movimento a outros centros corticais tivesse por real efeito fazer surgir aí imagens, poder-se-ia sustentar, a rigor, que a memória é apenas uma função do cérebro. Mas se estabelecêssemos que aqui, como em outros lugares, o movimento só pode produzir movimento, que o papel do estímulo perceptivo é simplesmente imprimir no corpo uma certa atitude na qual as lembranças vêm inserir-se, então, todo o efeito dos estímulos materiais tendo-se esgotado nesse trabalho de adaptação motora, seria preciso buscar a lembrança em outra parte. Na primeira hipótese, os distúrbios da memória ocasionados por uma lesão cerebral resultariam de que as lembranças ocupavam a região lesada e foram destruídas com ela. Na segunda, ao contrário, tais lesões afetariam nossa ação nascente ou possível, mas apenas nossa ação. Ora elas impediriam o corpo de tomar, ante um objeto, a atitude apropriada ao chamamento da imagem; ora cortariam as ligações dessa lembrança com a realidade presente, o que significa que, suprimindo a última fase da realização da lembrança, suprimindo a fase da ação, elas impediriam do mesmo modo a lembrança de se atualizar. Mas, nem num caso nem no outro, uma lesão cerebral destruiria de fato as lembranças.

Esta segunda hipótese será a nossa. Antes porém de buscar sua verificação, digamos brevemente de que modo nos representamos as relações gerais da percepção, da atenção e da memória. Para mostrar como uma lembrança poderia, de grau em grau, vir a inserir-se numa atitude ou num movimento, teremos que antecipar um pouco as conclusões de nosso próximo capítulo.

Em que consiste a atenção? De um lado, a atenção tem por efeito essencial tornar a percepção mais intensa e destacar seus detalhes: considerada em sua causa, ela se reduziria portanto a uma certa intensificação do estado intelectual[27]. Mas, de outro lado, a consciência constata uma irredutível diferença de forma entre esse aumento de intensidade e aquele que se deve a uma influência maior da excitação exterior: ele parece, com efeito, vir de dentro, e testemunhar uma certa *atitude* adotada pela inteligência. Mas aqui começa precisamente a obscuridade, pois a idéia de uma atitude intelectual não é uma idéia clara. Falar-se-á de uma "concentração do espírito"[28], ou ainda de um esforço "aperceptivo"[29] para colocar a percepção sob o olhar da inteligência distinta. Alguns, materializando essa idéia, irão supor uma tensão particular da energia cerebral[30], ou mesmo um dispêndio central de energia vindo acrescentar-se à excitação recebida[31]. Mas, ou se acaba apenas traduzindo o fato psicologicamente constatado numa linguagem fisiológica que nos parece ainda menos clara, ou é sempre a uma metáfora que se retorna.

De grau em grau, seremos levados a definir a atenção por uma adaptação geral mais do corpo que do espírito, e a ver nessa atitude da consciência, acima de tudo,

---

27. Marillier, "Remarques sur le mécanisme de l'attention" (*Revue philosophique*, 1889, t. XXVII). Cf. Ward, art. "Psychology" da *Encyclop. Britannica*, e Bradley, "Is There a Special Activity of Attention?" (*Mind*, 1886, t. XI, p. 305).

28. Hamilton, *Lectures on Metaphysics*, t. I, p. 247.

29. Wundt, *Psychologie physiologique*, t. II, pp. 231 ss. (F. Alcan, ed.).

30. Maudsley, *Physiologie de l'esprit*, pp. 300 ss. – Cf. Bastian, "Les processus nerveux dans l'attention" (*Revue philosophique*, t. XXXIII, pp. 360 ss.).

31. W. James, *Principles of Psychology*, vol. I, p. 441.

a consciência de uma atitude. Tal é a posição tomada por Th. Ribot no debate[32], e, embora atacada[33], ela parece ter conservado toda a sua força, com a condição todavia, acreditamos, de que não se veja nos movimentos descritos por Th. Ribot senão a condição negativa do fenômeno. Supondo-se, com efeito, que os movimentos concomitantes da atenção voluntária fossem sobretudo movimentos de detenção, faltaria explicar o trabalho do espírito que corresponde a ela, ou seja, a misteriosa operação pela qual o mesmo órgão, percebendo no mesmo ambiente o mesmo objeto, descobre aí um número crescente de coisas. Mas pode-se ir mais longe, e sustentar que os fenômenos de inibição não são mais que uma preparação aos movimentos efetivos da atenção voluntária. Suponhamos com efeito, como já chegamos a sugerir, que a atenção implica uma volta para trás do espírito que renuncia a perseguir o resultado útil da percepção presente: haverá inicialmente uma inibição de movimento, uma ação de detenção. Mas nessa atitude geral virão em seguida introduzir-se movimentos mais sutis, alguns dos quais foram observados e descritos[34], e que têm por função tornar a passar sobre os contornos do objeto percebido. Com esses movimentos começa o trabalho positivo, e não mais simplesmente negativo, da atenção. Ele é continuado pelas lembranças.

Se a percepção exterior, com efeito, provoca de nossa parte movimentos que a desenham em linhas gerais,

---

32. *Psychologie de l'attention*, Paris, 1889 (F. Alcan, ed.).

33. Marillier, *art. cit.* Cf. J. Sully, "The Psycho-Physical Process in Attention" (*Brain*, 1890, p. 154).

34. N. Lange, "Beitr. zur Theorie der sinnlichen Aufmerksamkeit" (*Philos. Studien* de Wundt, t. VII, pp. 390-422).

nossa memória dirige à percepção recebida as antigas imagens que se assemelham a ela e cujo esboço já foi traçado por nossos movimentos. Ela cria assim pela segunda vez a percepção presente, ou melhor, duplica essa percepção ao lhe devolver, seja sua própria imagem, seja uma imagem-lembrança do mesmo tipo. Se a imagem retida ou rememorada não chega a cobrir todos os detalhes da imagem percebida, um apelo é lançado às regiões mais profundas e afastadas da memória, até que outros detalhes conhecidos venham a se projetar sobre aqueles que se ignoram. E a operação pode prosseguir indefinidamente, a memória fortalecendo e enriquecendo a percepção, a qual, por sua vez, atrai para si um número crescente de lembranças complementares. Não pensamos portanto em nenhum espírito que disporia de não se sabe qual quantidade de luz, ora difundindo-a ao redor, ora concentrando-a num ponto único. Imagem por imagem, preferiríamos comparar o trabalho elementar da atenção ao do telegrafista que, ao receber um telegrama importante, torna a expedi-lo palavra por palavra ao lugar de origem para verificar sua exatidão.

Mas, para reenviar um telegrama, é preciso saber manipular o aparelho. Assim também, para refletir sobre uma percepção a imagem que recebemos dela, é preciso que possamos reproduzi-la, isto é, reconstruí-la por um esforço de síntese. Já se disse que a atenção é uma faculdade de análise, o que é verdade; mas não se explicou suficientemente como uma análise desse tipo é possível, nem por qual processo chegamos a descobrir numa percepção o que nela não se manifestava de início. A verdade é que essa análise se faz por uma série de tentativas de síntese, ou, o que vem a ser o mesmo, por uma série de hipóteses: nossa memória escolhe sucessivamente diversas imagens análogas que lança na direção da percepção nova. Mas essa escolha não se opera ao acaso. O que sugere as hipóteses, o que preside de longe à seleção, são os movimentos de imitação pelos quais a percepção prolonga-se, e que servirão de quadro comum à percepção e às imagens rememoradas.

Mas, então, será preciso representar-se o mecanismo da percepção distinta de maneira diferente da usual. A percepção não consiste apenas em impressões recolhidas ou mesmo elaboradas pelo espírito. Quando muito, isso ocorre com as percepções que se dissipam tão logo recebidas, aquelas que espalhamos em ações úteis. Mas toda percepção atenta supõe de fato, no sentido etimológico da palavra, uma *reflexão*, ou seja, a projeção exterior de uma imagem ativamente criada, idêntica ou semelhante ao objeto, e que vem moldar-se em seus contornos. Se, após ter fixado um objeto, desviamos bruscamente nosso olhar, obtemos dele uma imagem consecutiva: não devemos supor que essa imagem já se produzia quando o olhávamos? A descoberta recente de fibras perceptivas centrífugas nos inclinaria a pensar que as coisas se passam regularmente assim, e que, ao lado do processo aferente que traz a impressão ao centro, há um outro, inverso, que leva de volta a imagem à periferia. É verdade que se trata aqui de imagens fotografadas sobre o próprio objeto, e de lembranças imediatamente consecutivas à percepção, da qual elas não são mais que o eco. Mas, por trás dessas imagens idênticas ao objeto existem outras, armazenadas na memória, que têm apenas semelhança com ele, outras enfim que têm apenas um parentesco mais ou menos remoto. Todas elas se dirigem ao encontro da percepção e, alimentadas por esta, adquirem suficiente força e vida para se exteriorizarem com ela. As experiências de Münsterberg[35], de Külpe[36], não deixam a menor dúvida quanto a esse ponto: toda imagem-lembrança capaz de interpretar nossa percepção atual insinua-se nela, a ponto de não podermos mais discernir o que é percepção e o que é lembrança. Mas nada mais interessante, sob esse aspecto, que as engenhosas experiências de Goldscheider e Müller sobre o mecanismo da leitura[37]. Contra Grashey, que havia sustentado num estudo célebre[38] que lemos as palavras letra por letra, esses pesquisadores estabeleceram que a leitura corrente é um verdadeiro trabalho de adivinhação, nosso espírito colhendo aqui e ali alguns traços característicos e preenchendo todo intervalo com lembranças-imagens que, projetadas sobre o papel, substituem-se aos caracteres realmente impressos e nos dão sua ilusão. Assim, criamos ou reconstruímos a todo instante. Nossa percepção distinta é verdadeiramente comparável a um círculo fechado, onde a imagem-percepção dirigida ao espírito e a imagem-lembrança lançada no espaço correriam uma atrás da outra.

---

35. *Beitr. zur experimentellen Psychologie*, Heft 4, pp. 15 ss.
36. *Grundriss der Psychologie*, Leipzig, 1893, p. 185.
37. "Zur Physiologie und Pathologie des Lesens" (*Zeitschr. f. klinische Medicin*, 1893). Cf. McKeen Cattell, "Über die Zeit der Erkennung von Scriftzeichen" (*Philos. Studien*, 1885-86).
38. "Über Aphasie und ihre Beziehungen zur Wahrnehmung" (*Arch. f. Psychiatrie*, 1885, t. XVI).

Insistamos nesse último ponto. Costuma-se representar a percepção atenta como uma série de processos que avançariam ao longo de um trajeto único, o objeto excitando sensações, as sensações fazendo surgir idéias diante delas, cada idéia estimulando sucessivamente pontos mais recuados da massa intelectual. Haveria aí, portanto, uma marcha em linha reta, pela qual o espírito se distanciaria cada vez mais do objeto para não mais voltar a ele. Pensamos, ao contrário, que a percepção refletida seja um *circuito*, onde todos os elementos, inclusive o próprio objeto percebido, mantêm-se em estado de tensão mútua como num circuito elétrico, de sorte que nenhum estímulo partido do objeto é capaz de deter sua marcha nas pro-

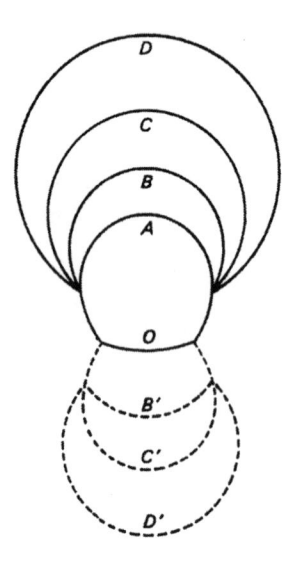

Figura 1

fundezas do espírito: deve sempre retornar ao próprio objeto. Que não se veja aqui uma simples questão de palavras. Trata-se de duas concepções radicalmente diferentes do trabalho intelectual. De acordo com a primeira, as coisas se passam mecanicamente e através de uma série inteiramente acidental de adições sucessivas. A cada momento de uma percepção atenta, por exemplo, elementos novos, emanando de uma região mais profunda do espírito, poderiam juntar-se aos elementos antigos sem criar uma perturbação geral, sem exigir uma transformação do sistema. Na segunda, ao contrário, um ato de atenção implica uma tal solidariedade entre o espírito e seu objeto, é um circuito tão bem fechado, que não se poderia passar a estados de concentração superior sem criar circuitos completamente novos envolvendo o primeiro, e que teriam em comum apenas o objeto percebido. Desses diferentes círculos da memória, que estudaremos em detalhe mais adiante, o mais restrito, *A*, é o mais próximo à percepção imediata. Contém apenas o próprio objeto *O* e a imagem consecutiva que volta para cobri-lo. Atrás dele os círculos *B*, *C* e *D*, cada vez maiores, correspondem a esforços crescentes de expansão intelectual. É a totalidade da memória, conforme veremos, que entra em cada um desses circuitos, já que a memória está sempre presente; mas essa memória, que sua elasticidade permite dilatar indefinidamente, reflete sobre o objeto um número crescente de coisas sugeridas – ora os detalhes do próprio objeto, ora detalhes concomitantes capazes de ajudar a esclarecê-lo. Assim, após ter reconstituído o objeto percebido, à maneira de um todo independente, reconstituímos com ele as condições cada vez mais longínquas com as quais forma um sistema. Chamamos *B'*, *C'* e *D'* essas causas de profundidade crescente, situadas atrás do objeto, e virtualmente dadas com o próprio objeto. Vemos que o progresso da atenção tem por efeito criar de novo, não apenas o objeto percebido, mas os sistemas cada vez mais vastos aos quais ele pode se associar; de sorte que, à medida que os círculos *B*, *C* e *D* representam uma expansão mais alta da memória, sua reflexão atinge em *B'*, *C'* e *D'* camadas mais profundas da realidade.

A mesma vida psicológica seria portanto repetida um número indefinido de vezes, nos estágios sucessivos da memória, e o mesmo ato do espírito poderia ser desempenhado em muitas alturas diferentes. No esforço de atenção, o espírito se dá sempre por inteiro, mas se simplifica ou se complica conforme o nível que escolhe para realizar suas evoluções. Em geral é a percepção presente que determina a orientação de nosso espírito; mas, conforme o grau de tensão que o nosso espírito adota, conforme a altura onde se coloca, essa percepção desenvolve em nós um número maior ou menor de lembranças-imagens.

Em outras palavras, enfim, as lembranças pessoais, exatamente localizadas, e cuja série desenharia o curso de nossa existência passada, constituem, reunidas, o último e maior invólucro de nossa memória. Essencialmente fugazes, elas só se materializam por acaso, seja porque uma determinação acidentalmente precisa de nossa atitude corporal as atraia, seja porque a indeterminação mesma dessa atitude deixe o campo livre ao capricho de sua manifestação. Mas esse invólucro extremo se comprime e se repete em círculos interiores e concêntricos, os quais, mais restritos, contêm as mesmas lembranças diminuídas, cada vez mais afastadas de sua forma pessoal e original, cada vez mais capazes, em sua banalidade, de se aplicar à percepção presente e de determiná-la à maneira de uma espécie englobando o indivíduo. Chega um momento em que a lembrança assim reduzida se encaixa tão bem na percepção presente que não se saberia dizer onde a percepção acaba, onde a lembrança começa. Nesse momento preciso, a memória, em vez de fazer aparecer e desaparecer caprichosamente suas representações, se pauta pelo detalhe dos movimentos corporais.

Mas, à medida que essas lembranças se aproximam mais do movimento e por isso da percepção exterior, a operação da memória adquire uma importância prática maior. As imagens passadas, reproduzidas tais e quais com todos os seus detalhes, e inclusive com sua coloração afetiva, são as imagens do devaneio ou do sonho; o que chamamos agir é precisamente fazer com que essa memória se contraia ou, antes, se aguce cada vez mais, até apresentar apenas o fio de sua lâmina à experiência onde irá penetrar. No fundo, é por não haver distinguido aqui o elemento motor da memória que ora se desconheceu, ora se exagerou o que há de automático na evocação das lembranças. Em nossa opinião, um apelo é lançado à nossa atividade no momento preciso em que nossa percepção é decomposta automaticamente em movimentos de imitação: um esboço então nos é fornecido, do qual recriamos o detalhe e a cor projetando nele lembranças mais ou menos longínquas. Mas não é assim que se costuma ver as coisas. Ora confere-se ao espírito uma autonomia absoluta; atribui-se-lhe o poder de operar sobre os objetos presentes ou ausentes a seu bel-prazer; e deste modo não se compreendem mais os distúrbios profundos da atenção e da memória capazes de acompanhar a menor perturbação do equilíbrio sensório-motor. Ora se fazem dos processos imaginativos, ao contrário, efeitos mecânicos da percepção presente; pretende-se que, por um progresso necessário e uniforme, o objeto faça surgir sensações, e as sensações idéias que se prendem a elas: então, como não há razão para que o fenômeno, inicialmente mecânico, mude de natureza no caminho, chega-se à hipótese de um cérebro onde poderiam se depositar, adormecer e despertar estados intelectuais. Num caso como no outro, se desconhece a função verdadeira do corpo, e, como não se viu em que a intervenção de um mecanismo é necessária, não se sabe mais, depois que se recorreu a ele, onde é preciso detê-lo.

Mas é hora de deixar essas generalidades. Devemos examinar se nossa hipótese é confirmada ou anulada pelos fatos conhecidos de localização cerebral. Os distúrbios da memória imaginativa que correspondem a lesões localizadas do córtex são sempre doenças do reconhecimento, seja do reconhecimento visual ou auditivo em geral (cegueira e surdez psíquicas), seja do reconhecimento das palavras (cegueira verbal, surdez verbal, etc.). Estes são portanto os distúrbios que devemos examinar.

Mas, se nossa hipótese é correta, tais lesões do reconhecimento não virão de modo algum de que as lembranças ocupavam a região lesada. Deverão resultar de duas causas: às vezes do fato de nosso corpo não ser mais capaz, em presença da excitação vinda de fora, de tomar automaticamente a atitude precisa por intermédio da qual se operaria uma seleção entre nossas lembranças, outras vezes do fato de as lembranças não encontrarem mais no corpo um ponto de aplicação, um meio de se prolongar em ação. No primeiro caso, a lesão terá a ver com os mecanismos que prolongam o estímulo recolhido em movimento automaticamente executado: a atenção não poderá mais ser fixada pelo objeto. No segundo, a lesão envolverá os centros particulares do córtex que *preparam* os movimentos voluntários fornecendo-lhes o antecedente sensorial necessário, e que são chamados, corretamente ou não, centros imaginativos: a atenção já não poderá ser fixada pelo sujeito. Mas, em ambos os casos, são movimentos atuais que serão lesados ou movimentos por vir que deixarão de ser preparados: não terá havido destruição de lembranças.

Ora, a patologia confirma essa previsão. Ela nos revela a existência de duas espécies absolutamente distintas de cegueira e surdez psíquicas, de cegueira e surdez verbais. Na primeira, as lembranças visuais ou auditivas são ainda evocadas, mas não podem mais se aplicar às percepções correspondentes. Na segunda, a própria evocação das lembranças é impedida. Refere-se efetivamente a lesão, como dizíamos, aos mecanismos sensório-motores da atenção automática no primeiro caso, aos mecanismos imaginativos da atenção voluntária no segundo? Para verificar nossa hipótese, devemos nos limitar a um exemplo preciso. Na verdade, poderíamos mostrar que o reconhecimento visual das coisas em geral, das palavras em particular, implica um processo motor semi-automático de início, depois uma projeção ativa de lembranças que se inserem nas atitudes correspondentes. Mas preferimos nos ater às impressões do ouvido, e mais particularmente à audição da linguagem articulada, porque este exemplo é o mais compreensível de todos. Ouvir a palavra falada, com efeito, é primeiramente reconhecer seu som, em seguida identificar seu sentido, e finalmente buscar, mais ou menos longe, sua interpretação: em suma, é passar por todos os graus da atenção e exercer várias capacidades sucessivas da memória. Além disso, não há distúrbios mais freqüentes nem melhor estudados que os da memória auditiva das palavras. Enfim, a abolição das imagens verbais acústicas sempre é acompanhada da lesão grave de certas circunvoluções determinadas do córtex: um exemplo indiscutível de localização nos será então fornecido, sobre o qual poderemos nos perguntar se o cérebro é realmente capaz de armazenar lembranças. Devemos portanto mostrar no reconhecimento auditivo das palavras: 1) um processo automático sensório-motor; 2) uma projeção ativa e, por assim dizer, excêntrica de lembranças-imagens.

1) Ouço duas pessoas conversando numa língua desconhecida. Isto é suficiente para que eu as escute? As vibrações que chegam a mim são as mesmas que atingem seus ouvidos. No entanto não percebo mais do que um ruído confuso em que todos os sons se assemelham. Não distingo nada e não poderia repetir nada. Nessa mesma massa sonora, ao contrário, os dois interlocutores reconhecem consoantes, vogais e sílabas que se assemelham pouco, enfim, palavras distintas. Entre eles e mim, onde está a diferença?

A questão é saber de que modo o conhecimento de uma língua, que não passa de lembrança, pode modificar a materialidade de uma percepção presente, e fazer com que uns ouçam o que outros, nas mesmas condições físicas, não ouvem. Supõe-se, é verdade, que as lembranças auditivas das palavras, acumuladas na memória, respondem aqui ao apelo das impressões sonoras e vêm reforçar seu efeito. Mas, se a conversação que escuto não é para mim mais que um ruído, tanto faz que o som seja reforçado. O ruído, sendo mais forte, nem por isso será mais claro. Para que a lembrança da palavra se deixe evocar pela palavra escutada, é preciso ao menos que o ouvido ouça a palavra. De que maneira os sons percebidos irão falar à memória, de que maneira irão escolher, no armazém das imagens auditivas, aquelas que devem colocar-se sobre eles, se já não tiverem sido separados, distinguidos, percebidos, enfim, como sílabas e como palavras?

Essa dificuldade não parece ter preocupado suficientemente os teóricos da afasia sensorial. Na surdez verbal, com efeito, o doente se encontra, com relação à sua própria língua, na mesma situação em que nós próprios nos encontramos quando ouvimos falar uma língua desconhecida. Geralmente ele conservou intacto o sentido da audição, mas não compreende nada das palavras que ouve pronunciar, e freqüentemente inclusive nem chega a distingui-las. Acredita-se ser suficiente para explicar esse estado dizer que as lembranças auditivas das palavras são destruídas no córtex, ou que uma lesão, ora transcortical, ora subcortical, impede a lembrança auditiva de evocar a idéia, ou a percepção de unir-se à lembrança. Mas, para o último caso pelo menos, a questão psicológica permanece intacta: qual é o processo consciente que a lesão aboliu, e por intermédio de que se opera em geral o discernimento das palavras e das sílabas, dadas inicialmente ao ouvido como uma continuidade sonora?

A dificuldade seria insuperável se tivéssemos realmente que nos ocupar apenas com impressões auditivas, de um lado, com lembranças auditivas, de outro. O mesmo não aconteceria se as impressões auditivas organizassem movimentos nascentes, capazes de escandir a frase ouvida e de marcar suas principais articulações. Esses movimentos automáticos de acompanhamento interior, inicialmente confusos e mal coordenados, superariam cada vez melhor as dificuldades ao se repetirem; acabariam por desenhar uma figura simplificada, na qual a pessoa que escuta reconheceria, em suas linhas gerais e direções principais, os próprios movimentos da pessoa que fala. Assim se desenvolveria em nossa consciência, sob a forma de sensações musculares nascentes, o que chamaremos de *esquema motor* da palavra escutada. Adaptar o ouvido aos elementos de uma língua nova não consistiria então nem em modificar o som bruto, nem em acrescentar-lhe uma lembrança; seria coordenar as tendências motoras dos músculos da voz às impressões do ouvido, seria aperfeiçoar o acompanhamento motor.

Para aprender um exercício físico, começamos por imitar o movimento em seu conjunto, tal como nossos olhos o vêem de fora, tal como acreditamos vê-lo executar-se. Nossa percepção dele foi confusa: confuso será o movimento que procura repeti-lo. Mas, enquanto nossa percepção visual era a de um todo *contínuo*, o movimento pelo qual buscamos reconstituir sua imagem é composto de uma infinidade de contrações e tensões musculares; e a consciência que temos dele compreende, ela própria, sensações múltiplas, provenientes do jogo variado das articulações. O movimento confuso que imita a imagem já contém portanto sua decomposição virtual; ele traz em si, por assim dizer, o meio de se analisar. O progresso que resultará da repetição e do exercício consistirá simplesmente em desembaraçar o que estava inicialmente enredado, em dar a cada um dos movimentos elementares essa *autonomia* que garante a precisão, embora conservando-lhe a *solidariedade* com os outros, sem a qual se tornaria inútil. É correto afirmar que o hábito se adquire pela repetição do esforço; mas para que serviria o esforço repetido, se ele reproduzisse sempre a mesma coisa? A repetição tem por verdadeiro efeito *decompor* em primeiro lugar, *recompor* em seguida, e deste modo falar à inteligência do corpo. Ela desenvolve, a cada nova tentativa, movimentos enredados; a cada vez chama a atenção do corpo para um novo detalhe que havia passado despercebido, faz com que ele separe e classifique; acentua-lhe o essencial; reconhece uma a uma, no movimento total, as linhas que fixam sua estrutura interior. Neste sentido, um movimento é aprendido tão logo o corpo o compreendeu.

É assim que um acompanhamento motor da palavra escutada romperia a continuidade dessa massa sonora. Resta saber em que consiste esse acompanhamento. Seria a fala mesma, reproduzida interiormente? Mas então a criança saberia repetir todas as palavras que seu ouvido distingue; e a nós mesmos bastaria compreender uma língua estrangeira para pronunciá-la com o acento correto. As coisas estão longe de ser assim tão simples. Posso perceber uma melodia, acompanhar seu desenho, fixá-la inclusive em minha memória, e não saber cantá-la. Distingo sem dificuldade particularidades de inflexão e de entonação num inglês falando alemão – corrijo-o portanto interiormente; – isso não quer dizer que eu daria a inflexão e a entonação corretas à frase alemã se eu falasse. Os fatos clínicos, aliás, confirmam aqui a observação diária. Pode-se ainda acompanhar e compreender a fala quando se ficou incapacitado de falar. A afasia motora não implica a surdez verbal.

Isto porque o esquema, por meio do qual escandimos a palavra escutada, marca apenas seus contornos principais. Esse esquema está para a fala assim como o croqui para o quadro acabado. Uma coisa, com efeito, é compreender um movimento difícil, outra é poder executá-lo. Para compreendê-lo, basta perceber o essencial, o suficiente para distingui-lo dos outros movimentos possíveis. Mas para saber executá-lo é preciso também que o corpo tenha compreendido. Ora, a lógica do corpo não admite os subentendidos. Ela exige que todas as partes constitutivas do movimento pedido sejam mostradas uma a uma, e depois recompostas juntamente. Uma análise *completa* torna-se aqui necessária, sem negligenciar nenhum detalhe, acompanhada de uma síntese *atual* em que não se abrevia nada. O esquema imaginativo, composto de algumas sensações musculares nascentes, era apenas um esboço. As sensações musculares real e completamente experimentadas dão-lhe o colorido e a vida.

Resta saber de que modo um acompanhamento desse tipo poderia se produzir, e se ele se produz sempre em realidade. Sabe-se que a pronúncia efetiva de uma palavra exige a intervenção simultânea da língua e dos lábios para a articulação, da laringe para a fonação, e finalmente dos músculos torácicos para a produção da corrente de ar expiatória. A cada sílaba pronunciada corresponde portanto a entrada em jogo de um conjunto de mecanismos, inteiramente comandados nos centros medulares e bulbares. Esses mecanismos estão ligados aos centros superiores do córtex pelos prolongamentos cilindro-axiais (axônios) das células piramidais da zona psicomotora; é ao longo dessas vias que segue o impulso da vontade. Assim, conforme queiramos articular um som ou outro, transmitimos a ordem de agir a este ou aquele mecanismo motor. Mas, se os mecanismos inteiramente comandados que respondem aos diversos movimentos possíveis de articulação e de fonação estão em relação com as causas, quaisquer que sejam, que os acionam na fala voluntária, há fatos que colocam fora de dúvida a comunicação desses mesmos mecanismos com a percepção auditiva das palavras. Entre as numerosas variedades de afasia descritas pelos clínicos, sabe-se de pelo menos duas delas (4.ª e 6.ª formas de Lichtheim) que parecem indicar uma relação desse tipo. Assim, num caso observado pelo próprio Lichtheim, o paciente, após uma queda, havia perdido a memória da articulação das palavras e, em conseqüência, a capacidade de falar espontaneamente; ele repetia no entanto com a maior correção o que diziam[39]. Por outro lado, em casos em que a fala espontânea está intacta, mas nos quais a surdez verbal é absoluta, o doente não compreendendo mais nada do que lhe é dito, a faculdade de repetir a fala de outrem pode ainda ser inteiramente conservada[40]. Dir-se-á, com Bastian, que tais fenômenos testemunham simplesmente uma preguiça da memória articula-

---

39. Lichtheim, "On Aphasia" (*Brain*, janeiro de 1885, p. 447).
40. *Ibid.*, p. 454.

tória ou auditiva das palavras, as impressões acústicas limitando-se a despertar essa memória de seu torpor?[41] Essa hipótese, da qual aliás voltaremos a falar, não nos parece dar conta dos fenômenos bastante curiosos de ecolalia assinalados há tempos por Romberg[42], Voisin[43], Winslow[44], e que Kussmaul qualificou, sem dúvida com certo exagero, de reflexos acústicos[45]. Aqui o paciente repete maquinalmente, e talvez inconscientemente, as palavras ouvidas, como se as sensações auditivas se convertessem espontaneamente em movimentos articulatórios. Partindo daí, alguns supuseram um mecanismo especial que ligaria um centro acústico das palavras a um centro articulatório de fala[46]. A verdade parece situar-se no meio dessas duas hipóteses: há, nesses diversos fenômenos, mais do que ações absolutamente mecânicas, porém menos do que um apelo à memória voluntária; eles testemunham uma *tendência* das impressões verbais auditivas a se prolongarem em movimentos de articulação, tendência que seguramente não escapa ao controle habitual de nossa vontade, que talvez implique inclusive um discernimento ru-

---

41. Bastian, "On Different Kinds of Aphasia" (*British Medical Journal*, out. e nov. de 1887, p. 935).

42. Romberg, *Lehrbuch der Nervenkrankheiten*, 1853, t. II.

43. Citado por Bateman, *On Aphasia*, Londres, 1890, p. 79. – Cf. Marcé, "Mémoire sur quelques observations de physiologie pathologique" (*Mém. de la Soc. de Biologie*, 2.ª série, t. III, p. 102).

44. Winslow, *On Obscure Diseases of the Brain*, Londres, 1861, p. 505.

45. Kussmaul, *Les troubles de la parole*, Paris, 1884, pp. 69 ss.

46. Arnaud, "Contribution à l'étude clinique de la surdité verbale" (*Arch. de Neurologie*, 1886, p. 192). – Spamer, "Über Asymbolie" (*Arch. f. Psychiatrie*, t. VI, pp. 507 e 524).

dimentar, e que se traduz, no estado normal, por uma repetição interior daquilo que sobressai na fala ouvida. Ora, nosso esquema motor não se comporta de outra forma.

Aprofundando essa hipótese, encontraríamos talvez a explicação psicológica que pedíamos há pouco de certas formas de surdez verbal. Sabe-se de alguns casos de surdez verbal com sobrevivência integral das lembranças acústicas. O doente conservou intactos tanto a lembrança auditiva das palavras como o sentido da audição; não reconhece porém nenhuma das palavras que ouve pronunciar[47]. Supõe-se aqui uma lesão subcortical que impediria as impressões acústicas de encontrar as imagens verbais auditivas nos centros do córtex onde elas estariam depositadas. Mas, em primeiro lugar, a questão é precisamente saber se o cérebro é capaz de armazenar imagens; e, depois, a própria constatação de uma lesão nas vias condutoras da percepção não nos dispensaria de buscar a interpretação psicológica do fenômeno. Por hipótese, as lembranças auditivas podem, efetivamente, ser chamadas de volta à consciência; por hipótese também, as impressões auditivas chegam à consciência: deve haver portanto, na própria consciência, uma lacuna, uma solução de continuidade, alguma coisa enfim que se oponha à junção da percepção e da lembrança. Ora, o fato se esclarecerá se notarmos que a percepção auditiva bruta é efetivamente a de uma continuidade sonora, e que as conexões sensório-motoras estabelecidas pelo hábito devem ter por função,

---

47. Ver em particular: P. Sérieux, "Sur un cas de surdité verbale pure" (*Revue de médecine*, 1893, pp. 733 ss.); Lichtheim, *art. cit.*, p. 461; e Arnaud, "Contrib. à l'étude de la surdité verbale" (2.º artigo) (*Arch. de neurologie*, 1886, p. 366).

no estado normal, decompô-la: uma lesão desses mecanismos conscientes, impedindo que a decomposição se realize, deteria nitidamente o fluxo das lembranças que tendem a se colocar sobre as percepções correspondentes. Portanto, é sobre o "esquema motor" que poderia incidir a lesão. Que se passem em revista os casos, bastante raros aliás, de surdez verbal com conservação das lembranças acústicas: notar-se-ão, acreditamos, certos detalhes característicos a esse respeito. Adler aponta como um fato notável na surdez verbal que os doentes não reajam mais aos ruídos, mesmo intensos, embora sua audição conserve a maior acuidade[48]. Em outras palavras, o som não encontra mais neles seu eco motor. Um doente de Charcot, acometido de surdez verbal passageira, conta que ouvia perfeitamente o timbre de seu relógio de pêndulo, mas que seria incapaz de contar as batidas das horas[49]. Portanto ele não conseguia, provavelmente, separá-las e distingui-las. Um outro doente dirá que percebe as palavras da conversa, mas como um ruído confuso[50]. Enfim, o paciente que perdeu a compreensão da fala ouvida a recupera se lhe repetirem a palavra várias vezes e sobretudo se a pronunciarem escandindo sílaba por sílaba[51]. Esse último fato, constatado em vários casos absolutamente nítidos de sur-

---

48. Adler, "Beitrag zur Kenntniss der seltneren Formen von sensorischer Aphasie" (*Neurol. Centralblatt*, 1891, pp. 296-7).
49. Bernard, *De l'aphasie*, Paris, 1889, p. 143.
50. Ballet, *Le langage intérieur*, Paris, 1888, p. 85 (Félix Alcan, ed.).
51. Ver os três casos citados por Arnaud nos *Archives de neurologie*, 1886, pp. 366 ss. ("Contr. clinique à l'étude de la surdité verbale", 2º artigo). – Cf. o caso de Schmidt, "Gehörs-und Sprachstörung in Folge von Apoplexie" (*Allg. Zeitschr. f. Psychiatrie*, 1871, t. XXVII, p. 304).

dez verbal com conservação das lembranças acústicas, não é particularmente significativo?

O erro de Stricker[52] foi acreditar numa repetição interior integral da palavra ouvida. Sua tese seria já refutada pelo simples fato de que não se conhece um único caso de afasia motora tendo ocasionado surdez verbal. Mas todos os fatos coincidem em demonstrar a existência de uma tendência motora para desarticular os sons, para estabelecer seu esquema. Essa tendência automática é sempre acompanhada aliás – dizíamos antes – de um certo trabalho intelectual rudimentar: senão, como haveríamos de identificar, e conseqüentemente acompanhar com o mesmo esquema, palavras semelhantes pronunciadas em alturas diferentes com timbres de voz diferentes? Esses movimentos interiores de repetição e reconhecimento são como um prelúdio à atenção voluntária. Assinalam o limite entre a vontade e o automatismo. Através deles se preparam e se decidem, conforme já havíamos sugerido, os fenômenos característicos do reconhecimento intelectual. Mas o que vem a ser esse reconhecimento completo, chegado à plena consciência de si mesmo?

2) Vamos abordar a segunda parte deste estudo: dos movimentos passamos às lembranças. O reconhecimento atento, dizíamos, é um verdadeiro *circuito*, em que o objeto exterior nos entrega partes cada vez mais profundas de si mesmo à medida que nossa memória, simetricamente colocada, adquire uma tensão mais alta para projetar nele suas lembranças. No caso particular que nos ocupa, o

---

52. Stricker, *Du langage et de la musique*, Paris, 1885.

objeto é um interlocutor cujas idéias se manifestam em sua consciência como representações auditivas, para se materializarem em seguida como palavras pronunciadas. Será preciso portanto, se é verdade o que dizemos, *que o ouvinte se coloque de saída entre idéias correspondentes*, e as desenvolva como representações auditivas que irão recobrir os sons brutos percebidos, encaixando-se elas mesmas no esquema motor. Acompanhar um cálculo é refazê-lo por conta própria. Compreender a fala de outrem consistiria do mesmo modo em reconstituir inteligentemente, isto é, partindo das idéias, a continuidade dos sons que o ouvido percebe. E, de uma maneira mais geral, prestar atenção, reconhecer com inteligência, interpretar, constituiriam uma única e mesma operação pela qual o espírito, tendo fixado seu nível, tendo escolhido em si mesmo, com relação às percepções brutas, o ponto simétrico de sua causa mais ou menos próxima, deixaria escoar para essas percepções as lembranças que as irão recobrir.

Apressemo-nos em dizer que não é deste modo que se consideram geralmente as coisas. Nossos hábitos associacionistas estão aí, fazendo com que nos representemos sons que evocariam por contigüidade lembranças auditivas, e as lembranças auditivas, idéias. Depois, há as lesões cerebrais, que parecem ocasionar o desaparecimento das lembranças: mais particularmente, no caso que nos ocupa, poder-se-ão invocar as lesões características da surdez verbal cortical. Assim, a observação psicológica e os fatos clínicos parecem estar de acordo. Haveria, em forma de modificações físico-químicas das células, por exemplo, representações auditivas adormecidas no córtex: um estímulo vindo de fora as desperta, e por um processo intracerebral, talvez por movimentos transcorticais que vão buscar as representações complementares, elas evocam idéias.

Que se reflita porém nas estranhas conseqüências de uma hipótese desse tipo. A imagem auditiva de uma palavra não é um objeto com contornos definidamente estabelecidos, pois a mesma palavra, pronunciada por vozes diferentes ou pela mesma voz em diferentes alturas, produz sons diferentes. Portanto haverá tantas lembranças auditivas de uma palavra quantas houver de alturas de som e timbres de voz. Todas essas imagens irão se amontoar no cérebro? Ou, se o cérebro escolher, qual delas irá preferir? Admitamos no entanto que ele tenha suas razões para escolher uma delas: de que modo essa mesma palavra, pronunciada por uma outra pessoa, irá juntar-se a uma lembrança da qual ela difere? Assinalemos, com efeito, que essa lembrança é, por hipótese, algo inerte e passivo, incapaz portanto de captar, sob diferenças exteriores, uma similitude interna. Fala-se da imagem auditiva da palavra como se fosse uma entidade ou um tipo: esse tipo existe, sem dúvida nenhuma, para uma memória ativa que esquematize a semelhança dos sons complexos; mas, para um cérebro que não registra nem pode registrar senão a materialidade dos sons percebidos, haverá da mesma palavra milhares e milhares de imagens distintas. Pronunciada por uma nova voz, essa palavra irá formar uma imagem nova que se acrescentará pura e simplesmente às outras.

Mas eis algo não menos embaraçoso. Uma palavra só tem individualidade, para nós, a partir do momento em que somos ensinados a abstraí-la. Não são palavras que aprendemos a pronunciar em primeiro lugar, mas frases. Uma palavra anastomosa-se sempre com as que a acompanham, e, conforme o andamento e o movimento da frase de que ela faz parte integrante, assume aspectos diferentes: do mesmo modo, cada nota de um tema melódico reflete vagamente o tema inteiro. Admitamos portanto que haja lembranças auditivas modelos, figuradas por certos dispositivos intracerebrais, e aguardando a passagem das impressões sonoras: essas impressões irão passar sem ser reconhecidas. Com efeito, onde estará a medida comum, o ponto de contato entre a imagem seca, inerte, isolada, e a realidade viva da palavra que se organiza com a frase? Compreendo muito bem esse começo de reconhecimento automático que consistiria, como vimos antes, em sublinhar as principais articulações desta frase, em adotar assim seu movimento. Mas, a menos que se suponha em todos os homens vozes idênticas pronunciando no mesmo tom as mesmas frases estereotipadas, não vejo como as palavras ouvidas iriam juntar-se às suas imagens no córtex cerebral.

No caso de haver de fato lembranças depositadas nas células do córtex, irá constatar-se, na afasia sensorial por exemplo, a perda irreparável de algumas palavras determinadas, a conservação integral das outras. Na verdade, não é isso que ocorre. Ora é a totalidade das lembranças que desaparece, a faculdade de audição mental sendo completamente abolida, ora assiste-se a um debilitamento geral dessa função; mas é geralmente a função que é diminuída, e não o número das lembranças. Como se o doente não tivesse mais a força de recuperar suas lembranças acústicas, como se girasse em torno da imagem verbal sem conseguir colocar-se sobre ela. Freqüentemente, para fazer com que ele recupere uma palavra, basta colocá-lo no caminho, indicando-lhe a primeira sílaba[53], ou simplesmente encorajando-o[54]. Uma emoção poderá produzir o mesmo efeito[55]. Todavia apresentam-se casos em que se percebe bem que são grupos de representações determinadas que se apagam da memória. Examinamos um grande número desses casos, e nos pareceu possível dividi-los em duas categorias absolutamente definidas. Na primeira, a perda das lembranças é geralmente repentina; na segunda, é progressiva. Na primeira, as lembranças desligadas da memória são quaisquer, escolhidas arbitrária e mesmo *caprichosamente*: podem ser certas palavras, certos números, ou inclusive, muitas vezes, todas as palavras de uma língua aprendida. Na segunda, as palavras seguem, para desaparecer, uma ordem metódica e gramatical, a mesma indicada pela lei de Ribot: os nomes próprios desaparecem em primeiro lugar, depois os nomes comuns, e finalmente os verbos[56]. Eis as diferenças exteriores. Vejamos agora o que, para nós, é a diferença interna. Nas amnésias do primeiro tipo, quase todas consecutivas a um choque violento, nós nos inclinaríamos a pensar que as lembranças aparentemente abolidas estão na realidade presentes, e não apenas presentes mas atuantes. Para dar um exemplo bas-

---

53. Bernard, *op. cit.*, pp. 172 e 179. Cf. Babilée, *Les troubles de la mémoire dans l'alcoolisme*, Paris, 1886 (tese de medicina), p. 44.

54. Rieger, *Beschreibung der Intelligenzstörungen in Folge einer Hirnverleizung*, Würzburg, 1889, p. 35.

55. Wernicke, *Der aphasische Symptomencomplex*, Breslau, 1874, p. 39. – Cf. Valentin, "Sur un cas d'aphasie d'origine traumatique" (*Rev. médicale de l'Est*, 1880, p. 171).

56. Ribot, *Les maladies de la mémoire*, Paris, 1881, pp. 131 ss. (Félix Alcan, ed.).

tante conhecido de Winslow[57], o do paciente que havia esquecido a letra F, e a letra F apenas, perguntamo-nos se é possível fazer abstração de uma letra determinada onde quer que ela se encontre, desligá-la portanto das palavras faladas ou escritas às quais está fortemente aderida, se primeiramente não houve um reconhecimento implícito dessa letra. Num outro caso citado pelo mesmo autor[58], o paciente havia esquecido línguas que aprendera e também poemas que escrevera. Restabelecendo-se, ele conseguiu aos poucos refazer os mesmos versos. É comum ocorrer aliás, em semelhante caso, uma restauração integral das lembranças desaparecidas. Sem querermos nos pronunciar muito categoricamente sobre uma questão desse gênero, não podemos deixar de perceber uma analogia entre tais fenômenos e as cisões da personalidade descritas por Pierre Janet[59]: o que acabamos de citar assemelha-se espantosamente a essas "alucinações negativas" e "sugestões com ponto de referência" induzidas pelos hipnotizadores[60]. – Bem diferentes são as afasias do segundo tipo, as afasias verdadeiras. Elas devem-se, como procuraremos mostrar em seguida, à diminuição progressiva de

---

57. Winslow, *On Obscure Diseases of the Brain*, Londres, 1861.

58. *Ibid.*, p. 372.

59. Pierre Janet, *État mental des hystériques*, Paris, 1894, II, pp. 263 ss. – Cf., do mesmo autor, *L'automatisme psychologique*, Paris, 1889.

60. Ver o caso de Grashey, estudado novamente por Sommer, e que este último declara inexplicável no estado atual das teorias da afasia. Nesse exemplo, os movimentos executados pelo paciente têm toda a aparência de serem *sinais* dirigidos a uma memória independente. (Sommer, *Zur Psychologie der Sprache, Zeitschr. f. Psychol. u. Physiol. der Sinnesorgane*, t. II, 1891, pp. 143 ss. – Cf. a comunicação de Sommer ao Congresso dos alienistas alemães, *Arch. de neurologie*, t. XXIV, 1892.)

uma função bem localizada, a faculdade de atualizar as lembranças de palavras. Como explicar que a amnésia siga aqui uma evolução metódica, começando pelos nomes próprios e acabando pelos verbos? Dificilmente compreenderíamos esse processo se as imagens verbais realmente se depositassem nas células do córtex: não seria estranho, com efeito, que a doença afetasse sempre essas células na mesma ordem?[61] Mas o fato se esclarecerá se se admitir, conosco, que as lembranças, para se atualizarem, têm necessidade de um coadjuvante motor, e que elas exigem, para serem chamadas à memória, uma espécie de atitude mental inserida, ela própria, numa atitude corporal. Com isso os verbos, cuja essência é exprimir *ações imitáveis*, são precisamente as palavras que um esforço corporal nos permitirá alcançar quando a função da linguagem estiver prestes a se perder: ao contrário, os nomes próprios, sendo de todas as palavras as mais afastadas dessas ações impessoais que nosso corpo é capaz de esboçar, são aquelas que um debilitamento da função atingiria em primeiro lugar. Assinalemos o fato singular de que um afásico, normalmente incapacitado de localizar o substantivo que busca, irá substituí-lo por uma perífrase onde entram outros substantivos[62], e às vezes o próprio substantivo rebelde: não podendo pensar a palavra exata, ele pensou a ação correspondente, e essa atitude determinou a direção geral de um movimento de onde a frase saiu. É deste modo que nos acontece, tendo retido a inicial de um nome esquecido, de reencontrar o nome à força

---

61. Wundt, *Psychologie physiologique*, t. I, p. 239.
62. Bernard, *De l'aphasie*, Paris, 1889, pp. 171 e 174.

de pronunciar a inicial[63]. – Assim nos fatos do segundo tipo de afasia, é a função que é atingida em seu conjunto, e nos do primeiro tipo o esquecimento, aparentemente mais nítido, não deve jamais ser definitivo em realidade. Em nenhum dos dois casos encontramos lembranças localizadas em células determinadas da substância cerebral, e que uma destruição dessas células aboliria.

Mas interroguemos nossa consciência. Perguntemos a ela o que se passa quando escutamos a fala de outrem com a noção de compreendê-la. Aguardamos, passivos, que as impressões saiam em busca de suas imagens? Não sentimos antes que nos colocamos numa certa disposição, variável com o interlocutor, variável com a língua que ele fala, com o tipo de idéias que exprime e sobretudo com o movimento geral de sua frase, como se começássemos por adequar o tom de nosso trabalho intelectual? O esquema motor, acentuando as entonações de meu interlocutor, acompanhando a curva de seu pensamento em todas as suas sinuosidades, indica ao meu pensamento o caminho. Ele é o recipiente vazio que determina, por sua forma, a forma da massa fluida que nele se precipita.

Haverá relutância em compreender deste modo o mecanismo da interpretação, por causa da invencível tendência que nos leva a pensar, em qualquer ocasião, antes em *coisas* do que em *progressos*. Dissemos que partíamos da idéia, e que a desenvolvíamos em lembranças-imagens auditivas capazes de se inserir no esquema motor para

---

63. Graves cita o caso de um doente que havia esquecido todos os nomes mas se lembrava de sua inicial, e conseguia deste modo recuperá-los. (Citado por Bernard, *De l'aphasie*, p. 179.)

recobrir os sons ouvidos. Existe aí um progresso contínuo pelo qual a nebulosidade da idéia se condensa em imagens auditivas distintas, as quais, fluidas ainda, irão finalmente se solidificar em sua coalescência com os sons materialmente percebidos. Em nenhum momento pode-se afirmar com precisão que a idéia ou que a imagem-lembrança acaba, que a imagem-lembrança ou que a sensação começa. De fato, onde está a linha de demarcação entre a confusão dos sons percebidos em massa e a clareza que as imagens auditivas rememoradas acrescentam aí, entre a descontinuidade dessas próprias imagens rememoradas e a continuidade da idéia original que elas dissociam e refratam em palavras distintas? Mas o pensamento científico, ao analisar esta série ininterrupta de mudanças e cedendo a uma irresistível necessidade de figuração simbólica, detém e solidifica em coisas acabadas as principais fases dessa evolução. Institui os sons brutos escutados em palavras separadas e completas, e a seguir as imagens auditivas rememoradas em entidades independentes da idéia que desenvolvem: estes três termos, percepção bruta, imagem auditiva e idéia, irão formar assim totalidades distintas, cada uma delas bastando-se a si mesma. Em vez de ater-se à experiência pura e partir da idéia, já que as lembranças auditivas devem a ela sua soldadura e já que os sons brutos, por sua vez, só se completam através das lembranças, não se vê inconveniente, quando se completou arbitrariamente o som bruto e também arbitrariamente se soldaram as lembranças, em inverter a ordem natural das coisas, em afirmar que vamos da percepção às lembranças e das lembranças à idéia. Mas, de uma forma ou outra, num momento ou noutro, será preciso restabelecer a continuidade rompida dos três termos. Irá supor-se que esses três termos, alojados em porções distintas do bulbo e do córtex, mantêm comunicações entre si, as percepções indo despertar as lembranças auditivas, e estas, por sua vez, dirigindo-se às idéias. Como se solidificaram em termos independentes as fases principais do desenvolvimento, materializa-se agora em linhas de comunicação ou em movimentos de impulsão o próprio desenvolvimento. Mas não é impunemente que se terá assim invertido a ordem verdadeira e, por uma conseqüência necessária, introduzido em cada termo da série elementos que só se realizam depois dele. Também não é impunemente que se terá fixado em termos distintos e independentes a continuidade de um progresso indiviso. Esse modo de representação será suficiente talvez enquanto estritamente limitado aos fatos que serviram para inventá-lo: mas cada fato novo obrigará a complicar a figura, a intercalar ao longo do movimento estações novas, sem que jamais essas estações justapostas cheguem a reconstituir o próprio movimento.

Nada de mais instrutivo, a esse respeito, que a história dos "esquemas" da afasia sensorial. Num primeiro período, marcado pelos trabalhos de Charcot[64], Broadbent[65], Kussmaul[66] e Lichtheim[67], prevalece a hipótese de um

---

64. Bernard, *De l'aphasie*, p. 37.
65. Broadbent, "A Case of Peculiar Affection of Speech" (*Brain*, 1879, p. 494).
66. Kussmaul, *Les troubles de la parole*, Paris, 1884, p. 234.
67. Lichtheim, "On Aphasia" (*Brain*, 1885). Convém notar no entanto que Wernicke, o primeiro a estudar sistematicamente a afasia sensorial, abstinha-se de um centro de conceitos (*Der aphasische Symptomencomplex*, Breslau, 1874).

"centro ideacional", ligado, por vias transcorticais, aos diversos centros da fala. Mas este centro das idéias rapidamente foi invalidado pela análise. Com efeito, enquanto a fisiologia cerebral conseguia localizar cada vez melhor sensações e movimentos, jamais idéias, a diversidade das afasias sensoriais obrigava os clínicos a dissociar o centro intelectual em centros imaginativos de complexidade crescente, centro das representações visuais, centro das representações táteis, centro das representações auditivas, etc. – e, mais ainda, a cindir às vezes em duas vias diferentes, uma ascendente e outra descendente, o caminho que faria com que eles se comunicassem dois a dois[68]. Tal foi o traço característico dos esquemas do período ulterior, os de Wysman[69], Moeli[70], Freud[71], etc. Assim a teoria complicava-se cada vez mais, sem conseguir no entanto abarcar a complexidade do real. E mais: à medida que os esquemas complicavam-se, eles indicavam e deixavam supor a possibilidade de lesões que, por serem certamente mais diversas, deviam ser ainda mais especiais e mais simples, a complicação do esquema resultando precisamen-

---

68. Bastian, "On Different Kinds of Aphasia" (*British Medical Journal*, 1887). – Cf. a explicação (indicada apenas como possível) da *afasia óptica* por Bernheim: "De la cécité psychique des choses" (*Revue de Médecine*, 1885).

69. Wysman, "Aphasie und verwandte Zustände" (*Deutsches Archiv für klinische Medicin*, 1890). – Magnan já havia aliás tomado esse caminho, como o indica o esquema de Skwortzoff, *De la cécité des mots* (tese de medicina, 1881, pl. I).

70. Moeli, "Über Aphasie bei Wahrnehmung der Gegenstände durch das Gesicht" (*Berliner klinische Wochenschrift*, 28 de abril de 1890).

71. Freud, *Zur Auffassung der Aphasien*, Leipzig, 1891.

te na dissociação de centros que haviam sido inicialmente confundidos. Ora, a experiência estava longe de dar razão aqui à teoria, já que ela mostrava quase sempre, parcialmente e diversamente reunidas, várias dessas le-sões psicológicas simples que a teoria isolava. Ficando, assim, destruída por si mesma a complicação das teorias da afasia, não é de espantar que a patologia atual, cada vez mais crítica em relação a esquemas, volte pura e simplesmente à descrição dos fatos.[72]

Mas como poderia ser de outro modo? Ao ouvirmos certos teóricos da afasia sensorial, acreditaríamos que eles jamais consideraram de perto a estrutura de uma frase. Raciocinam como se uma frase se compusesse de nomes que vão evocar imagens de coisas. O que vêm a ser essas diversas partes do discurso cuja função é justamente estabelecer entre as imagens relações e nuances de todo tipo? Dirá você que cada uma dessas palavras exprime e evoca uma imagem material, mais confusa certamente, mas determinada? Pense então na quantidade de relações diferentes que a mesma palavra pode exprimir conforme o lugar que ocupa e os termos que une! Alegará você que isso são refinamentos de uma língua já bastante aperfeiçoada, e que uma linguagem é possível com nomes concretos destinados a fazer surgir imagens de coisas? Aceito sem maiores problemas; mas, quanto mais a língua de que você me fala for primitiva e desprovida de termos que exprimem relação, tanto mais você deverá dar lugar à atividade de meu espírito, uma vez que ele é obrigado

---

72. Sommer, "Communication à un congrès d'alienistes" (*Arch. de neurologie*, t. XXIV, 1892).

a estabelecer relações que não estão expressas: ou seja, você terá que abandonar a hipótese segundo a qual cada imagem iria conectar-se com sua idéia. A bem da verdade, existe aí apenas uma questão de grau: refinada ou grosseira, uma língua subentende muito mais coisas do que é capaz de exprimir. Essencialmente descontínua, já que procede por palavras justapostas, a fala limita-se a assinalar, a intervalos regulares, as principais etapas do movimento do pensamento. Por isso compreenderei sua fala se eu partir de um pensamento análogo ao seu para acompanhar-lhe as sinuosidades com o auxílio de imagens verbais destinadas, à maneira de letreiros, a mostrar-me de tempos em tempos o caminho. Mas não a compreenderei jamais se partir das próprias imagens verbais, porque entre duas imagens verbais consecutivas há um intervalo que nenhuma representação concreta conseguiria preencher. As imagens, com efeito, serão sempre coisas, e o pensamento é um movimento.

Portanto é em vão que se tratam imagens-lembranças e idéias como coisas acabadas, às quais se atribui a seguir um lugar em centros problemáticos. Por mais que se disfarce a hipótese sob uma linguagem tomada de empréstimo à anatomia e à fisiologia, ela não é mais que a concepção associacionista da vida do espírito; leva em conta apenas a tendência constante da inteligência discursiva a separar todo progresso em *fases* e a solidificar em seguida essas fases em *coisas*; e, como ela nasceu, *a priori*, de uma espécie de preconceito metafísico, não consegue nem acompanhar o movimento da consciência nem simplificar a explicação dos fatos.

Mas devemos seguir essa ilusão até o ponto preciso em que ela resulta numa contradição manifesta. Dizíamos que as idéias, as lembranças puras, chamadas do fundo da memória, desenvolvem-se em lembranças-imagens cada vez mais capazes de se inserirem no esquema motor. À medida que essas lembranças adquirem a forma de uma representação mais completa, mais concreta e mais consciente, elas tendem a se confundir com a percepção que as atrai ou cujo quadro elas adotam. Portanto, não há nem pode haver no cérebro uma região onde as lembranças se fixem e se acumulem. A pretensa destruição das lembranças pelas lesões cerebrais não é mais que uma interrupção do progresso contínuo através do qual a lembrança se atualiza. E, conseqüentemente, se quisermos à força localizar as lembranças auditivas das palavras, por exemplo, num ponto determinado do cérebro, seremos levados, por razões de igual valor, a distinguir este centro imaginativo do centro perceptivo ou a confundir os dois centros. Ora, é precisamente isto que a experiência verifica.

Notemos, com efeito, a singular contradição a que essa teoria é conduzida pela análise psicológica, de um lado, e pelos fatos patológicos, de outro. Por um lado, pensa-se, se a percepção uma vez efetuada permanece no cérebro em estado de lembrança armazenada, isso só é possível como uma disposição adquirida dos próprios elementos que a percepção impressionou: de que maneira, em que momento preciso, iria ela buscar outros? É a essa solução natural, com efeito, que chegam Bain[73] e Ribot[74].

---

73. Bain, *Les sens et l'intelligence*, p. 304. – Cf. Spencer, *Principes de psychologie*, t. I, p. 483.

74. Ribot, *Les maladies de la mémoire*, Paris, 1881, p. 10.

Mas por outro lado a patologia está aí, advertindo-nos de que a totalidade das lembranças de um certo tipo pode nos escapar, embora a faculdade correspondente de perceber permaneça intacta. A cegueira psíquica não impede de ver, nem a surdez psíquica de ouvir. Mais particularmente, no que concerne à perda das lembranças auditivas de palavras – a única que nos ocupa –, há numerosos fatos que a mostram regularmente associada a uma lesão destrutiva da primeira e da segunda circunvoluções têmporo-esfenoidais esquerdas[75], não se conhecendo um único caso em que essa lesão tenha provocado a surdez propriamente dita: chegou-se inclusive a produzi-la experimentalmente no macaco, sem determinar nele outra coisa que não surdez psíquica, isto é, uma incapacidade de interpretar os sons que ele continua a ouvir[76]. Será preciso portanto destinar à percepção e à lembrança elementos nervosos distintos. Mas essa hipótese terá então contra ela a observação psicológica mais elementar; pois sabemos que uma lembrança, à medida que se torna mais clara e mais intensa, tende a se fazer percepção, sem que haja momento preciso em que uma transformação radical se opere e em que se possa dizer, por conseqüência, que a lembrança é transportada dos elementos imaginativos aos elementos sensoriais. Assim, as duas hipóteses contrárias, a primeira

---

75. Ver a enumeração dos casos mais evidentes no artigo de Shaw, "The Sensory Side of Aphasia" (*Brain*, 1893, p. 501). – Vários autores, aliás, limitam à primeira circunvolução a lesão característica da perda das imagens verbais auditivas. Ver em particular Ballet, *Le langage intérieur*, p. 153.

76. Luciani, citado por J. Soury, *Les fonctions du cerveau*, Paris, 1892, p. 211.

identificando os elementos de percepção com os elementos de memória, a segunda distinguindo-os, são de tal natureza que cada uma delas remete à outra sem que se possa ficar com nenhuma das duas.

Como haveria de ser de outro modo? Também aqui se consideram percepção distinta e lembrança-imagem de maneira estática, como *coisas*, sendo que a primeira estaria já completa na segunda, em vez de se considerar o *progresso* dinâmico pelo qual uma se torna a outra.

Por um lado, com efeito, a percepção completa só se define e se distingue por sua coalescência com uma imagem-lembrança que lançamos ao encontro dela. A atenção tem esse preço, e sem atenção não há senão uma justaposição passiva de sensações acompanhadas de uma reação automática. Mas, por outro lado, como iremos mostrar mais adiante, a própria imagem-lembrança, reduzida ao estado de lembrança pura, permaneceria ineficaz. Virtual, esta lembrança só pode tornar-se atual através da percepção que a atrai. Impotente, ela retira sua vida e sua força da sensação presente na qual se materializa. Não equivale isto a dizer que a percepção distinta é provocada por duas correntes de sentidos contrários, uma delas, centrípeta, vindo do objeto exterior, e a outra, centrífuga, tendo por ponto de partida o que chamamos de "lembrança pura"? A primeira corrente, sozinha, produziria apenas uma percepção passiva com as reações automáticas que a acompanham. A segunda, entregue a si mesma, tende a produzir uma lembrança atualizada, cada vez mais atual à medida que a corrente se acentuasse. Reunidas, essas duas correntes formam, no ponto onde se juntam, a percepção distinta e reconhecida.

Eis o que diz a observação interior. Mas não temos o direito de nos deter aqui. Certamente, é grande o perigo de se aventurar, sem luz suficiente, em meio às obscuras questões de localização cerebral. Mas dissemos que a separação da percepção completa e da imagem-lembrança colocava a observação clínica em conflito com a análise psicológica, e que daí resultava, para a doutrina da localização das lembranças, uma antinomia grave. Somos obrigados a investigar o que vêm a ser os fatos conhecidos, quando se deixa de considerar o cérebro como depositário de lembranças[77].

Admitamos por um instante, para simplificar a exposição, que excitações vindas de fora dão nascimento, seja

---

77. A teoria que esboçamos aqui assemelha-se aliás, por um lado, à de Wundt. Assinalemos desde já o ponto em comum e a diferença essencial. Julgamos, juntamente com Wundt, que a percepção distinta implica uma ação centrífuga, e por isso somos levados a supor com ele (embora num sentido um pouco diferente) que os centros ditos imaginativos são antes centros de agrupamento das impressões sensoriais. Mas, enquanto para Wundt a ação centrífuga consiste numa "estimulação aperceptiva" cuja natureza só é definível de uma maneira geral e que parece corresponder ao que chamamos geralmente fixação da atenção, pretendemos que essa ação centrífuga assume em cada caso uma forma distinta, a mesma do "objeto virtual" que tende a se atualizar gradativamente. Daí uma diferença importante na concepção do papel dos centros. Wundt é levado a supor: 1) um órgão geral de apercepção, ocupando o lobo frontal; 2) centros particulares que, incapazes certamente de armazenar imagens, conservam no entanto tendências ou disposições para reproduzi-las. Sustentamos, ao contrário, que não é possível restar algo de uma imagem na substância cerebral, e que não poderia haver também um centro de apercepção, mas que há simplesmente, nessa substância, órgãos de percepção virtual, influenciados pela intenção da lembrança, assim como na periferia há órgãos de percepção real, influenciados pela ação do objeto. (Ver *Psychologie physiologique*, t. I, pp. 242-52.)

no córtex cerebral, seja em outros centros, a sensações elementares. Ainda aí não temos mais que sensações elementares. Ora, na verdade, cada percepção envolve um número considerável dessas sensações, todas coexistentes e dispostas numa ordem determinada. Como se explica essa ordem, e o que garante essa coexistência? No caso de um objeto material presente, a resposta é clara: ordem e coexistência vêm de um órgão dos sentidos, impressionado por um objeto exterior. Esse órgão é precisamente construído de modo a permitir que uma pluralidade de excitações simultâneas o impressionem de uma certa maneira e numa certa ordem, distribuindo-se, todas ao mesmo tempo, sobre partes escolhidas de sua superfície. Trata-se portanto de um imenso teclado de piano, sobre o qual o objeto exterior executa de uma só vez seu acorde de milhares de notas, provocando assim, numa ordem determinada e num único momento, uma quantidade enorme de sensações elementares que correspondem a todos os pontos interessados do centro sensorial. Suprima-se, agora, o objeto exterior, ou o órgão dos sentidos, ou ambos: as mesmas sensações elementares podem ser excitadas, pois as mesmas cordas continuam lá, prontas a ressoar da mesma maneira; mas onde está o teclado que permitirá atacar milhares delas ao mesmo tempo e reunir uma quantidade de notas simples no mesmo acorde? Em nossa opinião, a "região das imagens", se existe, não pode ser mais que um teclado desse tipo. Certamente, não haveria nada de inconcebível em que uma causa puramente psíquica acionasse diretamente todas as cordas interessadas. Mas, no caso da audição mental – o único que nos ocupa –, a localização da função parece certa, já que uma lesão determinada do lobo temporal a abole, e por outro lado expusemos as razões pelas quais não poderíamos admitir nem sequer conceber resíduos de imagens depositadas numa região da substância cerebral. Uma única hipótese permanece portanto plausível, a de que essa região ocupa, em relação ao centro da audição mesmo, a posição simétrica do órgão dos sentidos, que é aqui o ouvido: seria um ouvido mental.

Mas, com isso, a contradição assinalada se dissipa. Compreende-se, por um lado, que a imagem auditiva rememorada ponha em movimento os mesmos elementos nervosos que a percepção primária, e que a lembrança se transforme assim gradualmente em percepção. E compreende-se também, por outro lado, que a faculdade de rememorar sons complexos, como as palavras, possa interessar outras partes da substância nervosa, ao contrário da faculdade de percebê-los: é por isso que a audição real sobrevive, na surdez psíquica, à audição mental. As cordas continuam ainda lá, e sob a influência dos sons exteriores ainda vibram; é o teclado interior que falta.

Em outras palavras, enfim, os centros onde nascem as sensações elementares podem ser acionados, de certo modo, por dois lados diferentes, pela frente e por trás. Pela frente eles recebem as impressões dos órgãos dos sentidos e, conseqüentemente, de um *objeto real*; por trás eles sofrem, de intermediário em intermediário, a influência de um *objeto virtual*. Os centros de imagens, se existem, só podem ser os órgãos simétricos dos órgãos dos sentidos em relação a esses centros sensoriais. Eles não são depositários das lembranças puras, ou seja, dos objetos virtuais, assim como os órgãos dos sentidos não são depositários dos objetos reais.

Acrescentemos que esta é uma tradução, extremamente resumida, do que se pode passar na realidade. As diversas afasias sensoriais demonstram suficientemente que a evocação de uma imagem auditiva não é um ato simples. Entre a intenção, que seria aquilo que chamamos lembrança pura, e a imagem-lembrança auditiva propriamente dita intercalam-se na maioria das vezes lembranças intermediárias, que devem primeiramente realizar-se como imagens-lembranças em centros mais ou menos afastados. É então por graus sucessivos que a idéia chega a tomar corpo nessa imagem particular que é a imagem verbal. Por isso, a audição mental pode ser subordinada à integridade dos diversos centros e das vias que conduzem a eles. Mas essas complicações não alteram as coisas basicamente em nada. Quaisquer que sejam o número e a natureza dos termos interpostos, não vamos da percepção à idéia, mas da idéia à percepção, e o processo característico do reconhecimento não é centrípeto, mas centrífugo.

Restaria saber, é verdade, de que modo excitações que emanam de dentro podem dar origem, por sua ação sobre o córtex cerebral ou sobre outros centros, a sensações. E é evidente que esta é apenas uma maneira cômoda de se exprimir. A lembrança pura, à medida que se atualiza, tende a provocar no corpo todas as sensações correspondentes. Mas essas sensações na verdade virtuais, para se tornarem reais, devem tender a fazer com que o corpo aja, com que nele se imprimam os movimentos e atitudes dos quais elas são o antecedente habitual. Os estímulos dos centros ditos sensoriais, estímulos que precedem geralmente movimentos efetuados ou esboçados pelo corpo e que têm inclusive por função normal prepará-los, começando-os, são portanto menos a causa real da sensação do que a marca de sua força e a condição de sua eficácia. O progresso pelo qual a imagem virtual se realiza não é senão a série de etapas pelas quais essa imagem chega a obter do corpo procedimentos úteis. A excitação dos centros ditos sensoriais é a última dessas etapas; é o prelúdio de uma reação motora, o começo de uma ação no espaço. Em outras palavras, a imagem virtual evolui em direção à sensação virtual, e a sensação virtual em direção ao movimento real: esse movimento, ao se realizar, realiza ao mesmo tempo a sensação da qual ele seria o prolongamento natural e a imagem que quis se incorporar à sensação. Iremos aprofundar esses estados virtuais e, penetrando mais adiante no mecanismo interior das ações psíquicas e psicofisiológicas, mostrar por qual progresso contínuo o passado tende a reconquistar sua influência perdida ao se atualizar.

CAPÍTULO III
DA SOBREVIVÊNCIA DAS IMAGENS. A MEMÓRIA E O ESPÍRITO

Façamos um breve resumo do que precede. Distinguimos três termos, a lembrança pura, a lembrança-imagem e a percepção, dos quais nenhum se produz, na realidade, isoladamente. A percepção não é jamais um simples contato do espírito com o objeto presente; está inteiramente impregnada das lembranças-imagens que a completam, interpretando-a. A lembrança-imagem, por sua vez, participa da "lembrança pura" que ela começa a materializar,

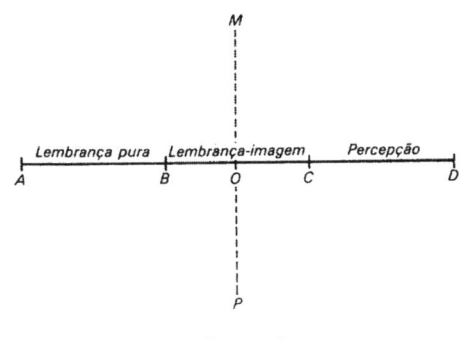

Figura 2

e da percepção na qual tende a se encarnar: considerada desse último ponto de vista, ela poderia ser definida como uma percepção nascente. Enfim, a lembrança pura, certamente independente de direito, não se manifesta normalmente a não ser na imagem colorida e viva que a revela. Simbolizando esses três termos pelos segmentos consecutivos AB, BC, CD de uma mesma reta AD, pode-se dizer que nosso pensamento descreve essa reta num movimento contínuo que vai de A a D, e que é impossível afirmar com precisão onde um dos termos acaba, onde começa o outro.

Aliás, é isso que a consciência constata facilmente toda vez que acompanha, para analisar a memória, o próprio movimento da memória que trabalha. Trata-se de recuperar uma lembrança, de evocar um período de nossa história? Temos consciência de um ato *sui generis* pelo qual deixamos o presente para nos recolocar primeiramente no passado em geral, e depois numa certa região do passado: trabalho de tentativa, semelhante à busca do foco de uma máquina fotográfica. Mas nossa lembrança permanece ainda em estado virtual; dispomo-nos simplesmente a recebê-la, adotando a atitude apropriada. Pouco a pouco aparece como que uma nebulosidade que se condensasse; de virtual ela passa ao estado atual; e, à medida que seus contornos se desenham e sua superfície se colore, ela tende a imitar a percepção. Mas continua presa ao passado por suas raízes profundas, e se, uma vez realizada, não se ressentisse de sua virtualidade original, se não fosse, ao mesmo tempo que um estado presente, algo que se destaca do presente, não a reconheceríamos jamais como uma lembrança.

O erro constante do associacionismo é substituir essa continuidade do devir, que é a realidade viva, por uma multiplicidade descontínua de elementos inertes e justapostos. Justamente porque cada um dos elementos assim constituídos contém, em razão de sua origem, algo daquilo que o precede e também daquilo que o segue, ele deveria assumir aos nossos olhos a forma de um estado misto e de certo modo impuro. Mas, por outro lado, o princípio do associacionismo pretende que todo estado psicológico seja uma espécie de átomo, um elemento simples. Daí a necessidade de sacrificar, em cada uma das fases que foram distinguidas, o instável pelo estável, ou seja, o começo pelo fim. Em se tratando da percepção, ver-se-ão nela não mais que as sensações aglomeradas que a colorem; ignorar-se-ão as imagens rememoradas que formam seu núcleo obscuro. Em se tratando por sua vez da imagem rememorada, ela será tomada como algo pronto, concebida no estado de fraca percepção, e fechar-se-ão os olhos à lembrança pura que essa imagem desenvolveu progressivamente. Na concorrência que o associacionismo institui assim entre o estável e o instável, a percepção destituirá sempre a lembrança-imagem, e a lembrança-imagem a lembrança pura. Por isso mesmo a lembrança pura desaparece totalmente. O associacionismo, cortando ao meio por uma linha *MO* a totalidade do progresso *AD*, não vê na porção *OD* senão as sensações que a terminam e que constituem, para ele, toda a percepção; – e por outro lado ele reduz a porção *AO*, igualmente, à imagem realizada em que culmina, ao desabrochar, a lembrança pura. A vida psicológica resume-se então inteiramente nesses dois elementos, a sensação e a imagem. E como, de um lado, submergiu-se na imagem a lembrança pura que fazia dela um estado original, como, de outro lado, aproximou-se a imagem da percepção colocando nesta última, de antemão, algo da própria imagem, não se verá mais entre esses dois estados senão uma diferença de grau ou de intensidade. Daí a distinção dos *estados fortes* e dos *estados fracos*, os primeiros sendo erigidos por nós em percepções do presente, os segundos – não se sabe por quê – em representações do passado. Mas a verdade é que jamais atingiremos o passado se não nos colocarmos nele de saída. Essencialmente virtual, o passado não pode ser apreendido por nós como passado a menos que sigamos e adotemos o movimento pelo qual ele se manifesta em imagem presente, emergindo das trevas para a luz do dia. Em vão se buscaria seu vestígio em algo de atual e já realizado: seria o mesmo que buscar a obscuridade sob a luz. Este é precisamente o erro do associacionismo: colocado no atual, esgota-se em vãos esforços para descobrir, num estado realizado e presente, a marca de sua origem passada, para distinguir a lembrança da percepção, e para erigir em diferença de natureza aquilo que condenou de antemão a não ser mais que uma diferença de grandeza.

Imaginar não é *lembrar-se*. Certamente uma lembrança, à medida que se atualiza, tende a viver numa imagem; mas a recíproca não é verdadeira, e a imagem pura e simples não me reportará ao passado a menos que seja efetivamente no passado que eu vá buscá-la, seguindo assim o progresso contínuo que a trouxe da obscuridade à luz. É isso que os psicólogos esquecem freqüentemente quando concluem, do fato de que uma sensação rememorada torna-se mais atual quando sentimos melhor seu peso, que a lembrança da sensação era esta sensação nascente. O fato que eles alegam é sem dúvida exato. Quanto mais me esforço por recordar uma dor passada, tanto mais tendo a experimentá-la realmente. Mas isso se compreende sem dificuldade, já que o progresso da lembrança consiste justamente, como dizíamos, em se materializar. A questão é saber se a lembrança da dor era verdadeiramente dor na origem. Porque o indivíduo hipnotizado acaba por sentir calor quando lhe repetem com insistência que ele está com calor, não se conclui que as palavras da sugestão contenham em si calor. Do fato de a lembrança de uma sensação se prolongar nessa própria sensação, não se deve também concluir que a lembrança tenha sido uma sensação nascente: é possível, com efeito, que essa lembrança desempenhe precisamente, em relação à sensação que irá nascer, o papel do magnetizador que produz a sugestão. O raciocínio que criticamos, apresentado desta forma, já não tem portanto valor probatório; ainda não é falso, porque se beneficia dessa incontestável verdade de que a lembrança se transforma à medida que se atualiza. Mas o absurdo vem à tona quando raciocinamos seguindo o caminho inverso – que deveria no entanto ser igualmente legítimo na hipótese proposta –, ou seja, quando se faz decrescer a intensidade da sensação em vez de aumentar a intensidade da lembrança pura. Com efeito, deveria acontecer então, se os dois estados diferissem apenas em grau, que num certo momento a sensação se metamorfoseasse em lembrança. Se a lembrança de uma grande dor, por exemplo, não é mais que uma dor fraca, inversamente uma dor intensa que experimento acabará diminuindo, por ser uma grande dor rememorada. Ora, chega um momento, sem dúvida nenhuma, em que me é impossível dizer se o que torno a sentir é uma sensação fraca que experimento ou uma sensação fraca que imagino (e isso é natural, uma vez que a lembrança-imagem participa já da sensação), mas jamais esse estado fraco me aparecerá como a lembrança de um estado forte. A lembrança é portanto algo bem diferente.

Mas a ilusão que consiste em estabelecer entre a lembrança e a percepção uma diferença apenas de grau é mais do que uma simples conseqüência do associacionismo, mais do que um acidente na história da filosofia. Ela tem raízes profundas. Repousa, em última análise, sobre uma falsa idéia da natureza e do objeto da percepção exterior. Não se quer ver na percepção mais do que um ensinamento dirigido a um espírito puro, e com um interesse inteiramente especulativo. Então, como a própria lembrança é, por essência, um conhecimento desse tipo, uma vez que não tem mais objeto, entre a percepção e a lembrança só se poderá encontrar uma diferença de grau, a percepção deslocando a lembrança e constituindo deste modo nosso presente, simplesmente em virtude da lei do mais forte. Mas existe bem mais, entre o passado e o presente, que uma diferença de grau. Meu presente é aquilo que me interessa, o que vive para mim e, para dizer tudo, o que me impele à ação, enquanto meu passado é essencialmente impotente. Detenhamo-nos nesse ponto. Opondo-o à percepção presente, iremos compreender melhor a natureza daquilo que chamamos "lembrança pura".

Seria inútil, com efeito, tentarmos caracterizar a lembrança de um estado passado se não começássemos por definir a marca concreta, aceita pela consciência, da realidade presente. O que é, para mim, o momento presente? É próprio do tempo decorrer; o tempo já decorrido é o passado, e chamamos presente o instante em que ele decorre. Mas não se trata aqui de um instante matemático. Certamente há um presente ideal, puramente concebido, limite indivisível que separaria o passado do futuro. Mas o presente real, concreto, vivido, aquele a que me refiro quando falo de minha percepção presente, este ocupa necessariamente uma duração. Onde portanto se situa essa duração? Estará aquém, estará além do ponto matemático que determino idealmente quando penso no instante presente? Evidentemente está aquém e além ao mesmo tempo, e o que chamo "meu presente" estende-se ao mesmo tempo sobre meu passado e sobre meu futuro. Sobre meu passado em primeiro lugar, pois "o momento em que falo já está distante de mim"; sobre meu futuro a seguir, pois é sobre o futuro que esse momento está inclinado, é para o futuro que eu tendo, e se eu pudesse fixar esse indivisível presente, esse elemento infinitesimal da curva do tempo, é a direção do futuro que ele mostraria. É preciso portanto que o estado psicológico que chamo "meu presente" seja ao mesmo tempo uma percepção do passado imediato e uma determinação do futuro imediato. Ora, o passado imediato, enquanto percebido, é, como veremos, sensação, já que toda sensação traduz uma sucessão muito longa de estímulos elementares; e o futuro imediato, enquanto determinando-se, é ação ou movimento. Meu presente portanto é sensação e movimento ao mesmo tempo; e, já que meu presente forma um todo indiviso, esse movimento deve estar ligado a essa sensação, deve prolongá-la em ação. Donde concluo que meu presente consiste num sistema combinado de sensações e movimentos. Meu presente é, por essência, sensório-motor. Equivale a dizer que meu presente consiste na consciência que tenho de meu corpo. Estendido no espaço, meu corpo experimenta sensações e ao mesmo tempo executa movimentos. Sensações e movimentos localizando-se em pontos determinados dessa extensão, só pode haver, a um momento dado, um único sistema de movimentos e de sensações. Por isso meu presente parece ser algo absolutamente determinado, e que incide sobre meu passado. Colocado entre a matéria que influi sobre ele e a matéria sobre a qual ele influi, meu corpo é um centro de ação, o lugar onde as impressões recebidas escolhem inteligentemente seu caminho para se transformarem em movimentos efetuados; portanto, representa efetivamente o estado atual de meu devir, daquilo que, em minha duração, está em vias de formação. De maneira mais geral, nessa continuidade de devir que é a própria realidade, o momento presente é constituído pelo corte quase instantâneo que nossa percepção pratica na massa em vias de escoamento, e esse corte é precisamente o que chamamos de mundo material: nosso corpo ocupa o centro dele; ele é, deste mundo material, aquilo que sentimos diretamente decorrer; em seu estado atual consiste a atualidade de nosso presente. Se a matéria, enquanto extensão no espaço, deve ser definida, em nossa opinião, como um presente que não cessa de recomeçar, nosso presente, inversamente, é a própria materialidade de nossa existência, ou seja, um conjunto de sensações e de movimentos, nada mais. E esse conjunto é determinado, único para cada momento da duração, justamente porque sensações e movimentos ocupam lugares do espaço e não poderia haver, no mesmo lugar, várias coisas ao mesmo tempo. – Como se explica que se tenha podido desconhecer uma verdade tão simples, tão evidente, e que, afinal de contas, não é mais do que a idéia do senso comum?

A razão disso é que se insiste em ver apenas uma diferença de grau, e não de natureza, entre as sensações atuais e a lembrança pura. A diferença, a nosso ver, é radical. Minhas sensações atuais são aquilo que ocupa porções determinadas da superfície de meu corpo; a lembrança pura, ao contrário, não diz respeito a nenhuma parte de meu corpo. Certamente ela engendrará sensações ao se materializar, mas nesse momento preciso deixará de ser lembrança para passar ao estado de coisa presente, atualmente vivida; e só lhe restituirei seu caráter de lembrança reportando-me à operação pela qual a evoquei, virtual, do fundo de meu passado. É justamente porque a terei tornado ativa que ela irá se tornar atual, isto é, sensação capaz de provocar movimentos. A maioria dos psicólogos, ao contrário, vê na lembrança pura apenas uma percepção mais fraca, um conjunto de sensações nascentes. Tendo apagado assim, de antemão, toda diferença de natureza entre a sensação e a lembrança, eles são conduzidos pela lógica de sua hipótese a materializar a lembrança e a idealizar a sensação. Ao examinarem a lembrança, só a percebem sob forma de imagem, isto é, já encarnada em sensações nascentes. Transportando para ela o essencial da sensação, e não querendo ver, na idealidade dessa lembrança, algo de distinto, que se destaca da própria sensação, são obrigados, quando retornam à sensação pura, a lhe cederem a idealidade que haviam conferido implicitamente à sensação nascente. Se o passado, que por hipótese não age mais, pode com efeito subsistir no estado de sensação fraca, segue-se que existem sensações impotentes. Se a lembrança pura, que por hipótese não diz respeito a nenhuma parte determinada do corpo, é uma sensação nascente, segue-se também que a sensação não está essencialmente localizada num ponto do corpo. Daí a ilusão que consiste em ver na sensação um estado flutuante e inextensivo, que não adquiriria extensão e não se consolidaria no corpo a não ser por acidente: ilusão que vicia profundamente, conforme vimos, a teoria da percepção exterior, e envolve um bom número das questões pendentes entre as diversas metafísicas da matéria. É preciso decidir-se quanto a isso: a sensação é, por essência, extensiva e localizada; é uma fonte de movimento; – a lembrança pura, sendo inextensiva e impotente, não participa da sensação de maneira alguma.

O que chamo meu presente é minha atitude em face do futuro imediato, é minha ação iminente. Meu presente é portanto efetivamente sensório-motor. De meu passado, apenas torna-se imagem, e portanto sensação ao menos nascente, o que é capaz de colaborar com essa ação, de inserir-se nessa atitude, em uma palavra, de tornar-se útil; mas, tão logo se transforma em imagem, o passado deixa o estado de lembrança pura e se confunde com uma certa parte de meu presente. A lembrança atualizada em imagem difere assim profundamente dessa lembrança pura. A imagem é um estado presente, e só pode participar do passado através da lembrança da qual ela saiu. A lembrança, ao contrário, impotente enquanto permanece inútil, não se mistura com a sensação e não se vincula ao presente, sendo portanto inextensiva.

Essa impotência radical da lembrança pura nos ajudará a compreender precisamente de que modo ela se conserva em estado latente. Sem entrar ainda no âmago da questão, limitemo-nos a assinalar que nossa repugnância em conceber *estados psicológicos inconscientes* se deve sobretudo a tomarmos a consciência como a propriedade essencial dos estados psicológicos, de sorte que um estado psicológico não poderia deixar de ser consciente sem deixar de existir. Mas, se a consciência não é mais que a marca característica do *presente*, ou seja, do atualmente vivido, ou seja, enfim, do *que age*, então o que não age poderá deixar de pertencer à consciência sem deixar necessariamente de existir de algum modo. Em outras palavras, no domínio psicológico, consciência não seria sinônimo de existência mas apenas de ação real ou de eficácia imediata, e, achando-se assim limitada a extensão desse termo, haveria menos dificuldade em se representar um estado psicológico inconsciente, isto é, em suma, impotente. Seja qual for a idéia que se faça da consciência em si, tal como apareceria se fosse exercida sem entraves, não se poderia contestar que, num ser que realiza funções corporais, a consciência tem sobretudo o papel de presidir a ação e iluminar uma escolha. Ela projeta assim sua luz sobre os antecedentes imediatos da decisão e sobre todas aquelas lembranças passadas capazes de se organizarem utilmente com eles; o resto permanece na sombra. Mas reencontramos aqui, sob uma forma nova, a ilusão sempre renascente que perseguimos desde o início deste trabalho. Pretende-se que a consciência, mesmo ligada a funções corporais, seja uma faculdade acidentalmente prática, essencialmente voltada para a especulação. Então, como não se percebe que interesse ela teria em deixar escapar os conhecimentos que possui, estando votada ao conhecimento puro, não se compreende que ela possa negar-se a iluminar o que não está inteiramente perdido para ela. Donde resultaria que só lhe pertence de direito o que lhe pertence de fato, e que, no domínio da consciência, todo real é atual. Mas devolva-se à consciência seu verdadeiro papel: não haverá mais razão para afirmar que o passado, uma vez percebido, se apaga do que para supor que os objetos materiais deixem de existir quando deixo de percebê-los.

Insistamos nesse último ponto, pois está aí o centro das dificuldades e a origem dos equívocos que cercam o problema do inconsciente. A idéia de uma *representação inconsciente* é clara, a despeito de um difundido preconceito; pode-se inclusive afirmar que fazemos dela um uso constante e que não há concepção mais familiar ao senso comum. Todo o mundo admite, com efeito, que as imagens atualmente presentes em nossa percepção não são a totalidade da matéria. Mas, por outro lado, o que pode ser um objeto material não percebido, uma imagem não imaginada, a não ser uma espécie de estado mental inconsciente? Além das paredes de seu quarto, que você percebe neste momento, há os quartos vizinhos, depois o resto da casa, finalmente a rua e a cidade onde você mora. Pouco importa a teoria da matéria à qual se esteja ligado: realista ou idealista, você pensa evidentemente, quando fala da cidade, da rua, dos outros quartos da casa, em outras tantas percepções ausentes de sua consciência e no entanto dadas fora dela. Elas não são criadas à medida que sua consciência as acolhe; portanto já existiam de algum modo, e uma vez que, por hipótese, sua consciência não as apreendia, como poderiam existir em si a não ser no estado inconsciente? Como se explica então que uma *existência fora da consciência* nos pareça clara quando se trata dos objetos, obscura quando falamos do sujeito? Nossas percepções, atuais e virtuais, estendem-se ao longo de duas linhas, uma horizontal *AB*, que contém todos os objetos simultâneos no espaço, a outra vertical *CI*, sobre a qual se dispõem nossas lembranças sucessivas escalonadas no tempo. O ponto *I*, interseção das duas linhas, é o único que é dado atualmente à nossa consciência. Como se explica que não hesitemos em afirmar a realidade da linha *AB* por inteiro, embora ela permaneça despercebida, e que, ao contrário, da linha *CI* o presente *I* atualmente percebido seja o único ponto que nos pareça existir verdadeiramente? Existem, no fundo dessa distinção radical entre as duas séries temporal e espacial, tantas idéias confusas ou mal esboçadas, tantas hipóteses desprovidas de qualquer valor especulativo, que não poderíamos analisá-las de uma só vez. Para desmascarar inteiramente a ilusão, seria preciso buscar na sua origem e seguir através de todos os seus meandros o duplo movimento pelo qual

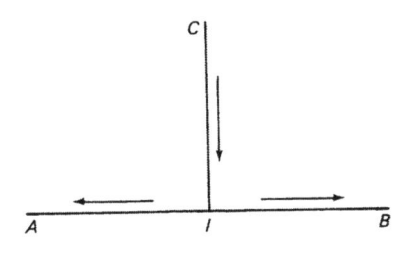

Figura 3

chegamos a propor realidades objetivas sem relação com a consciência e estados de consciência sem realidade objetiva, o espaço parecendo então conservar indefinidamente *coisas* que aí se justapõem, enquanto o tempo destruiria, pouco a pouco, *estados* que se sucedem nele. Uma parte deste trabalho foi feita em nosso primeiro capítulo, quando tratamos da objetividade em geral; a outra o será nas últimas páginas deste livro, quando falarmos da idéia de matéria. Limitemo-nos aqui a assinalar alguns pontos essenciais.

Em primeiro lugar, os objetos escalonados ao longo dessa linha *AB* representam a nossos olhos o que iremos perceber, enquanto a linha *CI* contém apenas o que já foi percebido. Ora, o passado não tem mais interesse para nós; ele esgotou sua ação possível, ou só voltará a ter influência tomando emprestada a vitalidade da percepção presente. Ao contrário, o futuro imediato consiste numa ação iminente, numa energia ainda não despendida. A parte não percebida do universo material, carregada de promessas e de ameaças, tem portanto para nós uma realidade que não podem nem devem ter os períodos atualmente não percebidos de nossa existência passada. Mas essa distinção, inteiramente relativa à utilidade prática e às necessidades materiais da vida, adquire em nosso espírito a forma cada vez mais nítida de uma distinção metafísica.

Já mostramos, com efeito, que os objetos situados em torno de nós representam, em graus diferentes, uma ação que podemos realizar sobre as coisas ou que iremos sofrer delas. O prazo dessa ação possível é justamente marcado pelo maior ou menor afastamento do objeto correspondente, de sorte que a distância no espaço mede a proximidade de uma ameaça ou de uma promessa no tempo. O espaço nos fornece assim, de uma só vez, o esquema de nosso futuro próximo; e, como esse futuro deve escoar-se indefinidamente, o espaço que o simboliza tem a propriedade de permanecer, em sua imobilidade, indefinidamente aberto. Daí decorre que o horizonte imediato dado à nossa percepção nos pareça necessariamente cercado de um círculo mais largo, existente embora não percebido, este próprio círculo implicando um outro que o cerca, e assim sucessivamente. É portanto da essência de nossa percepção atual, enquanto extensa, ser sempre apenas um *conteúdo* em relação a uma experiência mais vasta, e mesmo indefinida, que a contém: e essa experiência, ausente de nossa consciência visto que ultrapassa o horizonte percebido, mesmo assim parece atualmente dada. Mas, enquanto nos sentimos ligados a esses objetos materiais que erigimos deste modo em realidades presentes, nossas lembranças, enquanto passadas, são ao contrário pesos mortos que arrastamos conosco e dos quais gostaríamos de nos fingir desvencilhados. O mesmo instinto, em virtude do qual abrimos indefinidamente diante de nós o espaço, faz com que fechemos atrás de nós o tempo à medida que ele passa. E, se a realidade, enquanto extensão, nos parece ultrapassar ao infinito nossa percepção, em nossa vida interior, ao contrário, só nos parece *real* o que começa com o momento presente; o resto é praticamente abolido. Então, quando uma lembrança reaparece à consciência, ela nos dá a impressão de uma alma do outro mundo cuja aparição misteriosa precisaria ser explicada por causas especiais. Na realidade, a aderência dessa lembrança a nosso estado presente é inteiramente comparável à dos objetos não percebidos em relação aos que percebemos, e o *inconsciente* desempenha nos dois casos um papel do mesmo tipo.

Mas temos muita dificuldade em representar-nos as coisas deste modo, porque adquirimos o hábito de acentuar as diferenças, e por outro lado de apagar as semelhanças, entre a série dos *objetos* simultaneamente escalonados no espaço e a dos *estados* sucessivamente desenvolvidos no tempo. Na primeira, os termos condicionam-se de uma maneira totalmente determinada, de modo que o aparecimento de cada novo termo possa ser previsto. Assim, ao sair de meu quarto, sei quais são as peças que irei atravessar. Minhas lembranças, ao contrário, apresentam-se numa ordem aparentemente caprichosa. A ordem das representações é portanto necessária num caso, contingente no outro; e é essa necessidade que hipostasio, de certo modo, quando falo da existência dos objetos fora de toda consciência. Se não vejo nenhum inconveniente em supor dada a totalidade dos objetos que não percebo, é porque a ordem rigorosamente determinada desses objetos lhes dá o aspecto de uma cadeia, da qual minha percepção presente não seria mais que um elo: este elo comunica então sua atualidade ao restante da cadeia. – Mas, se examinarmos de perto, veremos que nossas lembranças formam uma cadeia do mesmo tipo, e que nosso *caráter*, sempre presente em todas as nossas decisões, é exatamente a síntese atual de todos os nossos estados passados. Sob essa forma condensada, nossa vida psicológica anterior existe inclusive mais, para nós, do que o mundo externo, do qual nunca percebemos mais do que uma parte muito pequena, enquanto ao contrário utilizamos a totalidade de nossa experiência vivida. É verdade que a possuímos apenas como um resumo, e que nossas antigas percepções, consideradas como individualidades distintas, nos dão a impressão, ou de terem desaparecido totalmente, ou de só reaparecerem ao sabor de seu capricho. Mas essa aparência de destruição completa ou de ressurreição caprichosa deve-se simplesmente ao fato de a consciência atual aceitar a cada instante o útil e rejeitar momentaneamente o supérfluo. Sempre voltada para a ação, ela só é capaz de materializar, de nossas antigas percepções, aquelas que se organizam com a percepção presente para concorrer à decisão final. Se é preciso, para que a vontade se manifeste sobre um ponto dado do espaço, que minha consciência ultrapasse um a um esses obstáculos ou essas mediações cujo conjunto constitui o que chamamos *a distância no espaço*, em compensação lhe é útil, para esclarecer esta ação, saltar sobre o intervalo de tempo que separa a situação atual de uma situação anterior análoga; e, como a consciência assim se transporta de um salto, toda a parte intermediária do passado escapa às suas influências. As mesmas razões que fazem com que nossas percepções se disponham em continuidade rigorosa no espaço fazem portanto com que nossas lembranças se iluminem de maneira descontínua no tempo. Não estamos lidando, no que concerne aos objetos não percebidos no espaço e às lembranças inconscientes no tempo, com duas formas radicalmente diferentes da existência; mas as exigências da ação são inversas, num caso, do que elas são no outro.

Tocamos aqui o problema capital da *existência*, problema que podemos apenas roçar, sob pena de sermos conduzidos, de questão em questão, ao próprio núcleo da metafísica. Digamos simplesmente que, no que concerne às coisas da experiência – as únicas que nos interessam aqui –, a existência parece implicar duas condições reunidas: 1) a apresentação à consciência; 2) a conexão lógica ou causal daquilo que é assim apresentado com o que precede e o que segue. A realidade para nós de um estado psicológico ou de um objeto material consiste nesse duplo fato de que nossa consciência os percebe e eles fazem parte de uma série, temporal ou espacial, em que os termos se determinam uns aos outros. Mas essas duas condições admitem graus, e concebe-se que, necessárias uma e outra, sejam desigualmente preenchidas. Assim, no caso dos estados internos atuais, a conexão é menos estreita, e a determinação do presente pelo passado, deixando bastante lugar à contingência, não tem o caráter de uma derivação matemática; – em compensação, a apresentação à consciência é perfeita, um estado psicológico atual entregando-nos a totalidade de seu conteúdo no próprio ato pelo qual o percebemos. Ao contrário, quando se trata dos objetos exteriores, é a conexão que é perfeita, já que esses objetos obedecem a leis necessárias; mas com isso a outra condição, a apresentação à consciência, só será parcialmente preenchida, pois o objeto material, justamente em virtude da multiplicidade dos elementos não percebidos que o prendem a todos os outros objetos, parece-nos encerrar em si e ocultar atrás de si infinitamente mais do que aquilo que nos deixa ver. – Deveríamos portanto afirmar que a existência, no sentido empírico da palavra, implica sempre ao mesmo tempo, mas em graus diferentes, a apreensão consciente e a conexão regular. Mas nosso entendimento, que tem por função estabelecer distinções nítidas, não compreende as coisas deste modo. Em vez de admitir a presença, em todos os casos, dos dois elementos mesclados em proporções diversas, ele prefere dissociar esses dois elementos, e atribuir assim aos objetos exteriores, de um lado, e aos objetos internos, de outro, dois modos de existência radicalmente diferentes, caracterizados cada um pela presença exclusiva da condição que se deveria declarar simplesmente preponderante. Com isso a existência dos estados psicológicos consistirá inteiramente em sua apreensão pela consciência, e a dos fenômenos exteriores, inteiramente também, na ordem rigorosa de sua concomitância e de sua sucessão. Donde a impossibilidade de deixar aos objetos existentes mas não percebidos a menor participação na consciência, e aos estados interiores não conscientes a menor participação na existência. Já mostramos, no começo deste livro, as conseqüências da primeira ilusão: ela acaba deturpando nossa representação da matéria. A segunda, complementar da primeira, vicia nossa concepção do espírito, ao espalhar sobre a idéia do inconsciente uma obscuridade artificial. Nossa vida psicológica passada inteira condiciona nosso estado presente, sem determiná-lo de uma maneira necessária; também inteira ela se revela em nosso caráter, embora nenhum dos estados passados se manifeste no caráter explicitamente. Reunidas, essas duas condições asseguram a cada um dos estados psicológicos passados uma existência real, ainda que inconsciente.

Mas estamos tão habituados a inverter, para a maior vantagem da prática, a ordem real das coisas, padecemos a tal ponto a obsessão das imagens obtidas do espaço, que não podemos nos impedir de perguntar *onde* se conserva a lembrança. Concebemos que fenômenos físico-químicos tenham lugar *no* cérebro, que o cérebro esteja *no* corpo, o corpo *no* ar que o circunda, etc.; mas o passado uma vez realizado, se ele se conserva, onde se encontra? Colocá-lo, no estado de modificação molecular, na substância cerebral parece simples e claro, porque temos com isso um reservatório atualmente dado, que bastaria abrir para fazer fluir as imagens latentes na consciência. Mas, se o cérebro não pode servir a semelhante uso, em que depósito iremos alojar as imagens acumuladas? Esquece-se que a relação entre continente e conteúdo retira sua clareza e sua universalidade aparentes da necessidade que temos de abrir sempre diante de nós o espaço, de fechar sempre atrás de nós a duração. Por se mostrar que uma coisa está *em* uma outra, de modo algum se esclareceu o fenômeno de sua conservação. E mais: admitamos por um instante que o passado sobreviva no estado de lembrança armazenada no cérebro. Será preciso então que o cérebro, para conservar a lembrança, conserve pelo menos a si mesmo. Mas este cérebro, enquanto imagem estendida no espaço, nunca ocupa mais que o momento presente; ele constitui, com o restante do universo material, um corte incessantemente renovado do devir universal. Portanto, ou você terá que supor que esse universo perece e renasce, por um verdadeiro milagre, em todos os momentos da duração, ou terá que atribuir a ele a continuidade de existência que você recusa à consciência, e fazer de seu passado uma realidade que sobrevive e se prolonga em seu presente: portanto, você não terá ganhado nada em armazenar a lembrança na matéria, e se verá obrigado, ao contrário, a estender à totalidade dos estados do mundo material essa sobrevivência independente e integral do passado que você recusava aos estados psicológicos. Tal sobrevivência *em si* do passado impõe-se assim de uma forma ou outra, e a dificuldade que temos de concebê-la resulta simplesmente de atribuirmos à série das lembranças, no tempo, essa necessidade de *conter* e de *ser contido* que só é verdadeira para o conjunto dos corpos instantaneamente percebidos no espaço. A ilusão fundamental consiste em transportar à própria duração, em vias de decorrer, a forma dos cortes instantâneos que nela praticamos.

Mas como o passado, que, por hipótese, cessou de ser, poderia por si mesmo conservar-se? Não existe aí uma contradição verdadeira? – Respondemos que a questão é precisamente saber se o passado deixou de existir, ou se ele simplesmente deixou de ser útil. Você define arbitrariamente o presente como *o que é*, quando o presente é simplesmente *o que se faz*. Nada *é* menos que o momento presente, se você entender por isso esse limite indivisível que separa o passado do futuro. Quando pensamos esse presente como devendo ser, ele ainda não é; e, quando o pensamos como existindo, ele já passou. Se, ao contrário, você considerar o presente concreto e realmente vivido pela consciência, pode-se afirmar que esse presente consiste em grande parte no passado imediato. Na fração de segundo que dura a mais breve percepção possível de luz, trilhões de vibrações tiveram lugar, sendo que a primeira está separada da última por um intervalo enormemente dividido. A sua percepção, por mais instantânea, consiste portanto numa incalculável quantidade de elementos rememorados, e, para falar a verdade, toda percepção é já memória. *Nós só percebemos, praticamente, o passado*, o presente puro sendo o inapreensível avanço do passado a roer o futuro.

A consciência ilumina portanto com seu brilho, a todo momento, essa parte imediata do passado que, inclinada sobre o futuro, trabalha para realizá-lo e agregá-lo a si. Unicamente preocupada em determinar deste modo um futuro indeterminado, ela poderá espalhar um pouco de sua luz sobre aqueles dos nossos estados mais recuados no passado que se organizariam utilmente com nosso estado presente, isto é, com nosso passado imediato; o resto permanece obscuro. É nessa parte iluminada de nossa história que estamos colocados, em virtude da lei fundamental da vida, que é uma lei de ação: daí a dificuldade que experimentamos em conceber lembranças que se conservariam na sombra. Nossa repugnância em admitir a sobrevivência integral do passado deve-se portanto à própria orientação de nossa vida psicológica, verdadeiro desenrolar de estados em que nos interessa olhar o que se desenrola, e não o que está inteiramente desenrolado.

Retornamos assim, através de uma longa volta, ao nosso ponto de partida. Há, dizíamos, duas memórias profundamente distintas: uma, fixada no organismo, não é senão o conjunto dos mecanismos inteligentemente montados que asseguram uma réplica conveniente às diversas interpelações possíveis. Ela faz com que nos adaptemos à situação presente, e que as ações sofridas por nós se prolonguem por si mesmas em reações ora efetuadas, ora simplesmente nascentes, mas sempre mais ou menos apropriadas. Antes hábito do que memória, ela desempenha nossa experiência passada, mas não evoca sua imagem. A outra é a memória verdadeira. Coextensiva à consciência, ela retém e alinha uns após outros todos os nossos estados à medida que eles se produzem, dando a cada fato seu lugar e conseqüentemente marcando-lhe a data, movendo-se efetivamente no passado definitivo, e não, como a primeira, num presente que recomeça a todo instante. Mas, ao distinguir profundamente essas duas formas da memória, não havíamos mostrado seu vínculo. Acima do corpo, com seus mecanismos que simbolizam o esforço acumulado das ações passadas, a memória que imagina e que repete pairava, suspensa no vazio. Mas, se nunca percebemos outra coisa que não nosso passado imediato, se nossa consciência do presente é já memória, os dois termos que havíamos separado de início irão fundir-se intimamente. Considerado desse novo ponto de vista, com efeito, nosso corpo não é nada mais que a parte invariavelmente renascente de nossa representação, a parte sempre presente, ou melhor, aquela que acaba a todo momento de passar. Sendo ele próprio imagem, esse corpo não pode armazenar as imagens, já que faz parte das imagens; por isso é quimérica a tentativa de querer localizar as percepções passadas, ou mesmo presentes, no cérebro: elas não estão nele; é ele que está nelas. Mas essa imagem muito particular, que persiste em meio às outras e que chamo meu corpo, constitui a cada instante, como dizíamos, um corte transversal do universal devir. Portanto é o *lugar de passagem* dos movimentos recebidos e devolvidos, o traço de união entre as coisas que agem sobre mim e as coisas sobre as quais eu ajo, a sede, enfim, dos fenômenos sensório-motores. Se eu representar por

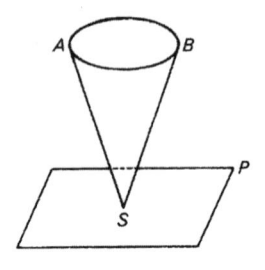

Figura 4

um cone *SAB* a totalidade das lembranças acumuladas em minha memória, a base *AB*, assentada no passado, permanece imóvel, enquanto o vértice *S*, que figura a todo momento meu presente, avança sem cessar, e sem cessar também toca o plano móvel *P* de minha representação atual do universo. Em *S* concentra-se a imagem do corpo; e, fazendo parte do plano *P*, essa imagem limita-se a receber e a devolver as ações emanadas de todas as imagens de que se compõe o plano.

A memória do corpo, constituída pelo conjunto dos sistemas sensório-motores que o hábito organizou, é portanto uma memória quase instantânea à qual a verdadeira memória do passado serve de base. Como elas não constituem duas coisas separadas, como a primeira não é, dizíamos, senão a ponta móvel inserida pela segunda no plano movente da experiência, é natural que essas duas funções prestem-se um mútuo apoio. Por um lado, com efeito, a memória do passado apresenta aos mecanismos sensório-motores todas as lembranças capazes de orientá-los em sua tarefa e de dirigir a reação motora no sentido sugerido pelas lições da experiência: nisto consistem precisamente as associações por contigüidade e por similitude. Mas, por outro lado, os aparelhos sensório-motores fornecem às lembranças impotentes, ou seja, inconscientes, o meio de se incorporarem, de se materializarem, enfim, de se tornarem presentes. Para que uma lembrança reapareça à consciência, é preciso com efeito que ela desça das alturas da memória pura até o ponto preciso onde se realiza a *ação*. Em outras palavras, é do presente que parte o apelo ao qual a lembrança responde, e é dos elementos sensório-motores da ação presente que a lembrança retira o calor que lhe confere vida.

Não é pela firmeza desse acordo, pela precisão com que essas duas memórias complementares se inserem uma na outra, que reconhecemos os espíritos "bem equilibrados", isto é, os homens perfeitamente adaptados à vida? O que caracteriza o homem de ação é a prontidão com que convoca em auxílio de uma situação dada todas as lembranças a ela relacionadas; mas é também a barreira insuperável que encontram nele, ao se apresentarem ao limiar da consciência, as lembranças inúteis ou indiferentes. Viver no presente puro, responder a uma excitação através de uma reação imediata que a prolonga, é próprio de um animal inferior: o homem que procede assim é um *impulsivo*. Mas não está melhor adaptado à ação aquele que vive no passado por mero prazer, e no qual as lembranças emergem à luz da consciência sem proveito para a situação atual: este não é mais um impulsivo, mas um *sonhador*. Entre esses dois extremos situa-se a favorável disposição de uma memória bastante dócil para seguir com precisão os contornos da situação presente, mas bastante enérgica para resistir a qualquer outro apelo. O bom senso, ou senso prático, não é na verdade outra coisa.

O desenvolvimento extraordinário da memória espontânea na maior parte das crianças deve-se precisamente a que elas ainda não solidarizaram sua memória com sua conduta. Seguem habitualmente a impressão do momento, e, como a ação não se submete nelas às indicações da lembrança, inversamente suas lembranças não se limitam às necessidades da ação. Elas só parecem reter com mais facilidade porque se lembram com menos discernimento. A diminuição aparente da memória, à medida que a inteligência se desenvolve, deve-se portanto à organização crescente das lembranças com os atos. A memória consciente perde assim em extensão o que ganha em força de penetração: no início ela tinha a facilidade da memória dos sonhos, mas isso porque realmente ela sonhava. Observa-se aliás esse mesmo exagero da memória espontânea entre homens cujo desenvolvimento intelectual não ultrapassa em muito o da infância. Um missionário, após ter pregado um longo sermão a selvagens da África, viu um deles repeti-lo textualmente, com os mesmos gestos, de uma ponta à outra[1].

Mas se nosso passado permanece quase inteiramente oculto para nós porque é inibido pelas necessidades da ação presente, ele irá recuperar a força de transpor o limiar da consciência sempre que nos desinteressarmos da ação eficaz para nos recolocarmos, de algum modo, na vida do sonho. O sono, natural ou artificial, provoca justamente um desinteresse desse tipo. Recentemente foi sugerida, no sono, uma interrupção de contato entre os ele-

---

1. Kay, *Memory and How to Improve it*, Nova York, 1888, p. 18.

mentos nervosos, sensoriais e motores[2]. Mesmo se não nos ativermos a essa engenhosa hipótese, é impossível não ver no sono um relaxamento, pelo menos funcional, da tensão do sistema nervoso, sempre pronto durante a vigília a prolongar a excitação recebida em reação apropriada. Ora, é um fato de observação comum a "exaltação" da memória em certos sonhos e em certos estados sonambúlicos. Lembranças que se acreditavam abolidas reaparecem com uma exatidão impressionante: revivemos em todos os detalhes cenas da infância inteiramente esquecidas; falamos línguas que não lembrávamos sequer de ter aprendido. Mas nada mais instrutivo, a esse respeito, do que aquilo que acontece em certos casos de sufocação brusca, entre os afogados e os enforcados. O indivíduo, voltando à vida, declara ter visto desfilar diante dele, num tempo muito curto, todos os acontecimentos esquecidos de sua história, com suas mais ínfimas circunstâncias e na própria ordem em que se produziram[3].

Um ser humano que *sonhasse* sua existência em vez de vivê-la manteria certamente sob seu olhar, a todo momento, a multidão infinita dos detalhes de sua história

---

2. Mathias Duval, "Théorie histologique du sommeil" (*C. R. de la Soc. de Biologie*, 1895, p. 74). – Cf. Lépine, *ibid.*, p. 85, e *Revue de médecine*, agosto de 1894, e sobretudo Pupin, *La neurone et les hypothèses histologiques*, Paris, 1896.

3. Winslow, *Obscure Diseases of the Brain*, pp. 250 ss. – Ribot, *Maladies de la mémoire*, pp. 139 ss. – Maury, *Le sommeil et les rêves*, Paris, 1878, p. 439. – Egger, "Le moi des mourants" (*Revue philosophique*, janeiro e outubro de 1896). – Cf. a frase de Ball: "A memória é uma faculdade que não perde nada e registra tudo." (Citada por Rouillard, *Les amnésies*, tese de med., Paris, 1885, p. 25.)

passada. E aquele que, ao contrário, repudiasse essa memória com tudo o que ela engendra, *encenaria* sem cessar sua existência em vez de representá-la verdadeiramente: autômato consciente, seguiria a encosta dos hábitos úteis que prolongam a excitação em reação apropriada. O primeiro não sairia jamais do particular, e mesmo do individual. Dando a cada imagem sua data no tempo e seu lugar no espaço, veria por onde ela *difere* das outras e não por onde se assemelha. O outro, ao contrário, sempre conduzido pelo hábito, só distinguiria numa situação o lado por onde ela *se assemelha* praticamente a situações anteriores. Incapaz de *pensar* o universal, uma vez que a idéia geral supõe a representação pelo menos virtual de uma quantidade de imagens rememoradas, é todavia no universal que ele evoluiria, o hábito estando para a ação assim como a generalidade para o pensamento. Mas esses dois estados extremos, um de uma memória totalmente contemplativa que só apreende o singular em sua *visão*, o outro de uma memória inteiramente motora que imprime a marca da generalidade à sua *ação*, não se isolam e não se manifestam plenamente a não ser em casos excepcionais. Na vida normal eles se penetram intimamente, abandonando deste modo, um e outro, algo de sua pureza original. O primeiro se traduz pela lembrança das diferenças, o segundo pela percepção das semelhanças: na confluência das duas correntes aparece a idéia geral.

Não se trata aqui de resolver de uma vez a questão das idéias gerais. Entre essas idéias há algumas que não têm por origem única percepções e que só se relacionam de muito longe a objetos materiais. Nós as deixaremos de lado, para considerar apenas as idéias gerais fundadas no que chamamos percepção das semelhanças. Queremos seguir a memória pura, a memória integral, no esforço contínuo que faz para se inserir no hábito motor. Por isso faremos conhecer melhor o papel e a natureza dessa memória; mas por isso também procuraremos esclarecer, considerando-as sob um aspecto bem particular, as duas noções igualmente obscuras de *semelhança* e de *generalidade*.

Circunscrevendo ao máximo as dificuldades de ordem psicológica levantadas pelo problema das idéias gerais, acreditamos podê-las encerrar neste círculo: para generalizar é preciso primeiro abstrair, mas para abstrair utilmente é preciso já saber generalizar. É em torno deste círculo que gravitam, consciente ou inconscientemente, nominalismo e conceitualismo, cada uma das duas doutrinas contando sobretudo com a insuficiência da outra. Os nominalistas, com efeito, não retendo da idéia geral mais do que sua extensão, vêem simplesmente nela uma série aberta e indefinida de objetos individuais. Portanto, a unidade da idéia só poderá consistir para eles na identidade do símbolo através do qual designamos indiferentemente todos esses objetos distintos. A acreditar no que dizem, começamos por perceber uma coisa, depois associamos a ela uma palavra: essa palavra, reforçada pela capacidade ou pelo hábito de se estender a um número indefinido de outras coisas, institui-se então em idéia geral. Mas, para que a palavra se estenda e no entanto se limite aos objetos que designa, também é preciso que esses objetos nos apresentem semelhanças que, ao aproximá-los uns dos outros, os distingam de todos os objetos aos quais a palavra não se aplica. Parece portanto que a generalização requer a consideração abstrata das qualidades comuns, e gradativamente o nominalismo será levado a definir a idéia geral por sua compreensão, e não mais apenas por sua extensão como desejava de início. É dessa compreensão que parte o conceitualismo. A inteligência, segundo ele, decompõe a unidade superficial do indivíduo em qualidades diversas, sendo que cada uma delas, isolada do indivíduo que a limitava, torna-se, por isso mesmo, representativa de um gênero. Em vez de considerar cada gênero como compreendendo, *em ato*, uma multiplicidade de objetos, pretende-se agora, ao contrário, que cada objeto contenha, *em potência* e como uma série de qualidades que manteria prisioneiras, uma multiplicidade de gêneros. Mas a questão é precisamente saber se qualidades individuais, mesmo isoladas por um esforço de abstração, não permanecem individuais como eram de início, e se, para instituí-las em gêneros, não é necessário um novo procedimento do espírito, através do qual se imponha inicialmente a cada qualidade um nome, reunindo a seguir sob este nome uma multiplicidade de objetos individuais. A brancura de um lírio não é a brancura de uma superfície de neve; continuam sendo, mesmo isoladas da neve e do lírio, brancura de lírio e brancura de neve. Elas não renunciam à sua individualidade a menos que consideremos sua semelhança para lhes dar um nome em comum: aplicando então este nome a um número indefinido de objetos semelhantes, devolvemos à qualidade, por uma espécie de ricochete, a generalidade que a palavra foi buscar em sua aplicação às coisas. Mas, raciocinando deste modo, não se retorna ao ponto de vista da extensão que se havia abandonado de início? Giramos portanto realmente num círculo, o nominalismo conduzindo-nos ao conceitualismo, e o conceitualismo remetendo-nos ao nominalismo. A generalização só pode ser feita por uma extração de qualidades comuns; mas as qualidades, para serem comuns, deverão já ter sofrido um trabalho de generalização.

Se aprofundássemos agora essas duas teorias adversas, descobriríamos nelas um postulado comum: ambas supõem que partimos da percepção de objetos individuais. A primeira compõe o gênero através de uma enumeração; a segunda o obtém através de uma análise; mas é sobre indivíduos, considerados como realidades dadas à intuição imediata, que se aplicam a análise e a enumeração. Eis aí o postulado. A despeito de sua evidência aparente, ele não é nem verossímil nem conforme aos fatos.

A priori, com efeito, parece claro que a distinção nítida dos objetos individuais seja um luxo da percepção, do mesmo modo que a representação clara das idéias gerais é um refinamento da inteligência. A concepção perfeita dos gêneros é certamente característica do pensamento humano; exige um esforço de reflexão, pelo qual apagamos de uma representação as particularidades de tempo e lugar. Mas a reflexão *sobre* essas particularidades, reflexão sem a qual a individualidade dos objetos nos escaparia, supõe uma faculdade de observar as diferenças, e por isso mesmo uma memória das imagens, que é certamente o privilégio do homem e dos animais superiores. Parece portanto que não começamos nem pela percepção do indivíduo nem pela concepção do gênero, mas por um conhecimento intermediário, por um sentimento confuso de *qualidade marcante* ou de semelhança: este sentimento, igualmente afastado da generalidade plenamente concebida e da individualidade claramente percebida, as engendra, uma e outra, por meio de dissociação. A análise reflexiva o depura em idéia geral; a memória discriminativa o solidifica em percepção do individual.

Isto aparecerá claramente se nos reportarmos às origens utilitárias de nossa percepção das coisas. O que nos interessa numa situação dada, o que devemos perceber aí em primeiro lugar, é o lado pelo qual ela é capaz de responder a uma tendência ou a uma necessidade: ora, a necessidade vai direto à semelhança ou à qualidade, e só tem que fazer diferenças individuais. A percepção dos animais costuma limitar-se a esse discernimento do útil. É o capim *em geral* que atrai o herbívoro: a cor e o odor do capim, sentidos e experimentados como forças (não chegamos ao ponto de dizer: pensados como qualidades ou gêneros), são os únicos dados imediatos de sua percepção exterior. Sobre esse fundo de generalidade ou de semelhança sua memória poderá fazer valer os contrastes dos quais surgirão as diferenciações; ele distinguirá então uma paisagem de outra paisagem, um campo de outro campo; mas isto, repetimos, é o supérfluo da percepção e não o necessário. Dir-se-á que estamos apenas recuando o problema, que lançamos simplesmente no inconsciente a operação pela qual se manifestam as semelhanças e se constituem os gêneros? Mas não lançamos nada no inconsciente, pela razão muito simples de que não é, em nossa opinião, um esforço de natureza psicológica que manifesta aqui a semelhança: esta semelhança age objetivamente como uma força, e provoca reações idênticas em virtude da lei inteiramente física que obriga os mesmos efeitos de conjunto a seguirem as mesmas causas profundas. Porque o ácido clorídrico age sempre da mesma maneira sobre o carbonato de cálcio – seja o mármore ou o cré –, dir-se-á que o ácido distingue entre as espécies os traços característicos de um gênero? Ora, não há diferença essencial entre a operação pela qual este ácido obtém do sal sua base e o ato da planta que extrai invariavelmente dos solos mais diversos os mesmos elementos que irão lhe servir de alimento. Dê agora um passo a mais; imagine uma consciência rudimentar como pode ser a de uma ameba agitando-se em uma gota d'água: o animálculo sentirá a semelhança, e não a diferença, das diversas substâncias orgânicas que é capaz de assimilar. Em suma, do mineral à planta, da planta aos mais simples organismos conscientes, do animal ao homem, acompanha-se o progresso da operação pela qual as coisas e os organismos apreendem em seu ambiente o que os atrai, o que os interessa praticamente, sem que haja necessidade de abstrair, simplesmente porque o restante do ambiente permanece sem ação sobre eles: essa identidade de reação a ações superficialmente diferentes é o germe que a consciência humana desenvolve em idéias gerais.

Reflita-se, com efeito, sobre a destinação de nosso sistema nervoso, tal como ela parece resultar de sua estrutura. Vemos aparelhos de percepção muito diversos, todos eles ligados, por intermédio dos centros, aos mesmos aparelhos motores. A sensação é instável; ela pode adquirir as nuances mais variadas; o mecanismo motor ao contrário, uma vez montado, funcionará invariavelmente da mesma maneira. Podem-se portanto supor percepções as mais diferentes possíveis em seus detalhes superficiais: se elas se prolongam pelas mesmas reações motoras, se o organismo é capaz de extrair delas os mesmos efeitos úteis, se elas imprimem ao corpo a mesma atitude, algo de comum irá resultar daí, e deste modo a idéia geral terá sido sentida e experimentada antes de ser representada. – Eis-nos portanto finalmente livres do círculo em que parecíamos encerrados de início. Para generalizar, dizíamos, é preciso abstrair as semelhanças, mas para manifestar utilmente a semelhança é preciso já saber generalizar. A verdade é que não há círculo, porque a semelhança de que o espírito parte, quando abstrai de início, não é a semelhança a que o espírito chega quando, conscientemente, generaliza. Aquela de que ele parte é uma semelhança sentida, vivida, ou, se quiserem, automaticamente desempenhada. Aquela a que ele chega é uma semelhança inteligentemente percebida ou pensada. E é precisamente ao longo desse progresso que se constroem, através do duplo esforço do entendimento e da memória, a percepção dos indivíduos e a concepção dos gêneros – a memória introduzindo distinções nas semelhanças espontaneamente abstraídas, o entendimento retirando do hábito das semelhanças a idéia clara da generalidade. Essa idéia de generalidade não era, na origem, senão nossa consciência de uma identidade de atitude numa diversidade de situações; era o próprio hábito, remontando da esfera dos movimentos à do pensamento. Mas, dos gêneros assim esboçados mecanicamente pelo hábito, passamos, por um esforço de reflexão efetuado sobre essa própria operação, *à idéia geral do gênero*; e, uma vez constituída essa idéia, construímos, agora voluntariamente, um número ilimitado de noções gerais. Não é necessário aqui acompanhar a inteligência no detalhe dessa construção. Limitemo-nos a dizer que o entendimento, imitando o trabalho da natureza, montou, ele também, aparelhos motores, desta vez artificiais, para fazê-los responder, em número limitado, a uma quantidade ilimitada de objetos individuais: o conjunto desses mecanismos é a palavra articulada.

Essas duas operações divergentes do espírito, uma capaz de discernir indivíduos, outra capaz de construir gêneros, estão longe aliás de exigir o mesmo esforço e de progredir com a mesma rapidez. A primeira, precisando apenas da intervenção da memória, realiza-se desde o início de nossa experiência; a segunda prossegue indefinidamente sem completar-se jamais. A primeira acaba por constituir imagens estáveis que, por sua vez, armazenam-se na memória; a segunda forma representações instáveis e evanescentes. Detenhamo-nos nesse último ponto. Tocamos aqui um fenômeno essencial da vida mental.

A essência da idéia geral, com efeito, é mover-se incessantemente entre a esfera da ação e a da memória pura. Reportemo-nos ao esquema que havíamos traçado. Em *S* está a percepção atual que tenho de meu corpo, ou seja, de um certo equilíbrio sensório-motor. Sobre a superfície da base *AB* estarão dispostas, se quiserem, minhas lembranças em sua totalidade. No cone assim determinado, a idéia geral oscilará continuamente entre o vértice *S* e a base *AB*. Em *S* ela tomaria a forma bem nítida de uma atitude corporal ou de uma palavra pronunciada; em *AB* ela tomaria o aspecto, não menos nítido, dos milhares de imagens individuais nas quais viria se romper sua unidade frágil. E por isso uma psicologia que se atém ao *acabado*, que conhece apenas *coisas* e ignora os *progressos*, só perceberá desse movimento as extremidades entre as quais ele oscila; tal psicologia fará coincidir a idéia geral ora com a ação que a desempenha ou a palavra que a exprime, ora com as imagens múltiplas, em número indefinido, que são seu equivalente na memória. Mas a verdade é que a idéia geral nos escapa tão logo pretendemos fixá-la a uma ou outra dessas extremidades. Ela consiste na dupla corrente que vai de uma à outra – sempre pronta, seja a cristalizar-se em palavras pronunciadas, seja a evaporar-se em lembranças.

Isto equivale a dizer que entre os mecanismos sensório-motores figurados pelo ponto *S* e a totalidade das lembranças dispostas em *AB* há lugar, como sugeríamos no capítulo precedente, para milhares e milhares de repetições de nossa vida psicológica, figuradas por outras tantas seções *A'B'*, *A"B"*, etc., do mesmo cone. Tendemos a dispersar-nos em *AB* à medida que nos liberamos mais de nosso estado sensorial e motor para viver a vida do

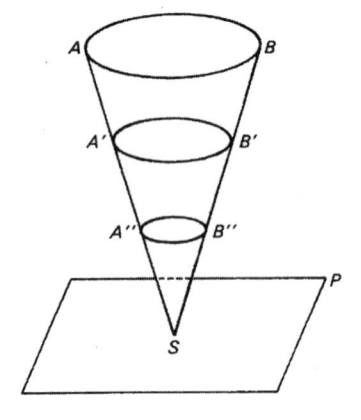

Figura 5

sonho; tendemos a concentrar-nos em *S* à medida que nos ligamos mais firmemente à realidade presente, respondendo através de reações motoras a excitações sensoriais. Na verdade, o eu normal não se fixa jamais em nenhuma das posições extremas; ele se move entre elas, adota sucessivamente as posições representadas pelas seções intermediárias, ou, em outras palavras, dá a suas representações o suficiente de imagem e o suficiente de idéia para que elas possam contribuir utilmente para a ação presente.

Dessa concepção da vida mental inferior podem ser deduzidas as leis da associação de idéias. Mas, antes de aprofundar esse ponto, mostremos a insuficiência das teorias correntes da associação.

Que toda idéia emergente no espírito tem uma relação de semelhança ou de contigüidade com o estado mental anterior, é incontestável; mas uma afirmação desse tipo não nos informa sobre o mecanismo da associação, e a bem da verdade não nos esclarece absolutamente nada. Buscaríamos em vão, com efeito, duas idéias que não tenham entre si algum traço de semelhança ou que não se toquem por algum lado. No que diz respeito à semelhança, por mais profundas que sejam as diferenças que separam duas imagens, encontraremos sempre, remontando bem acima, um gênero comum ao qual elas pertencem e, em conseqüência, uma semelhança que lhes serve de traço de união. No que concerne à contigüidade, uma percepção *A*, como dizíamos antes, não evoca por "contigüidade" uma antiga imagem *B* a não ser que ela lembre primeiro uma imagem *A'* que se lhe assemelha, pois é uma lembrança *A'*, e não a percepção *A*, que toca realmente *B* na memória. Por mais afastados que se suponham portanto os termos *A* e *B* um do outro, sempre se poderá estabelecer entre eles uma relação de contigüidade se o termo intercalar *A'* mantiver com *A* uma semelhança suficientemente afastada. Isso quer dizer que entre duas idéias quaisquer, escolhidas ao acaso, há sempre semelhança e sempre, se quiserem, contigüidade, de sorte que, ao descobrir uma relação de contigüidade ou de semelhança entre duas representações que se sucedem, não se explica em absoluto por que uma evoca a outra.

A verdadeira questão é saber como se opera a seleção entre uma infinidade de lembranças que se assemelham, todas, por algum lado à percepção presente, e por que uma só dentre elas – esta e não aquela – emerge à luz da consciência. A essa questão o associacionismo não é capaz de responder, porque ele institui as idéias e as imagens em entidades independentes, flutuando, à maneira dos átomos de Epicuro, num espaço interior, aproximando-se, ligando-se entre si quando o acaso as conduz à esfera de atração umas das outras. Aprofundando a doutrina nesse ponto, veríamos que seu erro foi *intelectualizar* demasiadamente as idéias, atribuir-lhes um papel inteiramente especulativo, acreditar que elas existem para si e não para nós, desconhecer sua relação com a atividade do querer. Se as lembranças vagueiam, indiferentes, numa consciência inerte e amorfa, não há nenhuma razão para que a percepção presente atraia de preferência uma delas: só poderei constatar o encontro, uma vez produzido, e falar de semelhança ou de contigüidade – o que equivale, no fundo, a reconhecer vagamente que os estados de consciência têm afinidades uns com os outros.

Mas dessa própria afinidade, que toma a dupla forma da contigüidade e da semelhança, o associacionismo é incapaz de fornecer qualquer explicação. A tendência geral para associar-se permanece tão obscura, nessa doutrina, quanto as formas particulares da associação. Havendo erigido as lembranças-imagens individuais em coisas acabadas, dadas tais e quais no curso de nossa vida mental, o associacionismo é obrigado a supor entre esses objetos atrações misteriosas, das quais não se saberia sequer dizer de antemão, como da atração física, através de que fenômenos irão se manifestar. Com efeito, por que uma imagem, que por hipótese basta a si mesma, buscaria agregar-se a outras, ou semelhantes, ou dadas em contigüidade com ela? Mas a verdade é que essa imagem independente é um produto artificial e tardio do espírito. Na realidade, percebemos as semelhanças antes dos indivíduos que se assemelham, e, num agregado de partes contíguas, o todo antes das partes. Vamos da semelhança aos objetos semelhantes, bordando sobre a semelhança, essa talagarça comum, a variedade das diferenças individuais. E vamos também do todo às partes, por um trabalho de decomposição cuja lei veremos mais adiante, e que consiste em parcelar, para a maior comodidade da vida prática, a continuidade do real. A *associação* não é, portanto, o fato primitivo; é por uma *dissociação* que começamos, e a tendência de toda lembrança a se agregar a outras explica-se por um retorno natural do espírito à unidade indivisa da percepção.

Mas descobrimos aqui o vício radical do associacionismo. Sendo dada uma percepção presente que forma passo a passo, com lembranças diversas, várias associações sucessivas, há duas maneiras, dizíamos, de conceber o mecanismo dessa associação. Pode-se supor que a percepção permaneça idêntica a si mesma, verdadeiro átomo psicológico ao qual se agregam outros à medida que estes últimos passam ao lado dele. Tal é o ponto de vista do associacionismo. Mas existe um segundo, e é precisamente aquele que indicamos em nossa teoria do reconhecimento. Supusemos que nossa personalidade inteira, com a totalidade de nossas lembranças, participava, indivisa, de nossa percepção presente. Então, se essa percepção evoca sucessivamente lembranças diferentes, não é por uma adjunção mecânica de elementos cada vez mais numerosos que ela exerceria, imóvel, uma atração ao seu redor; é por uma dilatação de nossa consciência inteira, que, expandindo-se sobre uma superfície mais vasta, é capaz de levar mais longe o inventário detalhado de sua riqueza. Tal como uma nebulosa, vista em telescópios cada vez mais potentes, converte-se em um número crescente de estrelas. Na primeira hipótese (que conta apenas com sua aparente simplicidade e sua analogia com um atomismo mal compreendido), cada lembrança constitui um ser independente e coagulado, do qual não se pode dizer nem por que ele busca agregar-se a outros, nem como escolhe, para associá-las em função de uma contigüidade ou de uma semelhança, entre milhares de lembranças que teriam direitos iguais. É preciso supor que as idéias entrechocam-se ao acaso, ou que forças misteriosas atuam entre elas, e tem-se ainda contra si o testemunho da consciência, que não nos mostra jamais fatos psicológicos flutuando no estado independente. Na segunda hipótese, não se faz mais que constatar a solidariedade dos fatos psicológicos, sempre dados juntos à consciência imediata como um todo indiviso que somente a reflexão separa em fragmentos distintos. O que é preciso explicar, então, já não é a coesão dos estados internos, mas o duplo movimento de contração e de expansão pelo qual a consciência estreita ou alarga o desenvolvimento de seu conteúdo. Mas esse movimento se deduz, conforme iremos ver, das necessidades fundamentais da vida; e é fácil perceber também por que as "associações" que parecemos formar ao longo desse movimento abrangem todos os graus sucessivos da contigüidade e da semelhança.

Suponhamos por um instante, com efeito, que nossa vida psicológica se reduza às meras funções sensório-motoras. Em outras palavras, coloquemo-nos, na figura esquemática que traçamos (p. 190), nesse ponto S que corresponderia à maior simplificação possível de nossa vida mental. Nesse estado, toda percepção prolonga-se espontaneamente em reações apropriadas, pois as percepções análogas anteriores mostraram aparelhos motores mais ou menos complexos que para entrar em funcionamento só esperam a repetição do mesmo apelo. Ora, há nesse mecanismo uma *associação por semelhança*, já que a percepção presente age em virtude de sua similitude com as percepções passadas, e há aí também uma *associação por contigüidade*, já que os movimentos consecutivos a essas percepções antigas se reproduzem, e podem inclusive arrastar consigo um número indefinido de ações coordenadas à primeira. Percebemos portanto aqui, na sua origem mesma e quase confundidas – não pensadas, certamente, mas desempenhadas e vividas –, a associação por semelhança e a associação por contigüidade. Estas não são, aí, formas contingentes de nossa vida psicológica. Representam os dois aspectos complementares de uma única e mesma tendência fundamental, a tendência de todo organismo a extrair de uma situação dada o que ela tem de útil, e a armazenar a reação eventual, sob a forma de hábito motor, para fazê-la servir a situações do mesmo tipo.

Transportemo-nos agora, de um salto, para a outra extremidade de nossa vida mental. Passemos, segundo nosso método, da existência psicológica simplesmente "praticada" para aquela que seria exclusivamente "sonhada". Coloquemo-nos, em outras palavras, sobre essa base *AB* da memória (p. 190) em que se desenham em seus menores detalhes todos os acontecimentos de nossa vida transcorrida. Uma consciência que, desligada da ação, mantivesse sob o olhar a totalidade de seu passado, não teria nenhuma razão para se fixar sobre uma parte desse passado em vez de uma outra. Num certo sentido, todas as suas lembranças diferiam de sua percepção atual, pois, se as tomarmos com a multiplicidade de seus detalhes, duas lembranças não são jamais identicamente a mesma coisa. Mas, num outro sentido, uma lembrança *qualquer* poderia ser aproximada da situação presente: bastaria negligenciar, nessa percepção e nessa lembrança, suficientes detalhes para que apenas a semelhança aparecesse. Aliás, uma vez ligada a lembrança à percepção, uma quantidade de acontecimentos contíguos à lembrança se associaria ao mesmo tempo à percepção – quantidade indefinida, que só se limitaria no ponto em que se escolhesse detê-la. As necessidades da vida já não determinam o efeito da semelhança e conseqüentemente da contigüidade, e, como no fundo tudo se assemelha, segue-se que tudo pode se associar. Há pouco, a percepção atual prolongava-se em movimentos determinados; agora ela se dissolve numa infinidade de lembranças igualmente possíveis. Em *AB* a associação provocaria portanto uma escolha arbitrária, assim como em *S* um procedimento fatal.

Mas estes são apenas dois limites extremos em que o psicólogo deve se colocar alternadamente para a comodidade do estudo, e que, na verdade, jamais são atingidos. Não há, pelo menos no homem, um estado puramente sensório-motor, assim como não há vida imaginativa sem um substrato de atividade vaga. Nossa vida psicológica normal oscila, dizíamos, entre essas duas extremidades. De um lado, o estado sensório-motor *S* orienta a memória, da qual, no fundo, é a extremidade atual e ativa; de outro lado, essa própria memória, com a totalidade de nosso passado, exerce uma pressão para diante a fim de inserir na ação presente a maior parte possível de si mesma. Desse duplo esforço resulta, a todo instante, uma quantidade indefinida de *estados* possíveis da memória, estados figurados pelos cortes *A'B'*, *A"B"*, etc., de nosso esquema. Estes são, dizíamos, outras tantas repetições de nossa vida passada inteira. Mas cada um desses cortes é mais ou menos amplo, conforme se aproxime mais da base ou do vértice; além disso, cada uma dessas representações completas de nosso passado só traz à luz da consciência aquilo que pode se enquadrar no estado sensório-motor, conseqüentemente aquilo que se assemelha à percepção presente do ponto de vista da ação a cumprir. Em outras palavras, a memória integral responde ao apelo de um estado presente através de dois movimentos simultâneos, um de translação, pelo qual ela se dirige por inteiro ao encontro da experiência e se contrai mais ou menos, sem se dividir, em vista da ação, o outro de rotação sobre si mesma, pelo qual se orienta para a situação do momento a fim de apresentar-lhe a face mais útil. A esses diversos graus de contração correspondem as formas variadas de associação por semelhança.

Tudo se passa portanto como se nossas lembranças fossem repetidas um número indefinido de vezes nesses milhares e milhares de reduções possíveis de nossa vida passada. Elas adquirem uma forma mais banal quando a memória se contrai, mais pessoal quando se dilata, e deste modo participam de uma quantidade ilimitada de "sistematizações" diferentes. Uma palavra de uma língua estrangeira, pronunciada a meu ouvido, pode fazer-me pensar nessa língua em geral ou em uma voz que a pronunciava outrora de uma certa maneira. Essas duas associações por semelhança não se devem à chegada acidental de duas representações diferentes que o acaso teria trazido sucessivamente à esfera de atração da percepção atual. Elas respondem a duas *disposições* mentais diversas, a dois graus distintos de tensão da memória, aqui mais próxima à imagem pura, ali mais voltada à resposta imediata, ou seja, à ação. Classificar esses sistemas, buscar a lei que os vincula respectivamente aos diversos "tons" de nossa vida mental, mostrar como cada um desses tons é ele próprio determinado pelas necessidades do momento e também pelo grau variável de nosso esforço pessoal, seria um empreendimento difícil: toda essa psicologia está ainda por fazer, e não pretendemos, de momento, lançar-nos a isso. Mas cada um de nós percebe bem que essas leis existem, e que há relações estáveis dessa natureza. Sabemos, por exemplo, quando lemos um romance de análise psicológica, que certas associações de idéias que nos são descritas são verdadeiras, que elas puderam ser vividas; outras nos chocam ou não nos dão a impressão do real, porque percebemos nelas o efeito de uma aproximação mecânica entre níveis diferentes do espírito, como se o autor não tivesse sabido ater-se ao plano que escolhera da vida mental. A memória, portanto, tem seus graus sucessivos e distintos de tensão ou de vitalidade, difíceis de definir, certamente, mas que o pintor da alma não pode misturar entre si impunemente. A patologia aliás vem confirmar aqui – através de exemplos grosseiros, é verdade – algo que sabemos instintivamente ser verdadeiro. Nas "amnésias sistematizadas" dos histéricos, por exemplo, as lembranças que parecem abolidas encontram-se realmente presentes; mas todas elas estão ligadas a um certo tom determinado de vitalidade intelectual, no qual o paciente não pode mais se colocar.

Se há assim *planos diferentes*, em número indefinido, para a associação por semelhança, o mesmo acontece com a associação por contigüidade. No plano extremo que representa a base da memória, não há lembrança que não esteja ligada, por contigüidade, à totalidade dos acontecimentos que a precedem e também dos que a sucedem. No ponto em que se concentra nossa ação no espaço, ao contrário, a contigüidade só acarreta, sob forma de movimento, a reação imediatamente consecutiva a uma percepção semelhante anterior. Na realidade, toda associação por contigüidade implica uma posição do espírito intermediária entre esses dois limites extremos. Se supusermos, aqui também, uma infinidade de repetições possíveis da totalidade de nossas lembranças, cada um desses exemplares de nossa vida transcorrida será cortado, à sua maneira, em fatias determinadas, e o modo de divisão não será o mesmo se passarmos de um exemplar a outro, porque cada um deles é precisamente caracterizado pela natureza das lembranças dominantes, nas quais as outras lembranças se encostam como em pontos de apoio. Quanto mais nos aproximarmos da *ação*, por exemplo, tanto mais a contigüidade tenderá a participar da semelhança e a se distinguir assim de uma simples relação de sucessão cronológica: é deste modo que não saberíamos dizer das palavras de uma língua estrangeira, quando elas se evocam umas às outras na memória, se há uma associação por semelhança ou por contigüidade. Ao contrário, quanto mais nos afastamos da ação real ou possível, tanto mais a associação por contigüidade tende a reproduzir pura e simplesmente as imagens consecutivas de nossa vida passada. É impossível entrar aqui num estudo aprofundado desses diversos sistemas. Será suficiente assinalar que tais sistemas não são formados de lembranças justapostas à maneira de átomos. Há sempre algumas lembranças dominantes, verdadeiros pontos brilhantes em torno dos quais os outros formam uma vaga nebulosidade. Esses pontos brilhantes multiplicam-se à medida que se dilata nossa memória. O processo de localização de uma lembrança no passado, por exemplo, não consiste de maneira alguma, como já se falou, em penetrar na massa de nossas lembranças como num saco, para retirar daí lembranças cada vez mais aproximadas, entre as quais irá aparecer a lembrança a localizar. Por que feliz acaso colocaríamos a mão justamente sobre um número crescente de lembranças intercalares? O trabalho de localização consiste, em realidade, num esforço crescente de *expansão*, através do qual a memória, sempre presente por inteiro nela mesma, estende suas lembranças sobre uma superfície cada vez mais ampla e acaba por distinguir assim, num amontoado até então confuso, a lembrança que não encontrava seu lugar. Também aqui, por sinal, a patologia da memória nos forneceria ensinamentos instrutivos. Na amnésia retrógrada, as lembranças que desaparecem da consciência são, ao que tudo indica, conservadas nos planos extremos da memória, e o paciente poderá recuperá-las por um esforço excepcional, como o que ocorre no estado de hipnotismo. Nos planos inferiores essas lembranças aguardavam, de certo modo, a imagem dominante na qual pudessem se encostar. Um choque brusco, uma emoção violenta, será o acontecimento decisivo ao qual elas se associarão: e se este acontecimento, em razão de seu caráter repentino, separar-se do resto de nossa história, elas o acompanharão no esquecimento. Concebe-se portanto que o esquecimento consecutivo a um choque, físico ou moral, compreenda os acontecimentos imediatamente anteriores – fenômeno bastante difícil de explicar em todas as outras concepções da memória. Assinalemos de passagem: se nos recusarmos a atribuir alguma espera desse tipo às lembranças recentes, e mesmo relativamente afastadas, o trabalho normal da memória tornar-se-á ininteligível. Pois todo acontecimento cuja lembrança se imprimiu na memória, por mais simples que seja, ocupou um certo tempo. As percepções que preencheram o primeiro período desse intervalo, e que formam agora com as percepções consecutivas uma lembrança indivisa, estavam portanto verdadeiramente no "ar", enquanto a parte decisiva do acontecimento ainda não havia se produzido. Entre o desaparecimento de uma lembrança com seus diversos detalhes preliminares e a abolição, pela amnésia retrógrada, de um número maior ou menor de lembranças anteriores a um acontecimento dado, existe portanto uma simples diferença de grau, e não de natureza.

Dessas diversas considerações sobre a vida mental inferior decorreria uma certa concepção do equilíbrio intelectual. Esse equilíbrio, evidentemente, só será alterado pela perturbação dos elementos que lhe servem de base. Não nos compete abordar aqui os problemas de patologia mental: não podemos todavia eludi-los completamente, uma vez que buscamos determinar a relação exata entre o corpo e o espírito.

Supusemos que o espírito percorria sem cessar o intervalo compreendido entre seus dois limites extremos, o plano da ação e o plano do sonho. Trata-se de uma decisão a tomar? Reunindo, organizando a totalidade de sua experiência naquilo que chamamos seu caráter, ele a fará convergir para ações onde se verá, com o passado que lhes serve de base, a forma imprevista que a personalidade lhes imprime; mas a ação só será realizável se vier se enquadrar na situação atual, ou seja, nesse conjunto de circunstâncias que nasce de uma certa posição determinada do corpo no tempo e no espaço. Trata-se de um trabalho intelectual, de uma concepção a formar, de uma idéia mais ou menos geral a extrair da multiplicidade das lembranças? Uma grande margem é deixada à fantasia, de um lado, e ao discernimento lógico, de outro: mas a idéia, para ser viável, deverá tocar a realidade presente por algum lado, ou seja, deverá poder, gradativamente e por diminuições ou contrações progressivas, ser mais ou menos desempenhada pelo corpo ao mesmo tempo que representada pelo espírito. Nosso corpo, com as sensações que recebe de um lado e os movimentos que é capaz de executar de outro, é portanto aquilo que efetivamente fixa nosso espírito, o que lhe proporciona a base e o equilíbrio. A atividade do espírito ultrapassa infinitamente a massa das lembranças acumuladas, assim como essa massa de lembranças ultrapassa infinitamente as sensações e os movimentos do momento presente; mas essas sensações e movimentos condicionam o que se poderia chamar de *atenção à vida*, e é por isso que tudo depende de sua coesão no trabalho normal do espírito, como numa pirâmide que se equilibrasse sobre sua ponta.

Passemos os olhos, aliás, na fina estrutura do sistema nervoso, tal como a revelaram descobertas recentes. Acreditaremos ver por toda parte condutores, em nenhuma parte centros. Fios dispostos de uma ponta à outra e cujas extremidades se aproximam certamente quando a corrente passa, eis tudo o que se vê. E talvez seja tudo o que existe, se é verdade que o corpo não é mais que um lugar de encontro entre as excitações recebidas e os movimentos efetuados, tal como supusemos ao longo de todo o nosso trabalho. Mas esses fios que recebem do meio exterior estímulos ou excitações e que os devolvem na forma de reações apropriadas, esses fios tão sabiamente estendidos da periferia à periferia, asseguram justamente, pela firmeza de suas conexões e pela precisão de seus entrecruzamentos, o equilíbrio sensório-motor do corpo, isto é, sua adaptação à situação presente. Relaxe-se essa tensão ou rompa-se esse equilíbrio: tudo se passará como se a atenção se separasse da vida. O sonho e a alienação não parecem ser algo muito diferente.

Falávamos há pouco da recente hipótese que atribui o sono a uma interrupção da solidariedade entre neurônios. Mesmo se não aceitarmos essa hipótese (confirmada no entanto por curiosas experiências), seria preciso supor durante o sono profundo uma interrupção pelo menos funcional da relação estabelecida no sistema nervoso entre a excitação e a reação motora. De sorte que o sonho seria sempre o estado de um espírito cuja atenção não é fixada pelo equilíbrio sensório-motor do corpo. E parece cada vez mais provável que essa distensão do sistema nervoso se deva à intoxicação de seus elementos pelos produtos não eliminados de sua atividade normal no estado de vigília. Ora, o sonho imita perfeitamente a alienação. Não apenas todos os sintomas psicológicos da loucura se encontram no sonho – a ponto de a comparação desses dois estados ter se tornado banal –, como a alienação parece igualmente originar-se de um esgotamento cerebral, o qual seria causado, a exemplo da fadiga normal, pela acumulação de certos venenos específicos nos elementos do sistema nervoso[4]. Sabe-se que a alienação

---

4. Essa idéia foi desenvolvida recentemente por vários autores. Uma exposição bastante sistemática poderá ser encontrada no trabalho de Cowles, "The Mecanism of Insanity" (*American Journal of Insanity*, 1890-91).

segue-se freqüentemente às doenças infecciosas, e é possível aliás reproduzir experimentalmente com tóxicos todos os fenômenos da loucura[5]. Não é verossímil, portanto, que a ruptura do equilíbrio mental na alienação se deva simplesmente a uma perturbação das relações sensório-motoras estabelecidas no organismo? Essa perturbação seria suficiente para criar uma espécie de vertigem psíquica, fazendo assim com que a memória e a atenção perdessem contato com a realidade. Leiam-se as descrições feitas por alguns loucos de sua doença nascente: ver-se-á que eles experimentam muitas vezes um sentimento de estranheza ou, como dizem, de "não-realidade", como se as coisas percebidas perdessem para eles seu relevo e sua solidez[6]. Se nossas análises são exatas, o sentimento concreto que temos da realidade presente consistiria, com efeito, na consciência que tomamos dos movimentos efetivos pelos quais nosso organismo responde naturalmente às excitações; – de sorte que quando as relações se enfraquecem ou se deterioram entre sensações e movimentos o sentido do real debilita-se ou desaparece[7].

Haveria aqui, aliás, uma série de distinções a fazer, não apenas entre as diversas formas de alienação, mas também entre a alienação propriamente dita e as cisões da personalidade que uma psicologia recente aproximou de forma bastante curiosa à primeira[8]. Nessas doenças da

---

5. Ver sobretudo Moreau de Tours, *Du hachisch*, Paris, 1845.
6. Ball, *Leçons sur les maladies mentales*, Paris, 1890, pp. 608 ss. – Cf. uma análise bastante curiosa: "Visions, a Personal Narrative" (*Journal of Mental Science*, 1896, p. 284).
7. Ver antes, p. 162.
8. Pierre Janet, *Les accidents mentaux*, Paris, 1894, pp. 292 ss.

personalidade parece que grupos de lembranças separam-se da memória central e renunciam à sua solidariedade com as outras. Mas é raro que não se observem também cisões concomitantes da sensibilidade e da motricidade[9]. É-nos impossível deixar de ver nesses últimos fenômenos o verdadeiro substrato material dos primeiros. Se é verdade que nossa vida intelectual repousa por inteiro sobre sua ponta, isto é, sobre as funções sensório-motoras pelas quais se insere na realidade presente, o equilíbrio intelectual será diversamente perturbado conforme essas funções sejam lesadas de uma maneira ou de outra. Ora, ao lado das lesões que afetam a vitalidade geral das funções sensório-motoras, debilitando ou abolindo o que chamamos de sentido do real, há outras que se traduzem por uma diminuição mecânica, e não mais dinâmica, dessas funções, como se certas conexões sensório-motoras se separassem pura e simplesmente das outras. Se nossa hipótese for correta, a memória será atingida de maneira bem diversa nos dois casos. No primeiro, nenhuma lembrança será separada, mas todas estarão menos apoiadas, menos solidamente orientadas para o real, donde uma ruptura verdadeira do equilíbrio mental. No segundo, o equilíbrio não será rompido, mas perderá sua complexidade. As lembranças conservarão seu aspecto normal, mas renunciarão em parte à sua solidariedade, porque sua base sensório-motora, em vez de ser, por assim dizer, quimicamente alterada, será mecanicamente diminuída. Em nenhum dos dois casos, aliás, as lembranças serão diretamente atingidas ou lesadas.

---

9. Pierre Janet, *L'automatisme psychologique*, Paris, 1889, pp. 95 ss.

A idéia de que o corpo conserva lembranças na forma de dispositivos cerebrais, de que as perdas e as diminuições da memória consistem na destruição mais ou menos completa desses mecanismos, enquanto a exaltação da memória e a alucinação seriam ao contrário um exagero de sua atividade, não é confirmada portanto nem pelo raciocínio nem pelos fatos. Na verdade existe apenas um caso, um único, em que a observação pareceria inicialmente sugerir tal idéia: referimo-nos à afasia ou, de maneira mais geral, aos distúrbios do reconhecimento auditivo e visual. É o único caso em que se pode atribuir à doença uma localização constante numa circunvolução determinada do cérebro; mas é também precisamente o caso em que não verificamos a supressão mecânica e imediatamente definitiva de tais e tais lembranças, mas antes o enfraquecimento gradual e funcional do conjunto da memória interessada. E já explicamos de que modo a lesão cerebral podia ocasionar esse enfraquecimento, sem que seja preciso supor de maneira alguma uma provisão de lembranças acumuladas no cérebro. O que realmente é atingido são as regiões sensoriais e motoras correspondentes a esse tipo de percepção, e sobretudo os anexos que permitem acioná-las interiormente, de sorte que a lembrança, não achando mais a que se prender, acaba por tornar-se praticamente impotente: ora, em psicologia impotência significa inconsciência. Em todos os outros casos, a lesão observada ou suposta, jamais claramente localizada, age através da perturbação que transmite ao conjunto das conexões sensório-motoras, seja por alterar essa massa, seja por fragmentá-la: daí uma ruptura ou uma simplificação do equilíbrio mental e, por tabela, a desordem ou a disjunção das lembranças. A doutrina que faz da memória uma função imediata do cérebro, doutrina que levanta dificuldades teóricas insolúveis, doutrina cuja complicação desafia toda imaginação e cujos resultados são incompatíveis com os dados da observação interior, não pode portanto contar sequer com o apoio da patologia cerebral. Todos os fatos e todas as analogias estão a favor de uma teoria que veria no cérebro apenas um intermediário entre as sensações e os movimentos, que faria desse conjunto de sensações e movimentos a ponta extrema da vida mental, ponta incessantemente inserida no tecido dos acontecimentos, e que, atribuindo assim ao corpo a única função de orientar a memória para o real e de ligá-la ao presente, consideraria essa própria memória como absolutamente independente da matéria. Neste sentido o cérebro contribui para chamar de volta a lembrança útil, porém mais ainda para afastar provisoriamente todas as outras. Não vemos de que modo a memória se alojaria na matéria; mas compreendemos bem – conforme a observação profunda de um filósofo contemporâneo – que "a materialidade ponha em nós o esquecimento"[10].

---

10. Ravaisson, *La philosophie en France au XIXe siècle*, 3.ª edição, p. 176.

CAPÍTULO IV
DA DELIMITAÇÃO E DA FIXAÇÃO DAS IMAGENS. PERCEPÇÃO E MATÉRIA. ALMA E CORPO

Uma conclusão geral decorre dos três primeiros capítulos deste livro: a de que o corpo, sempre orientado para a ação, tem por função essencial limitar, em vista da ação, a vida do espírito. Com relação às representações, ele é um instrumento de seleção, e de seleção apenas. Não poderia nem engendrar nem ocasionar um estado intelectual. No que diz respeito à percepção, nosso corpo, pelo lugar que ocupa a todo instante no universo, marca as partes e os aspectos da matéria sobre os quais teríamos ação: a percepção, que mede justamente nossa ação virtual sobre as coisas, limita-se assim aos objetos que influenciam atualmente nossos órgãos e preparam nossos movimentos. No que diz respeito à memória, o papel do corpo não é armazenar as lembranças, mas simplesmente escolher, para trazê-la à consciência distinta graças à eficácia real que lhe confere, a lembrança útil, aquela que completará e esclarecerá a situação presente em vista da ação final. É verdade que esta segunda seleção é bem menos rigorosa que a primeira, porque nossa experiência passada é uma experiência individual e não mais comum, porque temos sempre muitas lembranças diferentes capazes de se ajustarem igualmente a uma mesma situação atual, e também porque a natureza não pode ter aqui, como no caso da percepção, uma regra inflexível para delimitar nossas representações. Uma certa margem é portanto necessariamente deixada desta vez à fantasia; e, se os animais não se aproveitam muito dela, cativos que são da necessidade material, parece que o espírito humano, ao contrário, lança-se a todo instante com a totalidade de sua memória de encontro à porta que o corpo lhe irá entreabrir: daí os jogos da fantasia e o trabalho da imaginação – liberdades que o espírito toma com a natureza. É verdade que mesmo assim a orientação de nossa consciência para a ação parece ser a lei fundamental de nossa vida psicológica.

Poderíamos a rigor deter-nos aqui, pois era para definir o papel do corpo na vida do espírito que havíamos empreendido este trabalho. Mas, por um lado, durante o caminho levantamos um problema metafísico que julgamos não poder ser deixado em suspenso, e, por outro, nossas pesquisas, embora sobretudo psicológicas, em diversos momentos deixaram entrever, senão um meio de resolver o problema, pelo menos um lado por onde abordá-lo.

Esse problema é nada menos que o da união da alma ao corpo. Ele coloca-se para nós de uma forma aguda, porque distinguimos profundamente a matéria do espírito. E não podemos tomá-lo por insolúvel, pois definimos espírito e matéria por caracteres positivos, e não por negações. É verdadeiramente na matéria que a percepção pura nos colocaria, e efetivamente no espírito que penetraríamos já com a memória. Além disso, a mesma observação psicológica que nos revelou a distinção da matéria e do espírito nos faz ver sua união. Portanto, ou nossas análises comportam um vício original, ou elas devem ajudar-nos a sair das dificuldades que levantam.

A obscuridade do problema, em todas as doutrinas, deve-se à dupla antítese que nosso entendimento estabelece entre o extenso e o inextenso, de um lado, a qualidade e a quantidade, de outro. É incontestável que o espírito se opõe inicialmente à matéria como uma unidade pura se opõe a uma multiplicidade essencialmente divisível, que além disso nossas percepções se compõem de qualidades heterogêneas enquanto o universo percebido parece dever resolver-se em mudanças homogêneas e calculáveis. Haveria portanto a inextensão e a qualidade de um lado, a extensão e a quantidade de outro. Repudiamos o materialismo, que pretende fazer derivar o primeiro termo do segundo; mas não aceitamos também o idealismo, que deseja que o segundo seja simplesmente uma construção do primeiro. Sustentamos contra o materialismo que a percepção supera infinitamente o estado cerebral; mas procuramos estabelecer contra o idealismo que a matéria ultrapassa por todos os lados a representação que temos dela, representação que o espírito, por assim dizer, colheu aí através de uma escolha inteligente. Dessas duas doutrinas opostas, uma atribui ao corpo e a outra ao espírito um dom de criação verdadeira, a primeira querendo que nosso cérebro engendre a representação e a segunda que nosso entendimento desenhe o plano da natureza. E contra essas duas doutrinas invocamos o mesmo testemunho, o da consciência, que nos mostra em nosso corpo uma imagem como as outras, e em nosso entendimento uma certa faculdade de dissociar, de distinguir e de opor logicamente, mas não de criar ou de construir. Assim, prisioneiros voluntários da análise psicológica e conseqüentemente do senso comum, parece que fechamos, após ter exasperado os conflitos que o dualismo vulgar levanta, todas as saídas que a metafísica podia nos abrir.

Mas, justamente porque levamos o dualismo ao extremo, nossa análise talvez tenha dissociado seus elementos contraditórios. A teoria da percepção pura de um lado, da memória pura de outro, prepararia então o caminho para uma reaproximação entre o inextenso e o extenso, entre a qualidade e a quantidade.

No que concerne à percepção pura, ao fazer do estado cerebral o começo de uma ação e não a condição de uma percepção, lançávamos as imagens percebidas das coisas fora da imagem de nosso corpo; recolocávamos portanto a percepção nas próprias coisas. Mas com isso, nossa percepção fazendo parte das coisas, as coisas participam da natureza de nossa percepção. A extensão material não é mais, não pode ser mais essa extensão múltipla de que fala o geômetra; ela assemelha-se, antes, à extensão indivisa de nossa representação. Equivale a dizer que a análise da percepção pura nos deixou entrever na idéia de *extensão* uma reaproximação possível entre o extenso e o inextenso.

Por uma via paralela, nossa concepção da memória pura deveria levar a atenuar a segunda oposição, entre a qualidade e a quantidade. Separamos radicalmente, com efeito, a lembrança pura do estado cerebral que a prolonga e a torna eficaz. A memória portanto não é, em nenhum grau, uma emanação da matéria; muito pelo contrário, a matéria, tal como a captamos numa percepção concreta que ocupa sempre uma certa duração, deriva em grande parte da memória. Ora, onde está exatamente a diferença entre as qualidades heterogêneas que se sucedem em nossa percepção concreta e as mudanças homogêneas que a ciência coloca por trás dessas percepções no espaço? As primeiras são descontínuas e não podem ser deduzidas umas das outras; as segundas, ao contrário, prestam-se ao cálculo. Mas, porque se prestam a isso, não há necessidade de fazer delas quantidades puras: equivaleria a reduzi-las ao nada. Basta que sua heterogeneidade seja suficientemente diluída, de certo modo, para tornar-se, de nosso ponto de vista, praticamente negligenciável. Ora, se toda percepção concreta, por mais breve que a suponhamos, já é a síntese, pela memória, de uma infinidade de "percepções puras" que se sucedem, não devemos pensar que a heterogeneidade das qualidades sensíveis tem a ver com sua contração em nossa memória, e a homogeneidade relativa das mudanças objetivas com seu relaxamento natural? E o intervalo da quantidade à qualidade não poderia então ser diminuído por considerações de *tensão*, assim como a distância do extenso ao inextenso por considerações de extensão?

Antes de nos lançarmos nesse caminho, formulemos o princípio geral do método que gostaríamos de aplicar. Já fizemos uso dele num trabalho anterior, e mesmo, implicitamente, no presente trabalho.

O que chamamos ordinariamente um *fato* não é a realidade tal como apareceria a uma intuição imediata, mas uma adaptação do real aos interesses da prática e às exigências da vida social. A intuição pura, exterior ou interna, é a de uma continuidade indivisa. Nós a fracionamos em elementos justapostos, que correspondem, aqui a *palavras* distintas, ali a *objetos* independentes. Mas, justamente porque rompemos assim a unidade de nossa intuição original, sentimo-nos obrigados a estabelecer entre os termos disjuntos um vínculo, que já não poderá ser senão exterior e sobreposto. À unidade viva, nascida da continuidade interior, substituímos a unidade factícia de uma moldura vazia, inerte como os termos que ela mantém unidos. Empirismo e dogmatismo concordam, no fundo, em partir dos fenômenos assim reconstituídos, e diferem apenas no fato de o dogmatismo prender-se mais à forma, o empirismo à matéria. O empirismo, com efeito, percebendo vagamente o que há de artificial nas relações que unem os termos entre si, atém-se aos termos e negligencia as relações. Seu erro não consiste em dar demasiado valor à experiência, mas ao contrário em substituir a experiência verdadeira, aquela que nasce do contato imediato do espírito com seu objeto, por uma experiência desarticulada e portanto certamente desnaturada, em todo caso arranjada para a maior facilidade da ação e da linguagem. Justamente porque essa fragmentação do real se operou em vista das exigências da vida prática, ela não acompanhou as linhas interiores da estrutura das coisas: por isso o empirismo é incapaz de satisfazer o espírito em qualquer um dos grandes problemas, e inclusive, quando chega à plena consciência de seu princípio, abstém-se de colocá-los. – O dogmatismo descobre e resgata as dificuldades para as quais o empirismo fecha os olhos; mas, para falar a verdade, busca sua solução no caminho que o empirismo traçou. Também ele aceita esses fenômenos desligados, descontínuos, com os quais o empirismo se contenta, e esforça-se apenas em fazer uma síntese que, não tendo sido dada numa intuição, terá sempre necessariamente uma forma arbitrária. Em outras palavras, se a metafísica não é mais que uma construção, há várias metafísicas igualmente verossímeis, que se refutam conseqüentemente umas às outras, e a última palavra caberá a uma filosofia crítica que toma todo conhecimento por relativo e o âmago das coisas por inacessível ao espírito. Tal é, com efeito, a marcha regular do pensamento filosófico: partimos daquilo que acreditamos ser a experiência, procuramos diversos arranjos possíveis entre os fragmentos que a compõem aparentemente, e, diante da fragilidade reconhecida de todas as nossas construções, acabamos por renunciar a construir. – Mas haveria um último empreendimento a tentar. Seria ir buscar a experiência em sua fonte, ou melhor, acima dessa *virada* decisiva em que ela, infletindo-se no sentido de nossa utilidade, torna-se propriamente experiência *humana*. A impotência da razão especulativa, tal como Kant a demonstrou, talvez não seja, no fundo, senão a impotência de uma inteligência submetida a certas necessidades da vida corporal e exercendo-se sobre uma matéria que foi preciso desorganizar para a satisfação de nossas necessidades. Nosso conhecimento das coisas já não seria então relativo à estrutura fundamental de nosso espírito, mas somente a seus hábitos superficiais e adquiridos, à forma contingente que depende de nossas funções corporais e nossas necessidades inferiores. A relatividade do conhecimento não seria portanto definitiva. Desfazendo o que essas necessidades fizeram, restabeleceríamos a intuição em sua pureza primeira e retomaríamos contato com o real.

Esse método apresenta, na aplicação, dificuldades consideráveis e que não cessam de renascer, porque ele exige, para a solução de cada novo problema, um esforço inteiramente novo. Renunciar a certos hábitos de pensar e mesmo de perceber já é difícil: mas esta é só a parte negativa do trabalho a ser feito; e, quando a fizemos, quando nos colocamos naquilo que chamávamos a *virada* da experiência, quando aproveitamos a nascente claridade que, ao iluminar a passagem do *imediato* ao *útil*, dá início à aurora de nossa experiência humana, resta ainda reconstituir, com os elementos infinitamente pequenos que percebemos da curva real, a forma da própria curva que se estende na obscuridade atrás deles. Neste sentido, a tarefa do filósofo, tal como a entendemos, assemelha-se em muito à do matemático que determina uma função partindo da diferencial. O procedimento extremo da pesquisa filosófica é um verdadeiro trabalho de integração.

Tentamos outrora a aplicação desse método ao problema da consciência, e nos pareceu que o trabalho utilitário do espírito, no que concerne à percepção de nossa vida interior, consistia numa espécie de refração da duração pura através do espaço, refração que nos permite separar nossos estados psicológicos, conduzi-los a uma forma cada vez mais impessoal, impor-lhes nomes, enfim, fazê-los entrar na corrente da vida social. Empirismo e dogmatismo tomam os estados interiores sob essa forma descontínua, o primeiro atendo-se aos próprios estados para ver no eu apenas uma seqüência de fatos justapostos, o outro compreendendo a necessidade de um vínculo, mas já não podendo achar esse vínculo senão em uma forma ou em uma força – forma exterior onde o agregado se inseriria, força indeterminada e, por assim dizer, física, que garantiria a coesão dos elementos. Daí os dois pontos de vista opostos sobre a questão da liberdade: para o determinismo, o ato é a resultante de uma composição mecânica dos elementos entre si; para seus adversários, se estivessem rigorosamente de acordo com seu princípio, a decisão livre deveria ser um *fiat* arbitrário, uma verdadeira criação *ex nihilo*. – Pensamos que haveria um terceiro partido a tomar. Seria colocarmo-nos na duração pura, cujo decorrer é contínuo, e onde passamos, por gradações insensíveis, de um estado a outro: continuidade realmente vivida, mas artificialmente decomposta para a maior comodidade do conhecimento usual. Então acreditamos ver a ação sair de seus antecedentes por uma evolução *sui generis*, de tal sorte que encontramos nessa ação os antecedentes que a explicam, e no entanto ela acrescenta aí algo de absolutamente novo, estando em desenvolvimento neles como o fruto na flor. A liberdade não é de modo algum reconduzida por isso, como se disse, à espontaneidade sensível. Quando muito seria assim no animal, cuja vida psicológica é sobretudo afetiva. Mas no homem, ser pensante, o ato livre pode ser chamado uma síntese de sentimentos e de idéias, e a evolução que conduz a isso, uma evolução racional. O artifício desse método consiste simplesmente, em suma, em distinguir o ponto de vista do conhecimento usual ou útil e o do conhecimento verdadeiro. A duração *em que nos vemos agir*, e em que é útil que nos vejamos, é uma duração cujos elementos se dissociam e se justapõem; mas a duração *em que agimos* é uma duração na qual nossos estudos se fundem uns nos outros, e é lá que devemos fazer um esforço para nos colocar pelo pensamento no caso excepcional e único em que especulamos sobre a natureza íntima da ação, ou seja, na teoria da liberdade.

Um método desse tipo será aplicável ao problema da matéria? A questão é saber se, nessa "diversidade dos fenômenos" de que falou Kant, a massa confusa com tendência extensiva poderia ser apreendida aquém do espaço homogêneo sobre o qual ela se aplica e por intermédio do qual a subdividimos – do mesmo modo que nossa vida interior é capaz de se desligar do tempo indefinido e vazio para voltar a ser duração pura. Certamente, seria um empreendimento quimérico querer libertar-se das condições fundamentais da percepção exterior. Mas a questão é saber se certas condições, que tomamos geralmente por fundamentais, não concerniriam ao uso a fazer das coisas, à vantagem prática que nos proporcionam, bem mais do que ao conhecimento puro que podemos ter delas. Mais particularmente, no que se refere à extensão concreta, contínua, diversificada e ao mesmo tempo organizada, pode-se contestar que ela seja solidária ao espaço amorfo e inerte que a subtende, espaço que dividimos indefinidamente, onde separamos figuras arbitrariamente, e onde o próprio movimento, conforme dizíamos em outra parte, só pode aparecer como uma multiplicidade de posições instantâneas, já que nada poderia assegurar nele a coesão do passado e do presente. Seria possível portanto, numa certa medida, libertar-se do espaço sem sair da extensão, e haveria efetivamente aí um retorno ao imediato, uma vez que percebemos de fato a extensão, enquanto não fazemos mais que conceber o espaço à maneira de um esquema. Censurar-se-á este método por atribuir arbitrariamente ao conhecimento imediato um valor privilegiado? Mas que razões teríamos para duvidar de um conhecimento? A própria idéia de duvidar por acaso nos viria sem as dificuldades e as contradições que a reflexão assinala, sem os problemas que a filosofia coloca? E o conhecimento imediato não encontraria então nele mesmo sua justificação e sua prova, se pudéssemos estabelecer que essas dificuldades, essas contradições, esses problemas nascem sobretudo da figuração simbólica que recobre tal conhecimento, figuração que se tornou para nós a própria realidade, e cuja espessura só pode ser atravessada por um esforço intenso, excepcional?

Escolhemos a seguir, dentre os resultados a que a aplicação desse método pode conduzir, aqueles que interessam nossa pesquisa. Iremos nos contentar aliás com indicações; é impossível tratar de construir aqui uma teoria da matéria.

I. *Todo movimento, enquanto passagem de um repouso a um repouso, é absolutamente indivisível.*

Não se trata aqui de uma hipótese, mas de um fato, geralmente recoberto por uma hipótese.

Eis por exemplo minha mão colocada no ponto *A*. Transporto-a para o ponto *B*, percorrendo num único gesto o intervalo. Há nesse movimento, ao mesmo tempo, uma imagem que impressiona minha visão e um ato que minha consciência muscular percebe. Minha consciência me dá a sensação interior de um fato simples, pois em *A* estava o repouso, em *B* está também o repouso, e entre

A e *B* coloca-se um ato indivisível ou pelo menos indiviso, passagem do repouso ao repouso, que é o próprio movimento. Mas minha visão percebe o movimento na forma de uma linha *AB* que é percorrida, e essa linha, como todo espaço, é indefinidamente decomponível. Portanto, parece inicialmente possível, como pretendo, tomar esse movimento por múltiplo ou por indivisível, conforme eu o considere no espaço ou no tempo, como uma imagem que se desenha fora de mim ou como um ato que eu mesmo realizo.

Todavia, afastando toda idéia preconcebida, percebo rapidamente que não tenho escolha, que minha própria visão capta o movimento de *A* a *B* como um todo indivisível, e que, se ela divide alguma coisa, é a linha supostamente percorrida e não o movimento que a percorre. É bem verdade que minha mão vai de *A* a *B* sem atravessar as posições intermediárias, e que esses pontos intermediários assemelham-se a etapas, tão numerosas quanto se quiser, dispostas ao longo do trajeto; mas há entre as divisões assim marcadas e etapas propriamente ditas a diferença capital de que em uma etapa nos detemos, enquanto aqui o móvel passa. Ora, a passagem é um movimento, e a detenção uma imobilidade. A detenção interrompe o movimento; a passagem identifica-se com o próprio movimento. Quando vejo o móvel passar num ponto, concebo certamente que ele *possa* se deter nele; e, ainda que não se detenha, tendo a considerar sua passagem como um repouso infinitamente curto, porque necessito pelo menos do tempo para pensar nele; mas é apenas minha imaginação que repousa aqui, e o papel do móvel, ao contrário, é se mover. Todo ponto do espaço aparecendo-me necessariamente como fixo, tenho muita dificuldade em não atribuir ao próprio móvel a mobilidade do ponto com o qual por um momento eu o faço coincidir; parece-me então, quando reconstituo o movimento total, que o móvel estacionou por um tempo infinitamente curto em todos os pontos de sua trajetória. Mas convém não confundir os dados dos sentidos, que percebem o movimento, com os artifícios do espírito que o recompõe. Os sentidos, entregues a si mesmos, apresentam-nos o movimento real, entre duas detenções reais, como um todo sólido e indiviso. A divisão é obra da imaginação, que tem justamente por função fixar as imagens moventes de nossa experiência ordinária, como o relâmpago instantâneo que ilumina durante a noite uma cena de tempestade.

Captamos aqui, em seu próprio princípio, a ilusão que acompanha e recobre a percepção do movimento real. O movimento consiste visivelmente em passar de um ponto a outro, e por conseqüência em atravessar o espaço. Ora, o espaço atravessado é divisível ao infinito, e, como o movimento se aplica, por assim dizer, ao longo da linha que percorre, ele parece solidário a essa linha e divisível como ela. Não foi ele próprio que a desenhou? Não atravessou ele, um após outro, os pontos sucessivos e justapostos? Sim, certamente, mas esses pontos só têm realidade numa linha traçada, isto é, imóvel; e somente porque você se representa o movimento, sucessivamente, nesses diferentes pontos, é que você o detém necessariamente neles; suas posições sucessivas são, no fundo, apenas detenções imaginárias. Você substitui o trajeto pela trajetória e, porque o trajeto está subtendido pela trajetória, você acredita que ambos coincidem. Mas de que modo um *progresso* coincidiria com uma *coisa*, um movimento com uma imobilidade?

O que facilita aqui a ilusão é que distinguimos momentos no curso da duração, assim como posições no trajeto do móvel. A supor que o movimento de um ponto a outro forme um todo indiviso, esse movimento ainda assim leva um tempo determinado, e basta que se isole dessa duração um instante indivisível para que o móvel ocupe nesse momento preciso uma certa posição, que se destaca assim de todas as outras. A indivisibilidade do movimento implica portanto a impossibilidade do instante, e uma análise muito sumária da idéia de duração irá com efeito nos mostrar, ao mesmo tempo, por que atribuímos instantes à duração, e como ela não poderia tê-los. Seja um movimento simples, como o trajeto de minha mão se deslocar de *A* a *B*. Esse trajeto é dado à minha consciência como um todo indiviso. Ele dura, certamente; mas sua duração, que coincide aliás com o aspecto interior que adquire para minha consciência, é compacta e indivisa como ele. Ora, na medida em que se apresenta, enquanto movimento, como um fato simples, ele descreve no espaço uma trajetória que posso considerar, para simplificar as coisas, como uma linha geométrica; e as extremidades dessa linha, enquanto limites abstratos, já não são linhas, mas pontos indivisíveis. Ora, se a linha que o móvel descreveu mede para mim a duração de seu movimento, como o ponto onde a linha termina não haveria de simbolizar uma extremidade dessa duração? E se esse ponto é um indivisível de comprimento, como não terminar a duração do trajeto por um indivisível de duração? A linha total representando a duração total, as partes dessa linha devem corresponder, parece, a partes da duração, e os pontos da linha a momentos do tempo. Os indivisíveis de duração ou momentos do tempo nascem portanto de uma necessidade de simetria; chega-se naturalmente a eles desde que se peça ao espaço uma representação integral da duração. Mas eis precisamente o erro. Se a linha *AB* simboliza a duração decorrida do movimento efetuado de *A* a *B*, ela não pode de maneira alguma, sendo imóvel, representar o movimento que se efetua, a duração que decorre; e, do fato de que essa linha seja divisível em partes, e de que ela termine por pontos, não se deve concluir nem que a duração correspondente se componha de partes separadas, nem que ela seja limitada por instantes.

Os argumentos de Zenão de Eléia não têm outra origem senão essa ilusão. Todos consistem em fazer coincidir o tempo e o movimento com a linha que os subtende, em atribuir-lhes as mesmas subdivisões, enfim, em tratá-los como linha. A essa confusão Zenão era encorajado pelo senso comum, que transporta geralmente ao movimento as propriedades de sua trajetória, e também pela linguagem, que traduz sempre em espaço o movimento e a duração. Mas o senso comum e a linguagem estão aqui em seu direito, e inclusive cumprem, de certo modo, seu dever, pois, considerando sempre o *devir* como uma *coisa* utilizável, eles não têm por que se inquietar mais com a organização interior do movimento do que o operário com a estrutura molecular de suas ferramentas. Ao tomar o movimento por divisível como sua trajetória, o senso comum exprime apenas os dois únicos fatos que importam na vida prática: 1) que todo movimento descreve um espaço; 2) que em cada ponto desse espaço o móvel *poderia* se deter. Mas o filósofo que reflete sobre a natureza íntima do movimento é obrigado a restituir-lhe a mobilidade que é sua essência, e é isto que Zenão não faz. Pelo primeiro argumento (a Dicotomia) supõe-se o móvel em repouso, para a seguir só considerar etapas, em número indefinido, sobre a linha que deve percorrer: você buscaria em vão, dizem-nos, a maneira como ele conseguiria transpor o intervalo. Mas com isso prova-se simplesmente que é impossível construir *a priori* o movimento com imobilidades, e disso jamais alguém duvidou. A única questão é saber se, o movimento sendo dado como um fato, há um absurdo de certo modo retrospectivo em conceber que um número infinito de pontos tenha sido percorrido. Mas vemos aí algo muito natural, já que o movimento é um fato indiviso ou uma seqüência de fatos indivisos, enquanto a trajetória é indefinidamente divisível. No segundo argumento (o Aquiles), consente-se em se dar o movimento; ele é atribuído inclusive a dois móveis, mas, sempre pelo mesmo erro, deseja-se que esses movimentos coincidam com sua trajetória e sejam, como ela, arbitrariamente decomponíveis. Então, em vez de reconhecer que a tartaruga dá passos de tartaruga e Aquiles passos de Aquiles, de modo que após um certo número desses atos ou saltos indivisíveis Aquiles terá ultrapassado a tartaruga, Zenão acredita-se no direito de desarticular à vontade o movimento de Aquiles e o movimento da tartaruga: diverte-se assim em reconstruir os dois movimentos segundo uma lei de formação arbitrária, incompatível com as condições fundamentais da mobilidade. O mesmo sofisma aparece mais claramente no terceiro argumento (a Flecha), que consiste em concluir, do fato de podermos fixar

DA DELIMITAÇÃO E DA FIXAÇÃO DAS IMAGENS 225

pontos sobre a trajetória de um projétil, que se tem o direito de distinguir momentos indivisíveis na duração do trajeto. Mas o mais instrutivo dos argumentos de Zenão é talvez o quarto (o Estádio), que acreditamos ter sido muito injustamente desdenhado, e cujo absurdo só é mais manifesto porque nele se expõe com toda a franqueza o postulado dissimulado nos outros três[1]. Sem entrar aqui numa discussão que estaria fora de lugar, limitemo-nos a constatar que o movimento imediatamente percebido é um fato

---

1. Recordemos brevemente esse argumento. Seja um móvel que se desloca com uma certa velocidade e que passa simultaneamente diante de dois corpos, um deles imóvel e o outro movendo-se a seu encontro com a mesma velocidade que ele. Ao mesmo tempo que o móvel percorre um certo comprimento do primeiro corpo, ele transpõe naturalmente um comprimento duplo do segundo. Donde Zenão conclui "que uma duração é o dobro dela mesma". – Raciocínio pueril, dizem, pois Zenão não leva em conta que a velocidade é o dobro, num caso, do que é no outro. – Certo. Mas de que modo, pergunto, ele poderia perceber isso? Que, ao mesmo tempo, um móvel percorra comprimentos diferentes de dois corpos, um estando em repouso e outro em movimento, isto é claro para quem faz da duração uma espécie de absoluto, e a coloca seja na consciência, seja em algo que participa da consciência. Enquanto uma porção *determinada* dessa duração consciente ou absoluta transcorre, com efeito, o mesmo móvel percorreu, ao longo dos dois corpos, dois espaços, um o dobro do outro, sem que se possa concluir daí que uma duração é o dobro dela mesma, uma vez que a duração permanece algo independente de um e de outro espaço. Mas o erro de Zenão, em toda a sua argumentação, é justamente deixar de lado a duração verdadeira para considerar apenas seu traço objetivo no espaço. Como é que os dois traços deixados pelo mesmo móvel não mereceriam então uma igual consideração, enquanto medidas da duração? E como não representariam a mesma duração, ainda que fossem o dobro um do outro? Concluindo daí que uma duração "é o dobro dela mesma", Zenão permanecia na lógica de sua hipótese, e seu quarto argumento vale exatamente tanto quanto os outros três.

muito claro, e que as dificuldades ou contradições assinaladas pela escola de Eléia concernem muito menos ao movimento propriamente do que a uma reorganização artificial, e não viável, do movimento pelo espírito. Tiremos aliás a conclusão de tudo o que precede:

II. *Há movimentos reais.*

O matemático, exprimindo com mais precisão uma idéia do senso comum, define a posição pela distância a pontos de referência ou a eixos, e o movimento pela variação da distância. Ele não conhece portanto do movimento a não ser mudanças de comprimento; e, como os valores absolutos da distância variável entre um ponto e um eixo, por exemplo, exprimem tanto o deslocamento do eixo em relação ao ponto como o do ponto em relação ao eixo, ele atribuirá indiferentemente ao mesmo ponto o repouso ou a mobilidade. Se o movimento se reduz portanto a uma mudança de distância, o mesmo objeto torna-se móvel ou imóvel conforme os pontos de referência aos quais é relacionado, e não há movimento absoluto.

Mas as coisas mudam já de aspecto quando se passa das matemáticas à física, e do estudo abstrato do movimento à consideração das mudanças concretas que se realizam no universo. Se somos livres para atribuir o repouso ou o movimento a todo ponto material tomado isoladamente, ainda assim é verdade que o aspecto do universo material muda, que a configuração interior de todo sistema real varia, e que aqui não temos mais a escolha entre a mobilidade e o repouso: o movimento, qualquer que seja sua natureza íntima, torna-se uma incontestável realidade. Admitamos que não se possa dizer que partes do conjunto se movem; ainda assim há movimento no conjunto. Deste modo não é de admirar que os mesmos pensadores que consideram todo movimento particular como relativo tratem da totalidade dos movimentos como de um absoluto. A contradição foi assinalada em Descartes, que, após ter dado à tese da relatividade sua forma mais radical ao afirmar que todo movimento é "recíproco"[2], formula as leis do movimento como se o movimento fosse um absoluto[3]. Leibniz e outros, depois dele, assinalaram essa contradição[4]: ela deve-se simplesmente a que Descartes trata do movimento como físico após tê-lo definido como geômetra. Todo movimento é relativo para o geômetra: isto significa apenas, em nossa opinião, *que não há símbolo matemático capaz de exprimir que é o móvel que se move e não os eixos ou os pontos aos quais está relacionado*. E é natural que seja assim, já que esses símbolos, sempre destinados a medidas, só são capazes de exprimir distâncias. Mas que haja um movimento real, ninguém pode contestar seriamente: caso contrário, nada mudaria no universo, e sobretudo não se percebe o que significaria a consciência que temos de nossos próprios movimentos. Em sua controvérsia com Descartes, Morus fazia alusão a esse último ponto com um gracejo: "Quando estou sentado tranqüilo, e um outro, afastando-se mil passos de

---

2. Descartes, *Principes*, II, 29.
3. *Principes*, parte II, §§ 37 ss.
4. Leibniz, "Specimen dynamicum" (*Mathem. Schriften*, Gerhardt, 2.ª seção, 2.º vol., p. 246).

mim, está exausto de fadiga, é efetivamente ele que se move e sou eu que repouso."[5]

Mas, se há um movimento absoluto, pode-se persistir em ver no movimento apenas uma mudança de lugar? Será preciso então erigir a diversidade de lugar em diferença absoluta, e distinguir posições absolutas num espaço absoluto. Foi o que Newton fez[6], seguido aliás por Euler[7] e outros. Mas é possível imaginar-se ou mesmo conceber-se isso? Um lugar não se distinguiria absolutamente de outro lugar a não ser por sua qualidade, ou por sua relação ao conjunto do espaço: de sorte que o espaço se tornaria, nessa hipótese, ou composto de partes heterogêneas ou finito. Mas a um espaço finito daríamos um outro espaço como barreira, e sob partes heterogêneas de espaço imaginaríamos um espaço homogêneo como suporte: em ambos os casos, é ao espaço homogêneo e indefinido que retornaríamos necessariamente. Não podemos portanto deixar de tomar todo lugar por relativo, nem de crer num movimento absoluto.

Dir-se-á então que o movimento real se distingue do movimento relativo pelo fato de ter uma causa real, pelo fato de emanar de uma força? Mas convém que nos entendamos quanto ao sentido desta última palavra. Nas ciências da natureza, a força não é mais que uma função da massa e da velocidade; ela é calculada pela aceleração; só a conhecemos, só a avaliamos pelos movimentos que ela supostamente produz no espaço. Solidária a esses movimentos, ela participa de sua relatividade. Deste modo,

---

5. H. Morus, *Scripta philosophica*, 1679, t. II, p. 248.
6. Newton, *Principia* (ed. Thomson, 1871, pp. 6 ss.)
7. Euler, *Theoria motus corporum solidorum*, 1765, pp. 30-3.

os físicos que buscam o princípio do movimento absoluto na força assim definida são reconduzidos, pela lógica de seu sistema, à hipótese de um espaço absoluto que desejavam evitar de início[8]. Será preciso portanto retornar ao sentido metafísico da palavra, e apoiar o movimento percebido no espaço em causas profundas, análogas às que nossa consciência acredita perceber no sentimento do esforço. Mas o sentimento do esforço é efetivamente o de uma causa profunda? E análises decisivas não mostraram que não há nada mais, nesse sentimento, do que a consciência dos movimentos já efetuados ou começados na periferia do corpo? É portanto em vão que gostaríamos de fundar a realidade do movimento sobre uma causa que se distingue dele: a análise nos leva sempre de volta ao próprio movimento.

Mas por que buscar em outro lugar? Enquanto você apóia o movimento contra a linha que ele percorre, o mesmo ponto aparece alternadamente, conforme a origem à qual você o relaciona, como repouso ou como movimento. O mesmo não acontece se você extrai do movimento a mobilidade que é sua essência. Quando meus olhos me dão a sensação de um movimento, esta sensação é uma realidade, e algo se passa efetivamente, seja que um objeto se desloque ante meus olhos, seja que meus olhos se movam diante do objeto. Com mais razão ainda estou seguro da realidade do movimento quando o produzo após ter desejado produzi-lo, e o sentido muscular me proporciona a consciência dele. Vale dizer que toco a realidade do movimento quando ele me aparece, interiormente a

---

8. Em particular Newton.

mim, como uma mudança de *estado* ou de *qualidade*. Mas, então, por que não se passaria o mesmo quando percebo mudanças de qualidade nas coisas? O som difere absolutamente do silêncio, como também um som de outro som. Entre a luz e a obscuridade, entre cores, entre nuances, a diferença é absoluta. A passagem de uma à outra é, igualmente, um fenômeno absolutamente real. Tomo portanto as duas extremidades da cadeia, as sensações musculares em mim, as qualidades sensíveis fora de mim, e nem num caso nem no outro percebo o movimento, se movimento existe, como uma simples relação: trata-se de um absoluto. – Entre essas duas extremidades vêm colocar-se os movimentos dos *corpos* exteriores propriamente ditos. Como distinguir aqui um movimento aparente de um movimento real? De qual objeto, exteriormente percebido, pode-se afirmar que se move, de qual outro que permanece imóvel? Colocar semelhante questão é admitir que a descontinuidade estabelecida pelo senso comum entre objetos independentes uns dos outros, tendo cada um sua individualidade, comparáveis a espécies de pessoas, é uma distinção fundada. Na hipótese contrária, com efeito, já não se trataria de saber como se produzem, em tais *partes* determinadas da matéria, mudanças de posição, mas como se realiza, no *todo*, uma mudança de aspecto, mudança cuja natureza, aliás, restaria por determinar. Formulemos portanto, a seguir, nossa terceira proposição:

III. *Toda divisão da matéria em corpos independentes de contornos absolutamente determinados é uma divisão artificial.*

Um corpo, isto é, um objeto material independente, apresenta-se inicialmente a nós como um sistema de qualidades, em que a resistência e a cor – dados da visão e do tato – ocupam o centro e mantêm suspensas, de certo modo, todas as outras. Por um lado, os dados da visão e do tato são os que se estendem mais manifestamente no espaço, e o caráter essencial do espaço é a continuidade. Há intervalos de silêncio entre os sons, pois a audição nem sempre está ocupada; entre os odores e os sabores existem vazios, como se o olfato e o gosto só funcionassem acidentalmente: assim que abrimos os olhos, ao contrário, nosso campo visual se colore por inteiro, e, uma vez que os sólidos são necessariamente contíguos uns aos outros, nosso tato deve acompanhar a superfície ou as arestas dos objetos sem jamais encontrar interrupção verdadeira. De que modo fragmentamos a continuidade primitivamente percebida da extensão material em tantos corpos, cada um dos quais com sua substância e individualidade? Certamente essa continuidade muda de aspecto, de um momento a outro; mas por que não constatamos pura e simplesmente que o conjunto mudou, como se houvéssemos girado um caleidoscópio? Por que buscamos enfim, na mobilidade do conjunto, pistas deixadas por corpos em movimento? Uma *continuidade movente* nos é dada, em que tudo muda e permanece ao mesmo tempo: como se explica que dissociemos esses dois termos, permanência e mudança, para representar a permanência por *corpos* e a mudança por *movimentos homogêneos* no espaço? Este não é um dado da intuição imediata; mas também não é uma exigência da ciência, pois a ciência, ao contrário, propõe-se a reencontrar as articulações naturais de um universo que recortamos artificialmente. E mais: ao demonstrar cada vez melhor a ação recíproca de todos os pontos materiais uns sobre os outros, a ciência retorna, a despeito das aparências, conforme iremos ver, à idéia da continuidade universal. Ciência e consciência estão, no fundo, de acordo, contanto que se considere a consciência em seus dados mais imediatos e a ciência em suas aspirações mais longínquas. Como se explica então a irresistível tendência a constituir um universo material descontínuo, com corpos de arestas bem recortadas, que mudam de lugar, isto é, de relação entre si?

Ao lado da consciência e da ciência, existe a vida. Mais abaixo dos princípios da especulação, tão cuidadosamente analisados pelos filósofos, existem tendências cujo estudo se negligenciou e que se explicam simplesmente pela necessidade que temos de viver, ou seja, em realidade, de agir. Já o poder conferido às consciências individuais de se manifestar por atos exige a formação de zonas materiais distintas que correspondem respectivamente a corpos vivos: neste sentido, meu próprio corpo e, por analogia com ele, os outros corpos vivos são os que tenho melhores condições de distinguir na continuidade do universo. Mas uma vez constituído e distinguido esse corpo, as necessidades que ele experimenta o levam a distinguir e a constituir outros. No mais humilde dos seres vivos, a nutrição exige uma busca, depois um contato, e finalmente uma série de esforços convergindo para um centro: este centro irá tornar-se justamente o objeto independente que deve servir de alimento. Seja qual for a natureza da matéria, pode-se afirmar que a vida estabelecerá nela já uma primeira descontinuidade, exprimindo a dualidade da necessidade e do que deve servir para satisfazê-la. Mas a necessidade de se alimentar não é a única. Outras organizam-se em torno dela, todas tendo por objeto a conservação do indivíduo ou da espécie: ora, cada uma dessas necessidades leva a distinguir, ao lado de nosso próprio corpo, corpos independentes dele, dos quais devemos nos aproximar ou fugir. Nossas necessidades são portanto feixes luminosos que, visando a continuidade das qualidades sensíveis, desenham aí corpos distintos. Elas só podem satisfazer-se com a condição de se moldarem nessa continuidade um corpo, e depois de delimitarem aí outros corpos com os quais este entrará em relação como com pessoas. Estabelecer essas relações muito particulares entre porções assim recortadas da realidade sensível é justamente o que chamamos *viver*.

Mas, se essa primeira subdivisão do real corresponde muito menos à intuição imediata do que às necessidades fundamentais da vida, como se obteria um conhecimento mais próximo das coisas levando a divisão ainda mais longe? Deste modo prolongamos o *movimento vital*; viramos as costas ao conhecimento verdadeiro. Por isso a operação grosseira que consiste em decompor o corpo em partes da mesma natureza que ele nos conduz a um impasse, incapazes que nos sentimos em seguida de conceber por que motivo essa divisão se deteria e de que maneira ela se prolongaria ao infinito. Tal operação representa, com efeito, uma forma usual da *ação útil*, indevidamente transportada ao domínio do *conhecimento puro*. Portanto não se explicará jamais através de partículas, sejam quais forem, as propriedades simples da matéria: quando muito se acompanharão até os corpúsculos, artificiais como o próprio corpo, as ações e reações desse corpo em face de todos os outros. Tal é precisamente o objeto da química. Ela estuda menos a *matéria* do que os *corpos*; concebe-se portanto que ela se detenha num átomo, dotado ainda das propriedades gerais da matéria. Mas a materialidade do átomo dissolve-se cada vez mais sob o olhar do físico. Não temos nenhum motivo, por exemplo, para nos representarmos o átomo como sólido, em vez de líquido ou gasoso, nem para nos figurarmos a ação recíproca dos átomos através de choques e não de outra maneira. Por que pensamos num átomo sólido, e por que em choques? Porque os sólidos, sendo os corpos sobre os quais temos uma influência mais manifesta, são aqueles que nos interessam mais em nossas relações com o mundo exterior, e porque o contato parece ser o único meio de que dispomos para fazer agir nosso corpo sobre os outros corpos. Mas experiências muito simples mostram que não há jamais contato real entre dois corpos que interagem[9]; por outro lado, a solidez está longe de ser um estado absolutamente definido da matéria[10]. Solidez e choque obtêm portanto sua aparente clareza dos hábitos e necessidades da vida prática; – imagens desse tipo não lançam nenhuma luz sobre o âmago das coisas.

Se há uma verdade, aliás, que a ciência colocou acima de qualquer contestação, é a de uma ação recíproca de

---

9. Ver, sobre o assunto, Maxwell, "Action at a Distance" (*Scientific Papers*, Cambridge, 1890, t. II, pp. 313-4).

10. Maxwell, "Molecular Constitution of Bodies" (*Scientific Papers*, t. 11, p. 618). – Van der Waals demonstrou, por outro lado, a continuidade dos estados líquidos e gasosos.

todas as partes da matéria umas sobre as outras. Entre as moléculas supostas dos corpos se exercem forças atrativas e repulsivas. A influência da gravidade estende-se através dos espaços interplanetários. Existe portanto alguma coisa entre os átomos. Dir-se-á que já não é matéria, mas força. Representar-se-ão, estendidos entre os átomos, fios cada vez mais delgados, até que tenham se tornado invisíveis e mesmo, pelo que se acredita, imateriais. Mas para que poderia servir essa imagem grosseira? A conservação da vida exige certamente que distingamos, em nossa experiência diária, *coisas* inertes e *ações* exercidas por essas coisas no espaço. Como nos é útil fixar o lugar da *coisa* no ponto preciso onde poderíamos tocá-la, seus contornos palpáveis tornam-se para nós seu limite real, e vemos então em sua ação um não-sei-quê que se separa e difere dela. Mas já que uma teoria da matéria se propõe justamente a recuperar a realidade sob essas imagens usuais, todas relativas a nossas necessidades, é dessas imagens que ela deve se abstrair em primeiro lugar. E, de fato, vemos força e matéria reaproximarem-se e reunirem-se à medida que o físico aprofunda seus efeitos. Vemos a força materializar-se, o átomo idealizar-se, esses dois termos convergirem para um limite comum, e o universo recuperar assim sua continuidade. Falar-se-á ainda de átomos; o átomo conservará inclusive sua individualidade para nosso espírito que o isola; mas a solidez e a inércia do átomo se dissolverão, seja em movimentos, seja em linhas de força, cuja solidariedade recíproca restabelecerá a continuidade universal. A essa conclusão deviam necessariamente chegar, ainda que partindo de pontos completamente diferentes, os dois físicos do século XIX que penetraram mais fundo na constituição da matéria, Thomson e Faraday. Para Faraday, o átomo é um "centro de forças". Ele entende por isto que a individualidade do átomo consiste no ponto matemático em que se cruzam as linhas de força, indefinidas, irradiando-se através do espaço, que o constituem realmente: cada átomo ocupa assim, para empregar suas expressões, "o espaço inteiro no qual se estende a gravidade" e "todos os átomos penetram-se uns aos outros"[11]. Thomson, colocando-se numa ordem de idéias bem diferente, supõe um fluido perfeito, contínuo, homogêneo e incompressível, que preencheria o espaço: o que chamamos átomo seria um anel de forma invariável turbilhonando nessa continuidade, que deveria suas propriedades à sua forma, sua existência e conseqüentemente sua individualidade a seu movimento[12]. Mas, em ambas as hipóteses, vemos desvanecer-se, à medida que nos aproximamos dos últimos elementos da matéria, a descontinuidade que nossa percepção estabelecia em sua superfície. A análise psicológica nos revelava já que essa descontinuidade é relativa a nossas necessidades: toda filosofia da natureza acaba por considerá-la incompatível com as propriedades gerais da matéria.

A bem da verdade, turbilhões e linhas de força não são jamais, no espírito do físico, senão figuras cômodas, destinadas a esquematizar cálculos. Mas a filosofia deve

---

11. Faraday, "A Especulation Concerning Eletric Conduction" (*Philos. Magazine*, 3ª série, vol. XXIV).

12. Thomson, "On Vortex Atoms" (*Proc. of the Roy. Soc. of Edimb.*, 1867). – Uma hipótese do mesmo tipo foi formulada por Graham, "On the Molecular Mobility of Gases" (*Proc. of the Roy. Soc.*, 1863, pp. 621 ss.).

perguntar-se por que tais símbolos são mais cômodos que outros e possibilitam ir mais longe. Poderíamos, ao operar com eles, ir ao encontro da experiência, se as noções a que eles correspondem não nos assinalassem pelo menos uma direção em que buscar a representação do real? Ora, a direção que eles indicam não é duvidosa; mostram-nos, progredindo através da extensão concreta, *modificações*, *perturbações*, mudanças de *tensão* ou de *energia*, e nada mais. É deste modo sobretudo que esses símbolos tendem a juntar-se com a análise puramente psicológica que havíamos inicialmente dado do movimento, e que o apresentava para nós, não como uma simples mudança de relação entre objetos aos quais ele se acrescentaria como um acidente, mas como uma realidade verdadeira e de certo modo independente. Nem a ciência nem a consciência rejeitariam, portanto, esta última proposição:

IV. *O movimento real é antes o transporte de um estado que de uma coisa.*

Ao formular essas quatro proposições, só fizemos, em realidade, estreitar progressivamente o intervalo entre dois termos que são opostos um ao outro, as qualidades ou sensações, e os movimentos. À primeira vista, a distância parece intransponível. As qualidades são heterogêneas entre si, os movimentos homogêneos. As sensações, indivisíveis por essência, escapam à medida; os movimentos, sempre divisíveis, distinguem-se por diferenças calculáveis de direção e de velocidade. Pretende-se colocar as qualidades, sob a forma de sensações, na consciência, enquanto os movimentos executam-se independentemente de nós no espaço. Esses movimentos, compondo-se entre si, jamais produziriam senão movimentos; por um processo misterioso, nossa consciência, incapaz de tocá-los, os traduziria em sensações que se projetariam em seguida no espaço e viriam recobrir, não se sabe como, os movimentos que elas traduzem. Daí dois mundos diferentes, incapazes de se comunicarem a não ser por um milagre, de um lado o dos movimentos no espaço, de outro a consciência com as sensações. E certamente a diferença permanece irredutível, como nós mesmos já havíamos mostrado anteriormente, entre a qualidade, de um lado, e a quantidade pura, de outro. Mas a questão é justamente saber se os movimentos reais apresentam entre si apenas diferenças de quantidade, ou se não seriam a própria qualidade, vibrando, por assim dizer, interiormente, e escandindo sua própria existência num número freqüentemente incalculável de momentos. O movimento que a mecânica estuda não é mais que uma abstração ou um símbolo, uma medida comum, um denominador comum que permite comparar entre si todos os movimentos reais; mas esses movimentos, considerados neles mesmos, são indivisíveis que ocupam duração, supõem um antes e um depois, e ligam os momentos sucessivos do tempo por um fio de qualidade variável que deve ter alguma analogia com a continuidade de nossa própria consciência. Não podemos conceber, por exemplo, que a irredutibilidade de duas cores percebidas se deva sobretudo à estreita duração em que se contraem trilhões de vibrações que elas executam em um de nossos instantes? Se pudéssemos estirar essa duração, isto é, vivê-la num ritmo mais lento, não veríamos, à medida que esse ritmo diminuísse, as cores empalidecerem e se alongarem em impressões sucessivas, certamente ainda coloridas, mas cada vez mais próximas de se confundirem com estímulos puros? Ali onde o ritmo do movimento é bastante lento para se ajustar aos hábitos de nossa consciência – como acontece para as notas graves da escala musical, por exemplo –, não sentimos a qualidade percebida decompor-se espontaneamente em estímulos repetidos e sucessivos, ligados entre si por uma continuidade interior? O que impede geralmente a aproximação é o hábito adquirido de vincular o movimento a elementos – átomos ou outros – que interporiam sua solidez entre o próprio movimento e a qualidade na qual ele se contrai. Como nossa experiência diária nos mostra corpos que se movem, parece-nos que, para sustentar os movimentos elementares nos quais as qualidades se concentram, é preciso pelo menos corpúsculos. Com isso o movimento, para nossa imaginação, não passa de um acidente, uma série de posições, uma mudança de relações; e, como é uma lei de nossa representação que nela o estável desloca o instável, o elemento importante e central torna-se para nós o átomo, cujo movimento não faria mais que ligar as posições sucessivas. Mas tal concepção não tem apenas o inconveniente de ressuscitar para o átomo todos os problemas que a matéria coloca; não comete apenas o erro de atribuir um valor absoluto a essa divisão da matéria que parece corresponder sobretudo às necessidades da vida; além disso ela torna ininteligível o processo pelo qual apreendemos em nossa percepção, ao mesmo tempo, um *estado* de nossa consciência e uma *realidade* independente de nós. Esse caráter misto de nossa percepção imediata, essa aparência de contradição realizada, é a principal razão teórica que temos para crer num mundo exterior que não coincide absolutamente com nossa percepção; e, como isso não é reconhecido numa doutrina que faz a sensação completamente heterogênea aos movimentos dos quais ela seria a tradução consciente, tal doutrina, pensa-se, deveria se ater às sensações, convertidas em único dado, e não associá-las a movimentos que, sem contato possível com elas, não são mais do que sua duplicata inútil. O realismo assim entendido destrói portanto a si mesmo. Em suma, não há outra escolha: se nossa crença num substrato mais ou menos homogêneo das qualidades sensíveis é correta, só pode ser mediante um *ato* que nos faria captar ou adivinhar, *na própria qualidade*, algo que ultrapassa nossa sensação, como se essa sensação estivesse carregada de detalhes suspeitados e não percebidos. Sua objetividade, ou seja, o que ela tem a mais do que oferece, consistirá precisamente então, tal como já havíamos sugerido, na imensa multiplicidade dos movimentos que ela executa, de certo modo, no interior de sua crisálida. Ela se expõe, imóvel, na superfície; mas ela vive e vibra em profundidade.

A bem da verdade, ninguém representa-se de outro modo a relação entre quantidade e qualidade. Acreditar em realidades distintas das realidades percebidas é sobretudo reconhecer que a ordem de nossas percepções depende delas, e não de nós. Deve haver portanto, no conjunto das percepções que ocupam um momento dado, a razão do que se passará no momento seguinte. E o mecanismo só faz formular com mais precisão essa crença quando afirma que os estados da matéria podem ser deduzidos uns dos outros. É verdade que essa dedução só é possível se forem descobertos, sob a heterogeneidade aparente das qualidades sensíveis, elementos homogêneos e calculáveis. Mas, por outro lado, se esses elementos são exteriores às qualidades cuja ordem regular devem explicar, eles já não são capazes de prestar o serviço que se lhes pede, uma vez que as qualidades só se acrescentam então a eles por uma espécie de milagre, e só correspondem a eles em virtude de uma harmonia preestabelecida. Portanto é inevitável colocar esses movimentos *dentro* dessas qualidades, na forma de estímulos interiores, considerar esses estímulos como menos homogêneos e as qualidades como menos heterogêneas do que aparentam superficialmente, e atribuir a diferença de aspecto dos dois termos à necessidade, que possui essa multiplicidade, de certo modo indefinida, de contrair-se numa duração demasiado estreita para escandir seus momentos.

Insistamos nesse último ponto, do qual já havíamos dito uma palavra em outro lugar, mas que consideramos essencial. A duração vivida por nossa consciência é uma duração de ritmo determinado, bem diferente desse tempo de que fala o físico e que é capaz de armazenar, num intervalo dado, uma quantidade de fenômenos tão grande quanto se queira. No espaço de um segundo, a luz vermelha – aquela que tem o maior comprimento de onda e cujas vibrações são portanto as menos freqüentes – realiza 400 trilhões de vibrações sucessivas. Deseja-se fazer uma idéia desse número? Será preciso afastar as vibrações umas das outras o suficiente para que nossa consciência possa contá-las ou pelo menos registrar explicitamente sua sucessão, e se verá quantos dias, meses ou anos ocuparia tal sucessão. Ora, o menor intervalo de tempo vazio de que temos consciência é igual, segundo Exner, a dois milésimos de segundo; ainda assim é duvidoso que possamos perceber um após outro vários intervalos tão curtos. Admitamos no entanto que sejamos capazes disso indefinidamente. Imaginemos, em uma palavra, uma consciência que assistisse ao desfile de 400 trilhões de vibrações, todas instantâneas, e apenas separadas umas das outras pelos dois milésimos de segundo necessários para distingui-las. Um cálculo muito simples mostra que serão necessários mais de 25 mil anos para concluir a operação. Assim, essa sensação de luz vermelha experimentada por nós durante um segundo corresponde, em si a uma sucessão de fenômenos que, desenrolados em nossa duração com a maior economia de tempo possível, ocupariam mais de 250 séculos de nossa história. Isto é concebível? É preciso distinguir aqui nossa própria duração do tempo em geral. Em nossa duração, aquela que nossa consciência percebe, um intervalo dado só pode conter um número limitado de fenômenos conscientes. É concebível que esse conteúdo aumente e, quando falamos de um tempo indefinidamente divisível, seja nessa duração que pensemos?

Em se tratando do espaço, pode-se levar a divisão tão longe quanto se queira; com isso não se altera em nada a natureza do que se divide. É que o espaço nos é exterior, por definição; uma porção de espaço parece-nos subsistir ainda que deixemos de nos ocupar dela. Por mais que continue indivisa, sabemos que ela pode esperar, e que um novo esforço de imaginação a decomporia por sua vez. Como não cessa jamais de ser espaço, ela implica sempre justaposição e conseqüentemente divisão possível. O espaço aliás, no fundo, não é mais do que o esquema da divisibilidade indefinida. Mas com a duração é completamente diferente. As partes de nossa duração coincidem com os momentos sucessivos do ato que a divide; quantos forem os instantes que nela fixamos, tantas serão as partes correspondentes; e, se nossa consciência só é capaz de distinguir num intervalo um número determinado de atos elementares, se ela interrompe em alguma parte a divisão, também aí se interrompe a divisibilidade. Em vão nossa imaginação esforça-se em ir além, em dividir as últimas partes sucessivamente, e em ativar de algum modo a circulação de nossos fenômenos interiores: o mesmo esforço, pelo qual gostaríamos de levar mais longe a divisão de nossa duração, alongaria na mesma proporção essa duração. E todavia sabemos que milhões de fenômenos se sucedem enquanto contamos apenas alguns deles. Não é apenas a física que nos diz; a experiência grosseira dos sentidos já nos deixa adivinhar isto; pressentimos na natureza sucessões bem mais rápidas que as de nossos estados interiores. Como concebê-las, e qual é essa duração cuja capacidade supera toda imaginação?

Não é a nossa, seguramente; mas não é também essa duração impessoal e homogênea, a mesma para tudo e para todos, que transcorreria, indiferente e vazia, fora daquilo que dura. Esse pretenso tempo homogêneo, como tentamos demonstrar em outra parte, é um ídolo da linguagem, uma ficção cuja origem é fácil de encontrar. Em realidade, não há um ritmo único da duração; é possível imaginar muitos ritmos diferentes, os quais, mais lentos ou mais rápidos, mediriam o grau de tensão ou de relaxamento das consciências, e deste modo fixariam seus respectivos lugares na série dos seres. Essa representação de durações com elasticidade desigual é talvez incômoda para nosso espírito, que contraiu o hábito útil de substituir a duração verdadeira, vivida pela consciência, por um tempo homogêneo e independente; mas em primeiro lugar é fácil, como dissemos, desmascarar a ilusão que torna uma tal representação incômoda, e em segundo essa idéia conta, no fundo, com o consentimento tácito de nossa consciência. Não nos acontece perceber em nós mesmos, durante o sono, duas pessoas contemporâneas e distintas, sendo que uma dorme alguns minutos enquanto o sonho da outra ocupa dias e semanas? E a História inteira não caberia num tempo muito curto para uma consciência mais tensa que a nossa, que assistisse ao desenvolvimento da humanidade condensando-o, por assim dizer, nas grandes fases de sua evolução? Perceber consiste portanto, em suma, em condensar períodos enormes de uma existência infinitamente diluída em alguns momentos mais diferenciados de uma vida mais intensa, e em resumir assim uma história muito longa. Perceber significa imobilizar.

Equivale a dizer que discernimos, no ato da percepção, algo que ultrapassa a própria percepção, sem que no entanto o universo material se diferencie ou se distinga essencialmente da representação que temos dele. Num certo sentido, minha percepção é bastante interior a mim, já que ela condensa num momento único de minha duração o que se repartiria, por si, em um número incalculável de momentos. Mas, se você suprime minha consciência, o universo material subsiste tal qual era: apenas, como foi feita abstração do ritmo particular de duração que era a condição de minha ação sobre as coisas, essas coisas retornam a si mesmas para se separarem na infinidade de momentos que a ciência distingue, e as qualidades sensíveis, sem desaparecerem, espalham-se e dissolvem-se numa duração incomparavelmente mais dividida. A matéria converte-se assim em inumeráveis estímulos, todos ligados numa continuidade ininterrupta, todos solidários entre si, e que se propagam em todos os sentidos como tremores. – Volte a ligar uns aos outros, em uma palavra, os objetos descontínuos de sua experiência diária; faça fluir, em seguida, a continuidade imóvel de suas qualidades como estímulos locais; adira a esses movimentos, desvencilhando-se do espaço divisível que os subtende, para já não considerar senão sua mobilidade, esse ato indiviso que sua consciência capta nos movimentos que você mesmo executa: você irá obter da matéria uma visão fatigante talvez para a imaginação, no entanto pura, e desembaraçada daquilo que as exigências da vida o obrigam a acrescentar na percepção exterior. – Restabeleça agora minha consciência e, com ela, as exigências da vida: a longos intervalos repetidos, e transpondo a cada vez enormes períodos da história interior das coisas, visões quase instantâneas serão tomadas, visões desta vez pitorescas, cujas cores mais definidas condensam uma infinidade de repetições e de mudanças elementares. É assim que os milhares de posições sucessivas de um corredor se contraem numa única atitude simbólica, que nosso olho percebe, que a arte reproduz, e que se torna, para todo o mundo, a imagem de um homem que corre. O olhar que lançamos ao nosso redor, de momento a momento, só percebe portanto os efeitos de uma infinidade de repetições e evoluções interiores, efeitos por isso mesmo descontínuos, e cuja continuidade é restabelecida pelos movimentos relativos que atribuímos a "objetos" no espaço.

A mudança encontra-se por toda parte, mas em profundidade; nós a localizamos aqui e acolá, mas na superfície; e constituímos assim corpos ao mesmo tempo estáveis quanto a suas qualidades e móveis quanto a suas posições, uma simples mudança de lugar condensando nele, a nossos olhos, a transformação universal.

Que existem, num certo sentido, objetos múltiplos, que um homem se distingue de outro homem, uma árvore de outra árvore, uma pedra de outra pedra, é incontestável, uma vez que cada um desses seres, cada uma dessas coisas tem propriedades características e obedece a uma lei determinada de evolução. Mas a separação entre a coisa e seu ambiente não pode ser absolutamente definida; passa-se, por gradações insensíveis, de uma ao outro: a estrita solidariedade que liga todos os objetos do universo material, a perpetuidade de suas ações e reações recíprocas, demonstra suficientemente que eles não têm os limites precisos que lhes atribuímos. Nossa percepção desenha, de certo modo, a forma de seu resíduo; ela os delimita no ponto em que se detém nossa ação possível sobre eles, e em que eles cessam, conseqüentemente, de interessar nossas necessidades. Tal é a primeira e a mais evidente operação do espírito que percebe: traçar divisões na continuidade da extensão, cedendo simplesmente às sugestões da necessidade e aos imperativos da vida prática. Mas, para dividir assim o real, devemos nos persuadir inicialmente de que o real é arbitrariamente divisível. Devemos em conseqüência estender abaixo da continuidade das qualidades sensíveis, que é a extensão concreta, uma rede de malhas indefinidamente deformáveis e indefinidamente decrescentes: tal substrato meramente concebido, tal esquema inteiramente ideal da divisibilidade arbitrária e indefinida, é o espaço homogêneo. – Pois bem, ao mesmo tempo que nossa percepção atual e, por assim dizer, instantânea efetua essa divisão da matéria em objetos independentes, nossa memória solidifica em qualidades sensíveis o escoamento contínuo das coisas. Ela prolonga o passado no presente, porque nossa ação irá dispor do futuro na medida exata em que nossa percepção, aumentada pela memória, tiver condensado o passado. Responder a uma ação sofrida por uma reação imediata que se ajusta ao seu ritmo e se prolonga na mesma duração, estar no presente, e num presente que recomeça a todo instante, eis a lei fundamental da matéria: nisso consiste a *necessidade*. Se há ações *livres* ou pelo menos parcialmente indeterminadas, elas só podem pertencer a seres capazes de fixar, em intervalos regulares de tempo, o devir sobre o qual seu próprio devir se aplica, capazes de solidificá-lo em momentos distintos, de condensar deste modo sua matéria e, assimilando-a, digeri-la em movimentos de reação que passarão através das malhas da necessidade natural. A maior ou menor tensão de sua duração, que no fundo exprime sua maior ou menor intensidade de vida, determina assim tanto a força de concentração de sua percepção quanto o grau de sua liberdade. A independência de sua ação sobre a matéria ambiental afirma-se cada vez melhor à medida que eles se libertam do ritmo segundo o qual essa matéria escoa-se. De sorte que as qualidades sensíveis, tal como figuram em nossa percepção acompanhada de memória, são efetivamente os momentos sucessivos obtidos pela solidificação do real. Mas, para distinguir esses momentos, e também para juntá-los através de um fio que seja comum à nossa própria existência e à das coisas, somos forçados a imaginar um esquema abstrato da sucessão em geral, um meio homogêneo e indiferente que esteja para o escoamento da matéria, no sentido do comprimento, assim como o espaço no sentido da largura: nisto consiste o tempo homogêneo. Espaço homogêneo e tempo homogêneo não são portanto nem propriedades das coisas, nem condições essenciais de nossa faculdade de conhecê-los: exprimem, de uma forma abstrata, o duplo trabalho de solidificação e de divisão que aplicamos à continuidade movente do real para nela encontrarmos pontos de apoio, para nela fixarmos centros de operação, para nela introduzirmos, enfim, mudanças verdadeiras; estes são os esquemas de nossa *ação* sobre a matéria. O primeiro erro, que consiste em fazer desse tempo e desse espaço homogêneos propriedades das coisas, conduz às insuperáveis dificuldades do dogmatismo metafísico – mecanismo ou dinamismo –, o dinamismo erigindo em absolutos os cortes sucessivos que praticamos ao longo do escoamento do universo e esforçando-se em vão para ligá-los entre si por uma espécie de dedução qualitativa, o mecanismo apegando-se ao contrário, num dos cortes qualquer, às divisões praticadas no sentido da largura, ou seja, às diferenças instantâneas de tamanho e posição, e esforçando-se não menos em vão para engendrar com a variação dessas diferenças a sucessão das qualidades sensíveis. No caso da outra hipótese, que pretende, com Kant, que o espaço e o tempo sejam formas de nossa sensibilidade, conclui-se que matéria e espírito são igualmente incognoscíveis. Mas, se comparamos as duas hipóteses opostas, descobrimos nelas um fundo comum: ao fazer do tempo homogêneo e do espaço homogêneo, ou realidades contempladas, ou formas da contemplação, ambas atribuem ao espaço e ao tempo um interesse antes *especulativo* do que *vital*. Haveria então lugar, entre o dogmatismo metafísico de um lado e a filosofia crítica de outro, para uma doutrina que veria no espaço e no tempo homogêneos princípios de divisão e de solidificação introduzidos no real tendo em vista a ação e não o conhecimento, que atribuiria às coisas uma duração real e uma extensão real, e que perceberia finalmente a origem de todas as dificuldades não mais nessa duração e nessa extensão que pertencem efetivamente às coisas e se manifestam imediatamente a nosso espírito, mas no espaço e no tempo homogêneos que estendemos abaixo delas para dividir o contínuo, fixar o devir e proporcionar à nossa atividade pontos de aplicação.

Mas as concepções errôneas da qualidade sensível e do espaço encontram-se tão profundamente enraizadas no espírito, que não se poderiam atacá-las de uma só vez num grande número de pontos. Digamos portanto, para indicar um novo aspecto, que elas implicam esse duplo postulado, igualmente aceito pelo realismo e pelo idealismo: 1) entre diversos gêneros de qualidade não há nada em comum; 2) não há nada em comum, da mesma forma, entre a extensão e a qualidade pura. Sustentamos, ao contrário, que há algo em comum entre qualidades de ordem diferente, que todas elas participam da extensão em graus diversos, e que não se podem desconhecer essas duas verdades sem embaraçar em mil dificuldades a metafísica da matéria, a psicologia da percepção, e de uma maneira mais geral a questão das relações da consciência com a matéria. Sem insistir nessas conseqüências, limitemo-nos de momento a mostrar, no fundamento das diversas teorias da matéria, os dois postulados que contestamos, e remontemos à ilusão de onde eles procedem.

A essência do idealismo inglês consiste em tomar a extensão por uma propriedade das percepções táteis. Como não vê nas qualidades sensíveis mais do que sensações, e nas sensações mais do que estados de alma, esse idealismo não encontra nada, nas qualidades diversas, que possa fundamentar o paralelismo de seus fenômenos: vê-se obrigado portanto a explicar tal paralelismo por um hábito, que faz com que as percepções atuais da visão, por exemplo, nos sugiram sensações possíveis do tato. Se as impressões de dois sentidos diferentes não se assemelham mais do que as palavras de duas línguas, em vão se buscaria deduzir os dados de um dos dados do outro; elas não têm elemento comum. E conseqüentemente também não há nada em comum entre a extensão, que é sempre tátil, e os dados dos outros sentidos que não o tato, os quais não têm a ver com a extensão de maneira alguma.

Mas o realismo atomístico, por sua vez, pondo os movimentos no espaço e as sensações na consciência, também não é capaz de descobrir nada em comum entre as modificações ou fenômenos da extensão e as sensações que correspondem a eles. Essas sensações seriam como que fosforescências deixadas por essas modificações, ou então traduziriam na língua da alma as manifestações da matéria; mas em ambos os casos não refletiriam a imagem de suas causas. Certamente todas elas remontam a uma origem comum, que é o movimento no espaço; mas, justamente porque evoluem fora do espaço, elas renunciam, enquanto sensações, ao parentesco que ligava suas causas. Rompendo com o espaço, elas rompem também entre si, e deste modo não participam nem umas das outras, nem da extensão.

Idealismo e realismo, portanto, só diferem aqui pelo fato de que o primeiro faz recuar a extensão até a percepção tátil, da qual ela se torna propriedade exclusiva, enquanto o segundo lança a extensão ainda mais longe, para fora de toda percepção. Mas as duas doutrinas coincidem em afirmar a descontinuidade das diversas ordens de qualidades sensíveis, como também a passagem brusca daquilo que é puramente extenso ao que não é extenso de maneira alguma. Ora, as principais dificuldades que ambas encontram na teoria da percepção derivam desse postulado comum.

Com efeito, é possível dizer, com Berkeley, que toda percepção de extensão se relaciona ao tato? A rigor, poderíamos recusá-la aos dados da audição, do olfato e do gosto; mas seria preciso pelo menos explicar a gênese de um espaço visual, correspondendo ao espaço tátil. Alega-se, é verdade, que a visão acaba por tornar-se simbólica do tato, e que já não há, na percepção visual das relações de espaço, nada mais do que uma sugestão de percepções táteis. Mas dificilmente nos farão compreender de que modo a percepção do relevo, por exemplo, percepção que causa em nós uma impressão *sui generis*, aliás indescritível, coincide com a simples lembrança de uma sensação do tato. A associação de uma lembrança com uma percepção presente pode complicar essa percepção ao enriquecê-la de um elemento conhecido, mas não *criar* um novo tipo de impressão, uma nova qualidade de percepção: ora, a percepção visual do relevo apresenta um caráter absolutamente original. Dirão que a ilusão de relevo se produz com uma superfície plana, e que por isso uma superfície em que os jogos de sombra e luz do objeto em relevo estejam mais ou menos bem imitados é suficiente para nos *lembrar* o relevo; mas ainda assim é preciso, para que o relevo seja lembrado, que ele tenha sido em primeiro lugar efetivamente percebido. Já o afirmamos, mas nunca seria demais repetir: nossas teorias da percepção estão inteiramente viciadas pela idéia de que, se um certo dispositivo produz, em um momento dado, a ilusão de uma certa percepção, ele sempre foi capaz de produzir essa própria percepção; – como se o papel da memória não fosse justamente fazer sobreviver a complexidade do efeito à simplificação da causa! Dirão que a própria retina é uma superfície plana, e que, se percebemos pela visão algo de extenso, isso não é mais do que imagem retiniana. Mas, conforme mostramos no início deste livro, não é verdade que, na percepção visual de um objeto, o cérebro, os nervos, a retina e o *próprio objeto* formam um todo solidário, um processo contínuo do qual a imagem retiniana não é mais que um episódio? Qual o direito de isolar essa imagem para resumir toda a percepção nela? E, além disso, conforme também mostramos[13], uma superfície poderia ser percebida como superfície a não ser num espaço cujas três dimensões fossem restabelecidas? Berkeley, pelo menos, levava sua tese até o fim:

---

13. *Essai sur les données immédiates de la conscience*, Paris, 1889, pp. 77-8.

negava à visão qualquer percepção da extensão. Mas com isso as objeções que levantamos só adquirem mais força, já que não se compreende como se criaria por uma simples associação de lembranças o que há de original em nossas percepções visuais de linha, superfície e volume, percepções tão nítidas que o matemático contenta-se com elas, e raciocina em geral sobre um espaço exclusivamente visual. Mas não insistamos nesses diversos pontos, nem nos argumentos contestáveis baseados na observação dos cegos operados: a teoria, clássica a partir de Berkeley, das percepções adquiridas da visão parece que não irá resistir aos múltiplos ataques da psicologia contemporânea[14]. Deixando de lado as dificuldades de ordem psicológica, limitemo-nos a chamar a atenção para um outro ponto, que é para nós o essencial. Suponhamos por um instante que a visão não nos informe originariamente sobre nenhuma das relações de espaço, A forma visual, o relevo visual, a distância visual tornam-se então símbolos de percepções táteis. Mas será preciso que nos digam por que esse simbolismo tem êxito. Eis objetos que mudam de forma e que se movem. A visão constata variações determinadas que a seguir o tato verifica. Há portanto, nas duas séries visual e tátil ou em suas causas, algo que as faz corresponderem uma à outra e que assegura a constância de seu paralelismo. Qual o princípio dessa ligação?

---

14. Ver sobre o assunto: Paul Janet, "La perception visuelle de la distance" (*Revue philosophique*, 1879, t. VII, pp. 1 ss.) – William James, *Principles of Psychology*, t. II, cap. XXII. – Cf. o tema da percepção visual da extensão: Dunan. "L'espace visuel et l'espace tactile" (*Revue philosophique*, fev. e abr. de 1888, jan. de 1889).

Para o idealismo inglês, só pode ser algum *deus ex machina*, e somos reconduzidos ao mistério. Para o realismo vulgar, é num espaço distinto das sensações que se acharia o princípio da correspondência das sensações entre si: mas essa doutrina posterga a dificuldade e inclusive a agrava, pois terá que nos dizer de que modo um sistema de movimentos homogêneos no espaço evoca sensações diversas sem nenhuma relação entre si. Há pouco, a gênese da percepção visual do espaço por simples associação de imagens nos parecia implicar uma verdadeira criação *ex nihilo*; agora, todas as sensações nascem de nada, ou pelo menos não têm nenhuma relação com o movimento que as ocasiona. No fundo, esta segunda teoria difere da primeira bem menos do que se crê. O espaço amorfo, os átomos que se impelem e se entrechocam, não são outra coisa senão as percepções táteis objetivadas, desligadas das outras percepções em razão da importância excepcional que se lhes atribui, e erigidas em realidades independentes para se distinguirem deste modo das outras sensações, que se tornam seus símbolos. Elas foram aliás esvaziadas, nessa operação, de uma parte de seu conteúdo; após ter feito convergir todos os sentidos para o tato, já não se conserva, do próprio tato, senão o esquema abstrato da percepção tátil para construir com ele o mundo exterior. É de admirar que entre esta abstração, de um lado, e as sensações, de outro, não se encontre mais comunicação possível? A verdade é que o espaço não está mais fora de nós do que em nós, e que ele não pertence a um grupo privilegiado de sensações. *Todas* as sensações participam da extensão; todas emitem na extensão raízes mais ou menos profundas; e as dificuldades do realismo vulgar vêm de que, o parentesco das sensações tendo sido extraído e posto à parte na forma de espaço indefinido e vazio, não vemos mais como essas sensações participam da extensão nem como se correspondem entre si.

A idéia de que todas as nossas sensações são extensivas em algum grau penetra cada vez mais a psicologia contemporânea. Sustenta-se, não sem uma certa aparência de razão, que não há sensação sem "extensidade"[15] ou sem "um sentimento de volume"[16]. O idealismo inglês pretendia reservar à percepção tátil o monopólio da extensão, os outros sentidos só se exercendo no espaço na medida em que nos trazem à memória os dados do tato. Uma psicologia mais atenta nos revela, ao contrário, e sem dúvida irá revelar cada vez melhor, a necessidade de considerar todas as sensações como primitivamente extensivas, sua extensão empalidecendo e apagando-se diante da intensidade e da utilidade superiores da extensão tátil, e certamente também da extensão visual.

Assim entendido, o espaço é de fato o símbolo da fixidez e da divisibilidade ao infinito. A extensão concreta, ou seja, a diversidade das qualidades sensíveis, não está nele; é ele que colocamos nela. O espaço não é o suporte sobre o qual o movimento real se põe; é o movi-

---

15. Ward. art. "Psychology" da *Encyclop. Britannica*.
16. W. James, *Principles of Psychology*, t. II, pp. 134 ss. – Notemos de passagem que se poderia atribuir essa opinião a Kant, já que a *Estética transcendental* não faz diferença entre os dados dos diversos sentidos no que concerne à sua extensão no espaço. Mas convém não esquecer que o ponto de vista da Crítica é bem diferente do da psicologia, e que basta a seu objeto que todas as nossas sensações *acabem* por se localizar no espaço quando a percepção atingiu sua forma definitiva.

mento real, ao contrário, que o põe abaixo de si. Mas nossa imaginação, preocupada antes de tudo com a comodidade de expressão e as exigências da vida material, prefere inverter a ordem natural dos termos. Habituada a buscar seu ponto de apoio num mundo de imagens inteiramente construídas, imóveis, cuja fixidez aparente reflete sobretudo a invariabilidade de nossas necessidades inferiores, ela não consegue deixar de ver o repouso como anterior à mobilidade, de tomá-lo por ponto de referência, de instalar-se nele, e de não perceber no movimento, enfim, senão uma variação de distância, o espaço precedendo o movimento. Então, num espaço homogêneo e indefinidamente divisível nossa imaginação desenhará uma trajetória e fixará posições: aplicando a seguir o movimento contra a trajetória, o fará divisível como essa linha e, como ela, desprovido de qualidade. É de admirar que nosso entendimento, exercendo-se desde então sobre essa idéia que representa justamente a inversão do real, só descubra nela contradições? Tendo-se assimilado os movimentos ao espaço, tais movimentos serão homogêneos como o espaço; e, como já não se percebe entre eles senão diferenças calculáveis de direção e de velocidade, toda relação é abolida entre o movimento e a qualidade. Com isso resta apenas circunscrever o movimento ao espaço, as qualidades à consciência, e estabelecer entre essas duas séries paralelas, incapazes por hipótese de jamais se juntarem, uma misteriosa correspondência. Abandonada à consciência, a qualidade sensível torna-se incapaz de reconquistar a extensão. Relegado ao espaço, e ao espaço abstrato, onde não há mais que um instante único e onde tudo recomeça sempre, o movimento renuncia a essa solidariedade do presente e do passado que é sua própria essência. E, como estes dois aspectos da percepção, qualidade e movimento, são envolvidos de idêntica obscuridade, o fenômeno da percepção, em que uma consciência encerrada em si própria e estranha ao espaço traduziria o que tem lugar no espaço, torna-se um mistério. – Afastemos, ao contrário, toda idéia preconcebida de interpretação ou de medida, coloquemo-nos face a face com a realidade imediata: não veremos mais uma distância intransponível, uma diferença essencial, nem mesmo uma distinção verdadeira entre a percepção e a coisa percebida, entre a qualidade e o movimento.

Retornamos assim, por uma longa volta, às conclusões que havíamos tirado no primeiro capítulo deste livro. Nossa percepção, dizíamos, encontra-se originariamente antes nas coisas do que no espírito, antes fora de nós do que em nós. As percepções de diversos tipos assinalam algumas das muitas direções verdadeiras da realidade. Mas essa percepção que coincide com seu objeto, acrescentávamos, existe mais de direito do que de fato: ela teria lugar no instantâneo. Na percepção concreta intervém a memória, e a subjetividade das qualidades sensíveis deve-se justamente ao fato de nossa consciência, que desde o início não é senão memória, prolongar uns nos outros, para condensá-los numa intuição única, uma pluralidade de momentos.

Consciência e matéria, alma e corpo entravam assim em contato na percepção. Mas essa idéia permanecia em parte obscura, porque nossa percepção, e conseqüentemente também nossa consciência, pareciam então participar da divisibilidade que se atribui à matéria. Se nos recusamos naturalmente, na hipótese dualista, a aceitar a coincidência parcial do objeto percebido e do sujeito que percebe, é porque temos consciência da unidade indivisa de nossa percepção, ao passo que o objeto nos parece ser, por essência, indefinidamente divisível. Daí a hipótese de uma consciência com sensações inextensivas, colocada diante de uma multiplicidade extensa. Mas se a divisibilidade da matéria é inteiramente relativa à nossa ação sobre ela, ou seja, à nossa faculdade de modificar seu aspecto, se ela pertence, não à própria matéria, mas ao espaço que estendemos abaixo dessa matéria para fazê-la cair sob nossa influência, então a dificuldade desaparece. A matéria extensa, considerada em seu conjunto, é como uma consciência em que tudo se equilibra, se compensa e se neutraliza; ela oferece de fato a indivisibilidade de nossa percepção; de sorte que podemos, inversamente e sem escrúpulos, atribuir à percepção algo da extensão da matéria. Estes dois termos, percepção e matéria, vão assim um em direção ao outro à medida que nos despojamos do que poderia ser chamado os preconceitos da ação: a sensação reconquista a extensão, a extensão concreta retoma sua continuidade e sua indivisibilidade naturais. E o espaço homogêneo, que se erguia entre os dois termos como uma barreira intransponível, não tem mais outra realidade senão a de um esquema ou de um símbolo. Ele diz respeito aos procedimentos de um ser que age sobre a matéria, mas não ao trabalho de um espírito que especula sobre sua essência.

Por aí se esclarece, em certa medida, a questão para a qual todas as nossas pesquisas convergem, a da união da alma e do corpo. A obscuridade desse problema, na hipótese dualista, advém de que se considera a matéria como essencialmente divisível e todo estado de alma como rigorosamente inextensivo, de modo que se começa por cortar a comunicação entre os dois termos. E, aprofundando esse duplo postulado, descobre-se nele, no que concerne à matéria, uma confusão da extensão concreta e indivisível com o espaço divisível que a subtende, como também, no que concerne ao espírito, a idéia ilusória de que não há graus nem transição possível entre o extenso e o inextenso. Mas, se esses dois postulados encobrem um erro comum, se existe passagem gradual da idéia à imagem e da imagem à sensação, se, à medida que evolui no sentido da atualidade, ou seja, da ação, o estado de alma se aproxima da extensão, se, finalmente, essa extensão, uma vez atingida, permanece indivisa e por isso não contraria de maneira alguma a unidade da alma, compreende-se que o espírito possa colocar-se sobre a matéria no ato de percepção pura, conseqüentemente unindo-se a ela, e que não obstante dela se distinga radicalmente. Ele se distingue na medida em que é, já então, *memória*, isto é, síntese do passado e do presente com vistas ao futuro, na medida em que condensa os momentos dessa matéria para servir-se dela e para manifestar-se através de *ações* que são a razão de ser de sua união com o corpo. Tínhamos portanto razão ao afirmar, no início deste livro, que a distinção do corpo e do espírito não deve ser estabelecida em função do espaço, mas do tempo.

O erro do dualismo vulgar é colocar-se no ponto de vista do espaço, pondo de um lado a matéria com suas modificações no espaço, e de outro sensações inextensivas na consciência. Daí a impossibilidade de compreender como o espírito age sobre o corpo ou o corpo sobre o espírito. Daí as hipóteses que não são e não podem ser mais do que constatações dissimuladas da realidade – a idéia de um paralelismo ou a de uma harmonia preestabelecida. Mas daí também a impossibilidade de constituir, seja uma psicologia da memória, seja uma metafísica da matéria. Tentamos estabelecer que essa psicologia e essa metafísica são solidárias, e que as dificuldades atenuam-se num dualismo que, partindo da percepção pura em que sujeito e objeto coincidem, promova o desenvolvimento desses dois termos em suas respectivas durações – a matéria, à medida que se leva mais a fundo sua análise, tendendo a não ser mais que uma sucessão de momentos infinitamente rápidos que se deduzem uns dos outros e portanto se *equivalem*; o espírito sendo já memória na percepção, e afirmando-se cada vez mais como um prolongamento do passado no presente, um *progresso*, uma evolução verdadeira.

Mas a relação entre corpo e espírito torna-se com isso mais clara? Substituímos uma distinção espacial por uma distinção temporal: os dois termos serão mais capazes de se unir? Convém notar que a primeira distinção não comporta graus: a matéria está no espaço, o espírito está fora do espaço; não há transição possível entre eles. Ao contrário, se o papel mais modesto do espírito é ligar os momentos sucessivos da duração das coisas, se é nessa operação que ele toma contato com a matéria e também se distingue dela inicialmente, concebe-se uma infinidade de graus entre a matéria e o espírito plenamente desenvolvido, o espírito capaz de ação não apenas indeterminada, mas racional e refletida. Cada um desses graus sucessivos, que mede uma intensidade crescente de vida, corresponde a uma tensão mais alta de duração e se traduz exteriormente por um maior desenvolvimento do sistema sensório-motor. O importante é então esse sistema nervoso? Sua complexidade crescente parecerá deixar uma amplitude cada vez maior à atividade do ser vivo, a capacidade de esperar antes de reagir, e de colocar a excitação recebida em relação com uma variedade cada vez mais rica de mecanismos motores. Mas isto é apenas o exterior, e a organização mais complexa do sistema nervoso, que parece assegurar uma maior independência do ser vivo em face da matéria, não faz mais que simbolizar materialmente essa própria independência, isto é, a força interior que permite ao ser vivo libertar-se do ritmo do transcorrer das coisas, reter cada vez melhor o passado para influenciar mais profundamente o futuro, ou seja, enfim, sua memória, no sentido especial que damos a essa palavra. Assim, entre a matéria bruta e o espírito mais capaz de reflexão há todas as intensidades possíveis da memória, ou, o que vem a ser o mesmo, todos os graus da liberdade. Na primeira hipótese, a que exprime a distinção do espírito e do corpo em termos de espaço, corpo e espírito são como duas vias férreas que se cortariam em ângulo reto; na segunda, os trilhos se ligam por uma curva, de modo que se passa insensivelmente de uma via à outra.

Mas existe aqui algo mais do que uma imagem? E a distinção não permanece nítida, a oposição irredutível, entre a matéria propriamente dita e o mais simples grau de liberdade ou de memória? Sim, certamente, a distinção subsiste, mas a união torna-se possível, já que ela seria dada, sob a forma radical da coincidência parcial, na percepção pura. As dificuldades do dualismo vulgar não advêm de que os dois termos se distingam, mas de que não se percebe como um deles se introduz no outro. Ora, mostramos que a percepção pura, que seria o grau mais baixo do espírito – o espírito sem a memória –, faria verdadeiramente parte da matéria tal como a entendemos. Vamos mais longe: a memória não intervém como uma função da qual a matéria não tivesse algum pressentimento e que já não imitasse à sua maneira. Se a matéria não se lembra do passado, é porque ela o repete sem cessar, porque, submetida à necessidade, ela desenvolve uma série de momentos em que cada um equivale ao precedente e pode deduzir-se dele: assim, seu passado é verdadeiramente dado em seu presente. Mas um ser que evolui mais ou menos livremente cria a todo instante algo de novo: é portanto em vão que se buscaria ler seu passado em seu presente se o passado não se depositasse nele na condição de lembrança. Assim, para retomar uma metáfora que já apareceu várias vezes neste livro, é preciso, por razões semelhantes, que o passado seja *desempenhado* pela matéria, *imaginado* pelo espírito.

RESUMO E CONCLUSÃO

I – A idéia que retiramos dos fatos e confirmamos pelo raciocínio é de que o nosso corpo é um instrumento de ação, e somente de ação. Em nenhum grau, em nenhum sentido, sob nenhum aspecto ele serve para preparar, e muito menos explicar, uma representação. Em se tratando da percepção exterior, há apenas uma diferença de grau, e não de natureza, entre as faculdades ditas perceptivas do cérebro e as funções reflexas da medula espinhal. Enquanto a medula transforma os estímulos recebidos em movimento mais ou menos necessariamente executado, o cérebro os põe em relação com mecanismos motores mais ou menos livremente escolhidos; mas o que se explica pelo cérebro em nossas percepções são nossas ações começadas, ou preparadas, ou sugeridas, e não nossas percepções mesmas. – Em se tratando da lembrança, o corpo conserva hábitos motores capazes de desempenhar de novo o passado; pode retomar atitudes em que o passado irá se inserir; ou ainda, pela repetição de certos fenômenos cerebrais que prolongaram antigas percepções, irá fornecer à lembrança um ponto de ligação com o atual, um meio de reconquistar na realidade presente uma influência perdida: mas em nenhum caso o cérebro armazenará lembranças ou imagens. Assim, nem na percepção, nem na memória, nem, com mais razão ainda, nas operações superiores do espírito, o corpo contribui diretamente para a representação. Ao desenvolver essa hipótese em seus múltiplos aspectos, levando assim o dualismo ao extremo, parecíamos cavar entre o corpo e o espírito um abismo intransponível. Em realidade, indicávamos o único meio possível de reaproximá-los e de uni-los.

II – Todas as dificuldades que esse problema levanta, com efeito, seja no dualismo vulgar, seja no materialismo e no idealismo, vêm de que se considera, nos fenômenos de percepção e de memória, o físico e o moral como *duplicatas* um do outro. O que acontece se me colocar no ponto de vista materialista da consciência-epifenômeno? Não compreendo em absoluto por que certos fenômenos cerebrais são acompanhados de consciência, ou seja, para que serve ou como se produz a repetição consciente do universo material que se pôs de início. – E no caso do idealismo? Eu me darei então percepções, e meu corpo será uma delas. Mas, enquanto a observação me mostra que as imagens percebidas perturbam-se de alto a baixo por variações muito leves daquela que chamo meu corpo (pois é suficiente fechar os olhos para que meu universo visual desapareça), a ciência me assegura que todos os fenômenos devem suceder-se e condicionar-se segundo uma ordem determinada, em que os efeitos são rigorosamente proporcionais às causas. Sou portanto obrigado a buscar nessa imagem que chamo meu corpo, e que me acompanha por toda parte, mudanças que sejam os equivalentes, desta vez bem regulados e exatamente medidos uns em relação aos outros, das imagens que se sucedem em torno de meu corpo: os movimentos cerebrais, que recupero deste modo, irão tornar-se a duplicata de minhas percepções. É verdade que esses movimentos serão percepções ainda, percepções "possíveis", de sorte que esta segunda hipótese é mais inteligível que a outra; mas em compensação ela deverá supor, por sua vez, uma inexplicável correspondência entre minha percepção real das coisas e minha percepção possível de certos movimentos cerebrais que não se assemelham de maneira alguma a essas coisas. Se examinarmos de perto, veremos que o obstáculo de todo idealismo encontra-se aí: está na passagem da ordem que nos *aparece* na percepção à ordem que nos *resulta* na ciência – ou, no caso mais particular do idealismo kantiano, na passagem da sensibilidade ao entendimento. – Restaria então o dualismo vulgar. Irei colocar de um lado a matéria, de outro o espírito, e supor que os movimentos cerebrais são a causa ou a ocasião de minha representação dos objetos. Mas se eles são a causa, se eles bastam para produzi-la, tornarei a cair, gradativamente, na hipótese materialista da consciência-epifenômeno. Se eles são apenas a ocasião, é porque não se assemelham a ela de maneira alguma; e, despojando então a matéria de todas as qualidades que lhe conferi em minha representação, é ao idealismo que retorno. Idealismo e materialismo são portanto os dois pólos entre os quais esse tipo de dualismo irá oscilar sempre; e quando, para manter a dualidade das substâncias, ele decidir-se a colocar ambas no mesmo nível, será levado a ver nelas duas traduções de um mesmo original, dois desenvolvimentos paralelos, regulados de antemão, de um único e mesmo princípio, negando assim sua influência recíproca e, por uma conseqüência inevitável, fazendo o sacrifício da liberdade.

Cavando agora por baixo dessas três hipóteses, descubro-lhes um fundamento comum: elas tomam as operações elementares do espírito, percepção e memória, por operações de conhecimento puro. O que elas colocam na origem da consciência é ora a duplicata inútil de uma realidade exterior, ora a matéria inerte de uma construção intelectual completamente desinteressada: mas negligenciam sempre a relação da percepção com a ação e da lembrança com a conduta. Ora, pode-se conceber certamente, como um limite ideal, uma memória e uma percepção desinteressadas; mas, de fato, é para a ação que percepção e memória estão voltadas, é esta ação que o corpo prepara. No que concerne à percepção, a complexidade crescente do sistema nervoso põe o estímulo recebido em relação com uma variedade cada vez mais considerável de aparelhos motores e deste modo faz com que seja esboçado simultaneamente um número cada vez maior de ações possíveis. No que concerne à memória, ela tem por função primeira evocar todas as percepções passadas análogas a uma percepção presente, recordar-nos o que precedeu e o que seguiu, sugerindo-nos assim a decisão mais útil. Mas não é tudo. Ao captar numa intuição única momentos múltiplos da duração, ela nos libera do movimento de transcorrer das coisas, isto é, do ritmo da necessidade. Quanto mais ela puder condensar esses momentos num único, tanto mais sólida será a apreensão que nos proporcionará da matéria; de sorte que a memória de um ser vivo parece medir antes de tudo a capacidade de sua ação sobre as coisas, e não ser mais do que a repercussão intelectual disto. Partamos pois dessa forma de agir como do princípio verdadeiro; suponhamos que o corpo é um centro de ação, um centro de ação somente, e vejamos que conseqüências irão decorrer daí para a percepção, para a memória e para as relações do corpo com o espírito.

III – Para a percepção em primeiro lugar. Eis aqui meu corpo com seus "centros perceptivos". Estes centros são estimulados, e tenho a representação das coisas. Por outro lado, supus que esses estímulos não podiam produzir nem traduzir minha percepção. Portanto ela se encontra fora deles. Onde está ela? Não há como hesitar: ao colocar meu corpo, coloquei uma certa imagem, mas com isso também a totalidade das outras imagens, uma vez que não há objeto material que não deva suas qualidades, suas determinações, sua existência, enfim, ao lugar que ocupa no conjunto do universo. Minha percepção portanto só pode ser algo desses próprios objetos; ela está neles antes do que eles nela. Mas o que exatamente desses objetos é ela? Vejo que minha percepção parece acompanhar todos os detalhes dos estímulos nervosos ditos sensitivos, e por outro lado sei que o papel desses estímulos é unicamente preparar reações de meu corpo sobre os corpos circundantes, esboçar minhas ações virtuais. Isto porque perceber consiste em separar, do conjunto dos objetos, a ação possível de meu corpo sobre eles. A percepção então não é mais que uma seleção. Ela não cria nada; seu papel, ao contrário, é eliminar do conjunto das imagens todas aquelas sobre as quais eu não teria nenhuma influência, e depois, de cada uma das imagens retidas, tudo aquilo que não interessa as necessidades da imagem que chamo meu corpo. Tal é, pelo menos, a explicação muito simplificada, a descrição esquemática do que chamamos percepção pura. Marquemos a seguir a posição que assumíamos assim entre o realismo e o idealismo.

Que toda a realidade tenha um parentesco, uma analogia, uma relação, enfim, com a consciência é o que concedíamos ao idealismo na medida mesmo em que chamávamos as coisas de "imagens". Nenhuma doutrina filosófica, contanto que se entenda consigo mesma, pode aliás escapar a essa conclusão. Mas, se fossem reunidos todos os estados de consciência, passados, presentes e possíveis, de todos os seres conscientes, só se abrangeria com isso, a nosso ver, uma parte muito pequena da realidade material, porque as imagens ultrapassam a percepção por todos os lados. São precisamente tais imagens que a ciência e a metafísica gostariam de reconstituir, restaurando em sua totalidade uma cadeia da qual nossa percepção só tem alguns elos. Mas, para estabelecer assim entre a percepção e a realidade a relação da parte com o todo, seria preciso atribuir à percepção sua função verdadeira, que é preparar ações. É o que não faz o idealismo. Por que ele não consegue, como dizíamos há pouco, passar da ordem que se manifesta na percepção à ordem que resulta na ciência, isto é, da contingência com a qual nossas sensações parecem suceder-se ao determinismo que liga os fenômenos da natureza? Precisamente porque ele atribui à consciência, na percepção, um papel especulativo, de sorte que não se percebe em absoluto que interesse essa consciência teria em deixar escapar entre duas sensações, por exemplo, as mediações pelas quais a segunda se deduz da primeira. São essas mediações e sua ordem rigorosa que permanecem então obscuras, quer se instituam essas mediações em "sensações possíveis", segundo a expressão de Mill, quer se atribua essa ordem, como o faz Kant, às substruções estabelecidas pelo entendimento impessoal. Mas suponhamos que minha percepção consciente tenha uma destinação inteiramente prática, que ela desenhe simplesmente, no conjunto das coisas, o que interessa à minha ação possível sobre elas: compreendo que todo o resto me escape, e que todo o resto, no entanto, seja da mesma natureza que aquilo que percebo. Meu conhecimento da matéria então já não é nem subjetivo, como é para o idealismo inglês, nem relativo, como deseja o idealismo kantiano. Não é subjetivo porque está mais nas coisas do que em mim. Não é relativo porque não há entre o "fenômeno" e a "coisa" a relação da aparência à realidade, mas simplesmente a da parte ao todo.

Por aí parecíamos retornar ao realismo. Mas o realismo, se não o corrigirmos num ponto essencial, é tão inaceitável quanto o idealismo, e pela mesma razão. O idealismo, dizíamos, não consegue passar da ordem que se manifesta na percepção à ordem que resulta na ciência, isto é, na realidade. O realismo, inversamente, fracassa em obter da realidade o conhecimento imediato que temos dela. Vejamos, com efeito, o que se passa no realismo vulgar: tem-se de um lado uma matéria múltipla, composta de partes mais ou menos independentes, difusa no espaço, e de outro um espírito que não pode ter nenhum contato com ela, a menos que seja, como querem os materialistas, seu ininteligível epifenômeno. Consideremos no outro extremo o realismo kantiano: entre a coisa em si, isto é, o real, e a diversidade sensível com a qual construímos nosso conhecimento, não se acha nenhuma relação concebível, nenhuma medida comum. Aprofundando agora essas duas formas extremas de realismo, vemo-las convergir para um mesmo ponto: ambas erguem o espaço homogêneo como uma barreira entre a inteligência e as coisas. O realismo ingênuo faz desse espaço um meio real onde as coisas estariam em suspensão; o realismo kantiano o considera um meio ideal onde a multiplicidade das sensações se coordena; mas para ambos esse meio é dado, *de início*, como a condição necessária do que aí virá se colocar. E, aprofundando por sua vez essa comum hipótese, vemos que ela consiste em atribuir ao espaço homogêneo um papel desinteressado, quer ele preste à realidade material o serviço de sustentá-la, quer tenha a função, ainda inteiramente especulativa, de fornecer às sensações o meio de se coordenarem entre si. De sorte que a obscuridade do realismo, como a do idealismo, decorre de se orientar nossa percepção consciente, e as condições de nossa percepção consciente, para o conhecimento puro e não para a ação. – Mas suponhamos agora que esse espaço homogêneo não seja logicamente anterior, mas posterior às coisas materiais e ao conhecimento puro que podemos ter delas; suponhamos que a extensão precede o espaço; suponhamos que o espaço homogêneo diz respeito à nossa ação, e à nossa ação somente, sendo como uma rede infinitamente dividida que estendemos abaixo da continuidade material para nos tornarmos senhores dela, para decompô-la na direção de nossas atividades e necessidades. Com isso não conseguimos apenas satisfazer a ciência, que nos mostra cada coisa exercendo sua influência sobre todas as outras, conseqüentemente ocupando num certo sentido a totalidade da extensão (embora percebamos dessa coisa apenas seu *centro* e fixemos seus limites no ponto onde nosso corpo deixaria de ter influência sobre ela). Não conseguimos apenas, em metafísica, resolver ou atenuar as contradições que a divisibilidade no espaço levanta, contradições que nascem sempre, conforme mostramos, do fato de não se dissociarem os dois pontos de vista da ação e do conhecimento. Conseguimos sobretudo derrubar a insuperável barreira que o realismo erguia entre as coisas extensas e a percepção que temos delas. Com efeito, enquanto se colocava de um lado uma realidade exterior múltipla e dividida e de outro sensações estranhas à extensão e sem contato possível com ela, damo-nos conta de que a extensão concreta não é realmente dividida, assim como a percepção imediata não é verdadeiramente inextensiva. Partindo do realismo, retornamos ao mesmo ponto a que o idealismo nos havia conduzido; recolocamos a percepção nas coisas. Vemos assim realismo e idealismo muito próximos de coincidirem, à medida que afastamos o postulado, aceito sem discussão por ambos, que lhes servia de limite comum.

Em resumo, se supomos uma continuidade extensa, e nessa própria continuidade o centro de ação real que é figurado por nosso corpo, essa atividade parecerá iluminar com sua luz todas as partes da matéria sobre as quais a cada instante ela teria influência. As mesmas necessidades, a mesma capacidade de agir, que recortaram nosso corpo na matéria, irão delimitar corpos distintos no meio que nos cerca. Tudo se passará como se deixássemos filtrar a ação real das coisas exteriores para deter e reter delas a ação virtual: essa ação virtual das coisas sobre nosso corpo e de nosso corpo sobre as coisas é propriamente a nossa percepção. Mas, como os estímulos que nosso corpo recebe dos corpos circundantes determinam constantemente, em sua substância, reações nascentes, e como os movimentos interiores da substância cerebral esboçam assim a todo momento nossa ação possível sobre as coisas, o estado cerebral corresponde exatamente à percepção. Não é nem sua causa, nem seu efeito, nem, em nenhum sentido, sua duplicata: ele simplesmente a prolonga, a percepção sendo nossa ação virtual e o estado cerebral nossa ação começada.

IV – Mas essa teoria da "percepção pura" precisava ser atenuada e completada ao mesmo tempo em dois pontos. Essa percepção pura, com efeito, que seria como um fragmento destacado tal e qual da realidade, pertenceria a um ser que não misturaria à percepção dos outros corpos a de seu corpo, isto é, suas afecções, nem à sua intuição do momento atual a dos outros momentos, isto é, suas lembranças. Em outras palavras, para facilitar o estudo tratamos inicialmente o corpo vivo como um ponto matemático no espaço e a percepção consciente como um instante matemático no tempo. Era preciso restituir ao corpo sua extensão e à percepção sua duração. Por isso reintegramos na consciência seus dois elementos subjetivos, a afetividade e a memória.

O que é uma afecção? Nossa percepção, dizíamos, desenha a ação possível de nosso corpo sobre os outros corpos. Mas nosso corpo, sendo extenso, é capaz de agir sobre si mesmo tanto quanto sobre os outros. Em nossa percepção entrará portanto algo de nosso corpo. Todavia, quando se trata dos corpos circundantes, eles são, por hipótese, separados do nosso corpo por um espaço mais ou menos considerável, que mede o afastamento de suas promessas ou de suas ameaças no tempo: é por isso que nossa percepção desses corpos só desenha ações possíveis. Ao contrário, quanto mais a distância diminui entre esses corpos e o nosso, tanto mais a ação possível tende a se transformar em ação real, a ação tornando-se mais urgente à medida que a distância decresce. E, quando essa distância é nula, ou seja, quando o corpo a perceber está em nosso próprio corpo, é uma ação real, e não mais virtual, que a percepção desenha. Tal é precisamente a natureza da dor, esforço atual da parte lesada para recolocar as coisas no lugar, esforço local, isolado, e por isso mesmo condenado ao insucesso num organismo que já não é mais apto senão aos efeitos de conjunto. A dor portanto está no local onde se produz, como o objeto está no lugar onde é percebido. Entre a afecção sentida e a imagem percebida existe a diferença de que a afecção está em nosso corpo, a imagem fora de nosso corpo. E por isso a superfície de nosso corpo, limite comum deste corpo e dos outros corpos, nos é dada ao mesmo tempo na forma de sensação e na forma de imagem.

Na interioridade da sensação afetiva consiste sua subjetividade, na exterioridade das imagens em geral, sua objetividade. Mas encontramos aqui o erro que renasce a todo instante e que perseguimos ao longo de todo o nosso trabalho. Pretende-se que sensação e percepção existam por si mesmas; atribui-se-lhes um papel inteiramente especulativo; e, como se negligenciaram essas ações reais e virtuais nas quais se incorporam e que serviriam para distingui-las, não se é mais capaz de perceber entre elas mais do que uma diferença de grau. A partir então do fato de que a sensação afetiva só é vagamente localizada (por causa da confusão do esforço que envolve), ela é declarada imediatamente inextensiva; e fazem-se dessas afecções diminuídas ou sensações inextensivas os *materiais* com os quais construiríamos imagens no espaço. Não se consegue assim explicar nem de onde vêm os elementos de consciência ou sensações, tomados como absolutos, nem de que modo essas sensações, inextensivas, juntam-se ao espaço para nele se coordenarem, nem por que elas adotam aí uma ordem em vez de outra, nem, finalmente, de que maneira chegam a constituir uma experiência estável, comum a todos os homens. É dessa experiência, palco necessário de nossa atividade, que devemos ao contrário partir. É portanto a percepção pura, isto é, a imagem, que devemos nos dar em primeiro lugar. E as sensações, longe de serem os materiais com que a imagem é fabricada, aparecerão como a impureza que nela se mistura, sendo aquilo que projetamos de nosso corpo em todos os outros.

V – Mas, enquanto nos atemos à sensação e à percepção pura, é difícil afirmar que estejamos tratando do espírito. Certamente estabelecemos contra a teoria da consciência-epifenômeno que nenhum estado cerebral é o equivalente de uma percepção. Certamente a seleção das percepções entre as imagens em geral é o efeito de um discernimento que anuncia já o espírito. Certamente, enfim, o próprio universo material, definido como a totalidade das imagens, é uma espécie de consciência, uma consciência em que tudo se compensa e se neutraliza, uma consciência em que todas as partes eventuais, equilibrando-se umas às outras através de reações sempre iguais às ações, impedem-se reciprocamente de se destacarem. Mas para tocar a realidade do espírito é preciso colocar-se ali onde uma consciência individual, prolongando e conservando o passado num presente que se enriquece dele, subtrai-se à própria lei da necessidade, que quer que o passado prolongue-se interminavelmente num presente que apenas o repete de uma outra forma, e que tudo continue sempre a transcorrer. Ao passar da percepção pura para a memória, abandonávamos definitivamente a matéria pelo espírito.

VI – A teoria da memória, que constitui o centro de nosso trabalho, precisava ser ao mesmo tempo a conseqüência teórica e a verificação experimental de nossa teoria da percepção pura. Que os estados cerebrais que acompanham a percepção não sejam nem sua causa nem sua duplicata, que a percepção esteja para seu concomitante fisiológico assim como a ação virtual para a ação começada é o que não podíamos estabelecer através de fatos, já que tudo se passará em nossa hipótese como se a percepção resultasse do estado cerebral. Na percepção pura, com efeito, o objeto percebido é um objeto presente, um corpo que modifica o nosso. A imagem dele portanto é atualmente dada, e a partir daí os fatos nos permitem indiferentemente dizer (com o risco de nos entendermos muito desigualmente com nós mesmos) que as modificações cerebrais esboçam as reações nascentes de nosso corpo ou que elas criam a duplicata consciente da imagem presente. Mas com a memória é bem diferente, pois a lembrança é a representação de um objeto ausente. Aqui as duas hipóteses terão conseqüências opostas. Se, no caso de um objeto presente, um estado de nosso corpo já bastava para criar a representação do objeto, com muito mais razão esse estado será suficiente também no caso do mesmo objeto ausente. Será preciso portanto, nessa teoria, que a lembrança surja da repetição atenuada do fenômeno cerebral que ocasionava a percepção primária, e consista simplesmente em uma percepção enfraquecida. Donde essa dupla tese: *A memória não é senão uma função do cérebro, e entre a percepção e a lembrança só há uma diferença de intensidade.* – Ao contrário, se o estado cerebral não engendrasse de maneira alguma nossa percepção do objeto presente mas apenas a prolongasse, ele poderia também prolongar e fazer culminar a lembrança que evocamos dela, mas não fazê-la surgir. E, por outro lado, como nossa percepção do objeto presente era algo desse objeto mesmo, nossa representação do objeto ausente será um fenômeno completamente diferente da percepção, uma vez que entre a presença e a ausência não há nenhum grau, nenhum meio-termo. Donde essa dupla tese, inversa da precedente: *A memória é algo diferente de uma função do cérebro, e não há uma diferença de grau, mas de natureza, entre a percepção e a lembrança.* – A oposição das duas teorias adquire então uma forma aguda, e a experiência pode, desta vez, desempatá-las.

Não retornaremos aqui aos detalhes da verificação que tentamos. Recordemos apenas seus pontos essenciais. Todos os argumentos de fato que se podem invocar a favor de uma acumulação provável das lembranças na substância cortical são obtidos das doenças localizadas da memória. Mas, se as lembranças fossem realmente depositadas no cérebro, aos esquecimentos bem definidos corresponderiam lesões do cérebro caracterizadas. Ora, nas amnésias em que todo um período de nossa existência passada, por exemplo, é bruscamente e radicalmente arrancado da memória, não se observa lesão cerebral precisa; e, ao contrário, nos distúrbios da memória em que a localização cerebral é clara e certa, isto é, nas diversas afasias e nas doenças do reconhecimento visual ou auditivo, não são tais e tais lembranças determinadas que são como que arrancadas do lugar que ocupariam, é a faculdade de evocação que é mais ou menos diminuída *em sua vitalidade*, como se o paciente tivesse maior ou menor dificuldade para colocar suas lembranças em contato com a situação presente. É portanto o mecanismo desse contato que deveria ser estudado, a fim de se verificar se o papel do cérebro não seria o de assegurar seu funcionamento, em vez de aprisionar as próprias lembranças em suas células. Fomos levados assim a acompanhar em todas as suas evoluções o movimento progressivo pelo qual o passado e o presente entram em contato um com o outro, ou seja, o reconhecimento. E descobrimos, com efeito, que o reconhecimento de um objeto presente podia ser feito de duas maneiras absolutamente diferentes, mas que em nenhum dos casos o cérebro comportava-se como um reservatório de imagens. Com efeito, ora por um reconhecimento inteiramente passivo, antes desempenhado do que pensado, o corpo faz corresponder a uma percepção renovada um procedimento que se tornou automático: tudo se explica então pelos aparelhos motores que o hábito montou no corpo, e lesões da memória poderão resultar da destruição desses mecanismos. Ao contrário, ora o reconhecimento se faz ativamente, por imagens-lembranças que vão ao encontro da percepção presente; mas então é preciso que essas lembranças, no momento de se colocarem sobre a percepção, encontrem um meio de acionar no cérebro os mesmos aparelhos que a percepção põe ordinariamente em funcionamento para agir: senão, condenadas de antemão à impotência, elas não terão nenhuma tendência a se atualizar. E é por isso que, em todos os casos em que uma lesão do cérebro atinge uma certa categoria de lembranças, as lembranças atingidas não se assemelham, por exemplo, pelo fato de serem da mesma época, ou por terem um parentesco lógico entre si, mas simplesmente porque são todas auditivas, ou todas visuais, ou todas motoras. O que parece lesado, portanto, são as diversas regiões sensoriais e motoras ou, mais freqüentemente ainda, os anexos que permitem acioná-las do próprio interior do córtex, e não as lembranças propriamente ditas. Fomos ainda mais longe, e, por um estudo atento do reconhecimento das palavras, bem como dos fenômenos da afasia sensorial, procuramos estabelecer que o reconhecimento não se fazia em absoluto por um despertar mecânico de lembranças adormecidas no cérebro. Ele implica, ao contrário, uma tensão mais ou menos alta da consciência, que vai buscar na memória pura as lembranças puras, para materializá-las progressivamente em contato com a percepção presente.

Mas o que é a memória pura, e o que são as lembranças puras? Ao responder a essa questão, completávamos a demonstração de nossa tese. Acabávamos de estabelecer seu primeiro ponto, a saber: a memória é algo diferente de uma função do cérebro. Faltava-nos mostrar, pela análise da "lembrança pura", que não há entre a lembrança e a percepção uma simples diferença de grau, mas uma diferença radical de natureza.

VII – Assinalemos de imediato o alcance metafísico, e não mais apenas psicológico, deste último problema. É certamente uma tese de pura psicologia a que afirma: a lembrança é uma percepção enfraquecida. Mas não nos enganemos com ela: se a lembrança é apenas uma percepção mais fraca, inversamente a percepção será algo como uma lembrança mais intensa. Ora, o germe do idealismo inglês encontra-se aí. Esse idealismo consiste em ver uma diferença apenas de grau, e não de natureza, entre a realidade do objeto percebido e a idealidade do objeto concebido. E a idéia de que construímos a matéria com nossos estados interiores, de que a percepção não é mais que uma alucinação verdadeira, vem daí igualmente. É essa idéia que não cessamos de combater quando tratamos da matéria. Portanto, ou nossa concepção da matéria é falsa, ou a lembrança distingue-se radicalmente da percepção.

Deste modo transpusemos um problema metafísico a ponto de fazê-lo coincidir com um problema de psicologia, que a observação pura e simples é capaz de resolver. De que modo ela o resolve? Se a lembrança de uma percepção não fosse mais que essa percepção enfraquecida, aconteceria, por exemplo, tomarmos a percepção de um som leve como a lembrança de um ruído intenso. Ora, semelhante confusão nunca se produz. Mas pode-se ir mais longe, e provar, ainda pela observação, que jamais a consciência de uma lembrança começa sendo um estado atual mais fraco que procuraríamos lançar no passado após ter tomado consciência de sua fraqueza: de que maneira, aliás, se já não tivéssemos a representação de um passado anteriormente vivido, poderíamos relegar a eles os estados psicológicos menos intensos, quando seria tão simples justapô-los aos estados fortes, como uma experiência presente mais confusa a uma experiência presente mais clara? A verdade é que a memória não consiste, em absoluto, numa regressão do presente ao passado, mas, pelo contrário, num progresso do passado ao presente. É no passado que nos colocamos de saída. Partimos de um "estado virtual", que conduzimos pouco a pouco, através de uma série de *planos de consciência* diferentes, até o termo em que ele se materializa numa percepção atual, isto é, até o ponto em que ele se torna um estado presente e atuante, ou seja, enfim, até esse plano extremo de nossa consciência em que se desenha nosso corpo. Nesse estado virtual consiste a lembrança pura.

Como se explica que se desconheça aqui o testemunho da consciência? Como se explica que se faça da lembrança uma percepção mais fraca, da qual não se é capaz de dizer por que a relegamos ao passado, nem como recuperamos sua data, nem com que direito ela reaparece num momento e não num outro? Tudo provém de que se esquece a destinação prática de nossos estados psicológicos atuais. Faz-se da percepção uma operação desinteressada do espírito, uma contemplação somente. Então, como a lembrança pura só pode evidentemente ser algo desse gênero (já que ela não corresponde a uma realidade presente e premente), lembrança e percepção tornam-se estados da mesma natureza, entre os quais só se pode achar uma diferença de intensidade. Mas a verdade é que nosso presente não deve se definir como o que é mais intenso: ele é o que age sobre nós e o que nos faz agir, ele é sensorial e é motor; – nosso presente é antes de tudo o estado de nosso corpo. Nosso passado, ao contrário, é o que não age mais, mas poderia agir, o que agirá ao inserir-se numa sensação presente da qual tomará emprestada a vitalidade. É verdade que, no momento em que a lembrança se atualiza passando assim a agir, ela deixa de ser lembrança, torna-se novamente percepção.

Compreende-se então por que a lembrança não podia resultar de um estado cerebral. O estado cerebral prolonga a lembrança; faz com que ela atue sobre o presente pela materialidade que lhe confere; mas a lembrança pura é uma manifestação espiritual. Com a memória estamos efetivamente no domínio do espírito.

VIII – Não nos cabia explorar esse domínio. Colocados na confluência do espírito e da matéria, desejosos acima de tudo de vê-los fluindo um no outro, precisávamos reter da espontaneidade da inteligência apenas seu ponto de junção com um mecanismo corporal. Foi assim que pudemos observar o fenômeno da associação de idéias, e o nascimento das idéias gerais mais simples.

Qual é o erro capital do associacionismo? É o de ter posto todas as lembranças no mesmo plano, ter desconhecido a distância mais ou menos considerável que as separa do estado corporal presente, ou seja, da ação. Assim ele não consegue explicar nem como a lembrança adere à percepção que a evoca, nem por que a associação se faz por semelhança ou contigüidade e não de outra maneira, nem, finalmente, por que capricho essa lembrança determinada é eleita entre os milhares de lembranças que a semelhança ou a contigüidade uniriam da mesma forma à percepção atual. Vale dizer que o associacionismo misturou e confundiu todos os *planos de consciência* diferentes, obstinando-se em ver numa lembrança menos completa apenas uma lembrança menos complexa, quando em realidade trata-se de uma lembrança menos *sonhada*, isto é, mais próxima da ação e por isso mesmo mais banal, mais capaz de se modelar – como uma roupa de confecção – conforme a novidade da situação presente. Os adversários do associacionismo o acompanharam, aliás, nessa visão. Censuram-no por explicar através de associações as operações superiores do espírito, mas não por desconhecer a verdadeira natureza da própria associação. Este, no entanto, é o vício original do associacionismo.

Entre o plano da ação – o plano em que nosso corpo contraiu seu passado em hábitos motores – e o plano da memória pura, em que nosso espírito conserva em todos os seus detalhes o quadro de nossa vida transcorrida, acreditamos perceber, ao contrário, milhares e milhares de planos de consciência diferentes, milhares de repetições integrais e no entanto diversas da totalidade de nossa experiência vivida. Completar uma lembrança com detalhes mais pessoais não consiste, de modo algum, em justapor mecanicamente lembranças a esta lembrança, mas em transportar-se a um plano de consciência mais extenso, em afastar-se da ação na direção do sonho. Localizar uma lembrança não consiste também em inseri-la mecanicamente entre outras lembranças, mas em descrever, por uma expansão crescente da memória em sua integralidade, um círculo suficientemente amplo para que esse detalhe do passado aí apareça. Esses planos não são dados, aliás, como coisas inteiramente prontas, superpostas umas às outras. Eles existem antes virtualmente, com essa experiência que é própria às coisas do espírito. A inteligência, movendo-se a todo instante ao longo do intervalo que as separa, as reencontra, ou melhor, as cria de novo sem cessar: sua vida consiste nesse próprio movimento. Então compreendemos por que as leis da associação são a semelhança e a contigüidade e não outras leis, e por que a memória escolhe, entre as lembranças semelhantes ou contíguas, certas imagens em vez de outras, e enfim como se formam, pelo trabalho combinado do corpo e do espírito, as primeiras noções gerais. O interesse de um ser vivo é perceber numa situação presente o que se assemelha a uma situação anterior, em seguida aproximar dela o que a precedeu e sobretudo o que a sucedeu, a fim de tirar proveito de sua experiência passada. De todas as associações que se poderiam imaginar, as associações por semelhança e por contigüidade são portanto as únicas que têm inicialmente uma utilidade vital. Mas, para compreender o mecanismo dessas associações e sobretudo a seleção aparentemente caprichosa que elas operam entre as lembranças, é preciso colocar-se alternadamente nesses dois planos extremos que chamamos de plano da ação e plano do sonho. No primeiro só figuram hábitos motores, dos quais se pode dizer que são antes associações praticadas ou vividas do que representadas: aqui, semelhança e contigüidade encontram-se fundidas, pois situações anteriores análogas, ao se repetirem, acabaram por ligar certos movimentos de nosso corpo entre si, e a partir de então a mesma reação automática em que iremos desenvolver esses movimentos contíguos extrairá também da situação que os ocasiona sua semelhança com as situações anteriores. Mas, à medida que se passa dos movimentos às imagens, e das imagens mais pobres às imagens mais ricas, semelhança e contigüidade se dissociam: acabam por se opor nesse outro plano extremo em que já nenhuma ação adere às imagens. A escolha de uma semelhança entre muitas semelhanças, de uma contigüidade entre outras contigüidades, não se opera portanto ao acaso: depende do grau constantemente variável de *tensão* da memória, a qual, conforme se incline mais a inserir-se na ação presente ou a afastar-se dela, transpõe-se por inteiro em um ou em outro tom. É também esse duplo movimento da memória entre seus dois limites extremos que desenha, conforme mostramos, as primeiras noções gerais, o hábito motor remontando às imagens semelhantes para extrair-lhes as similitudes, as imagens semelhantes tornando a descer para o hábito motor a fim de se fundirem, por exemplo, na pronúncia automática da palavra que as une. A generalidade nascente da idéia já consiste portanto em uma certa atividade do espírito, em um *movimento* entre a ação e a representação. E por isso será sempre fácil para uma certa filosofia, dizíamos, localizar a idéia geral em uma das duas extremidades, cristalizando-a em palavras ou evaporando-a em lembranças, quando em realidade ela consiste na marcha do espírito que vai de uma extremidade à outra.

IX – Ao nos representarmos assim a atividade mental elementar, ao fazermos desta vez de nosso corpo, com tudo o que o cerca, o último plano de nossa memória, a imagem extrema, a ponta movente que nosso passado lança a todo momento em nosso futuro, confirmávamos e esclarecíamos o que havíamos dito do papel do corpo, ao mesmo tempo que preparávamos o caminho para uma reaproximação entre o corpo e o espírito.

Com efeito, após termos estudado sucessivamente a percepção pura e a memória pura, faltava-nos aproximá-las uma da outra. Se a lembrança pura é já o espírito, e se a percepção pura seria ainda algo da matéria, precisávamos, colocando-nos no ponto de junção entre a percepção pura e a lembrança pura, jogar alguma luz sobre a ação recíproca do espírito e da matéria. Na verdade, a percepção "pura", ou seja, instantânea, é apenas um ideal, um limite. Toda percepção ocupa uma certa espessura de duração, prolonga o passado no presente, e participa por isso da memória. Ao tomarmos então a percepção em sua forma concreta, como uma síntese da lembrança pura e da percepção pura, isto é, do espírito e da matéria, encerrávamos em seus limites mais estreitos o problema da união da alma com o corpo. Tal é o esforço que tentamos sobretudo na última parte do nosso trabalho.

A oposição dos dois princípios, no dualismo em geral, converte-se na tríplice oposição do inextenso ao extenso, da qualidade à quantidade e da liberdade à necessidade. Se nossa concepção do papel do corpo, se nossas análises da percepção pura e da lembrança pura devem esclarecer por algum lado a correlação do corpo ao espírito, só pode ser com a condição de suspender ou atenuar essas três oposições. Examinemo-las portanto uma a uma, apresentando aqui de uma forma mais metafísica as conclusões que quisemos obter da simples psicologia.

l) Se imaginarmos de um lado uma extensão realmente dividida em corpúsculos, por exemplo, e de outro uma consciência com sensações em si mesmas inextensivas que viriam se projetar no espaço, não encontraremos evidentemente nada em comum entre essa matéria e essa consciência, entre o corpo e o espírito. Mas tal oposição da percepção e da matéria é obra artificial de um entendimento que decompõe e recompõe de acordo com seus hábitos ou suas leis: ela não é dada à intuição imediata. O que é dado não são sensações inextensivas: como haveriam elas de juntar-se ao espaço, escolher um lugar, coordenar-se enfim a ele para construir uma experiência universal? O que é real também não é uma extensão dividida em partes independentes: de que maneira aliás, não tendo assim nenhuma relação possível com nossa consciência, ela haveria de desenvolver uma série de mudanças cuja ordem e cujas relações correspondessem exatamente à ordem e às relações de nossa representação? O que é dado, o que é real, é algo intermediário entre a extensão dividida e o inextenso puro; é aquilo que chamamos de *extensivo*. A extensão é a qualidade mais evidente da percepção. É ao consolidá-la e ao subdividi-la por intermédio de um espaço abstrato, colocado por nós abaixo dela para as necessidades da ação, que constituímos a extensão múltipla e indefinidamente divisível. É ao sutilizá-la, ao contrário, é ao fazer com que ela sucessivamente se dissolva em sensações afetivas e se evapore em contrafações das idéias puras, que obtemos essas sensações inextensivas com as quais buscamos em vão, a seguir, reconstituir imagens. As duas direções opostas nas quais perseguimos esse duplo trabalho apresentam-se a nós com muita naturalidade, pois resulta das próprias necessidades da ação que a extensão seja recortada por nós em objetos absolutamente independentes (donde uma indicação para subdividir a extensão) e que se passe por graus insensíveis da afecção à percepção (donde uma tendência a supor a percepção cada vez mais inextensiva). Mas nosso entendimento, cujo papel é justamente estabelecer distinções lógicas e portanto oposições nítidas, lança-se nos dois caminhos alternadamente, e em cada um deles vai até o fim. Erige assim, numa das extremidades, uma extensão indefinidamente divisível, e na outra sensações absolutamente inextensivas. Deste modo cria a oposição cujo espetáculo promove em seguida.

2) Bem menos artificial é a oposição da qualidade à quantidade, ou seja, da consciência ao movimento: mas essa oposição só é radical se começamos aceitando a primeira. Suponha, com efeito, que as qualidades das coisas se reduzam a sensações inextensivas afetando uma consciência, de sorte que essas qualidades representem apenas, como outros tantos símbolos, mudanças homogêneas e calculáveis realizando-se no espaço: você terá que imaginar entre essas sensações e essas mudanças uma incompreensível correspondência. Renuncie, pelo contrário, a estabelecer *a priori* entre elas essa contrariedade factícia: você verá cair uma a uma todas as barreiras que pareciam separá-las. Em primeiro lugar, não é verdade que a consciência assista, enrolada em si mesma, a um desfile interior de percepções inextensivas. É portanto nas próprias coisas percebidas que você irá recolocar a percepção pura, afastando assim um primeiro obstáculo. É verdade que você encontrará um segundo: as mudanças homogêneas e calculáveis sobre as quais a ciência opera parecem pertencer a elementos múltiplos e independentes, como os átomos, dos quais elas não seriam senão o acidente; essa

multiplicidade irá interpor-se entre a percepção e seu objeto. Mas, se a divisão da extensão é puramente relativa à nossa ação possível sobre ela, a idéia de corpúsculos independentes é *a fortiori* esquemática e provisória; a própria ciência, aliás, nos autoriza a descartá-la. Eis uma segunda barreira vencida. Resta ultrapassar um último intervalo, o que há entre a heterogeneidade das qualidades e a homogeneidade aparente dos movimentos na extensão. Mas, justamente porque eliminamos os elementos, átomos ou quaisquer outros, que esses movimentos teriam por sede, não se trata mais aqui do movimento que é o acidente de um móvel, do movimento abstrato que a mecânica estuda e que, no fundo, é apenas a medida comum dos movimentos concretos. De que modo esse movimento abstrato, que se torna imobilidade quando se muda de ponto de referência, poderia fundar mudanças reais, isto é, sentidas? De que modo, composto de uma série de posições instantâneas, preencheria uma duração cujas partes se prolongam e se desenvolvem umas nas outras? Uma única hipótese permanece portanto possível, a de que o movimento concreto, capaz, como a consciência, de prolongar seu passado no presente, capaz, ao se repetir, de engendrar as qualidades sensíveis, já seja algo da consciência, algo da sensação. Seria essa mesma sensação diluída, repartida num número infinitamente maior de momentos, essa mesma sensação vibrando, como dizíamos, no interior de sua crisálida. Então um último ponto restaria elucidar: como se opera a contração, não mais, certamente, de movimentos homogêneos em qualidades distintas, mas de mudanças menos heterogêneas em mudanças mais heterogêneas? Mas a essa questão responde nossa análise da percepção concreta: essa percepção, síntese viva da percepção pura e da memória pura, resume necessariamente em sua aparente simplicidade uma multiplicidade enorme de momentos. Entre as qualidades sensíveis consideradas em nossa representação e essas mesmas qualidades tratadas como mudanças calculáveis, há portanto apenas uma diferença de ritmo de duração, uma diferença de tensão interior. Assim, através da idéia de *tensão* procuramos suspender a oposição da qualidade à quantidade, como, através da idéia de *extensão*, a do inextenso ao extenso. Extensão e tensão admitem graus múltiplos, mas sempre determinados. A função do entendimento é retirar desses dois gêneros, extensão e tensão, seu recipiente vazio, isto é, o espaço homogêneo e a quantidade pura, substituir deste modo realidades flexíveis, que comportam graus, por abstrações rígidas, nascidas das necessidades da ação, que se podem apenas pegar ou largar, e assim colocar ao pensamento reflexivo dilemas cujas alternativas jamais são aceitas pelas coisas.

3) Se considerarmos deste modo as relações do extenso ao inextenso, da qualidade à quantidade, teremos menos dificuldade para compreender a terceira e última oposição, entre a liberdade e a necessidade. A necessidade absoluta seria representada por uma equivalência perfeita dos momentos sucessivos da duração uns em relação aos outros. É o que se passa com a duração do universo material? Cada um desses momentos poderia ser deduzido matematicamente do precedente? Supusemos em todo este trabalho, para comodidade do estudo, que efetivamente era assim: com efeito, é tal a distância entre o ritmo de nossa duração e o do transcorrer das coisas

que a contingência do curso da natureza, tão profundamente estudada por uma filosofia recente, deve equivaler na prática, para nós, à necessidade. Conservemos portanto nossa hipótese, que no entanto seria conveniente atenuar. Mesmo então, a liberdade não estará na natureza como um império dentro de um império. Dizíamos que essa natureza podia ser considerada como uma consciência neutralizada e portanto latente, uma consciência cujas manifestações eventuais estariam reciprocamente em xeque e se anulariam no momento preciso em que quisessem aparecer. Os primeiros clarões aí lançados por uma consciência individual não a iluminam portanto com uma luz inesperada: essa consciência não faz senão afastar um obstáculo, extrair do todo real uma parte virtual, escolher e separar enfim o que a interessava; e, se, por esta seleção inteligente, ela testemunha efetivamente que deve ao espírito sua forma, é da natureza que obtém sua matéria. Ao mesmo tempo, aliás, que assistimos à eclosão dessa consciência, vemos desenharem-se corpos vivos, capazes, em sua forma mais simples, de movimentos espontâneos e imprevistos. O progresso da matéria viva consiste numa diferenciação das funções que leva primeiramente à formação, e depois à complicação gradual, de um sistema nervoso capaz de canalizar excitações e organizar ações: quanto mais os centros superiores se desenvolverem, mais numerosas se tornarão as vias motoras entre as quais uma mesma excitação irá propor à ação uma escolha. Uma amplitude cada vez maior oferecida ao movimento no espaço, eis efetivamente o que se vê. O que não se vê é a tensão crescente e concomitante da consciência no tempo. Não apenas, por sua memória das experiências já antigas, essa consciência retém cada vez melhor o passado para organizá-lo com o presente numa decisão mais rica e mais nova, como, vivendo uma vida mais intensa, condensando, por sua memória da experiência imediata, um número crescente de momentos exteriores em sua duração presente, ela torna-se mais capaz de criar atos cuja indeterminação interna, devendo repartir-se em uma multiplicidade tão grande quanto se queira dos momentos da matéria, passará tanto mais facilmente através das malhas da necessidade. Assim, quer a consideremos no tempo ou no espaço, a liberdade parece sempre lançar na necessidade raízes profundas e organizar-se intimamente com ela. O espírito retira da matéria as percepções que serão seu alimento, e as devolve a ela na forma de movimento, em que imprimiu sua liberdade.